中国人と中国経済

劉軍梅　著

はじめに ……………………………………………………………… 4

第1章　中国人を読み解く　6

第1節　「愛面子」―メンツを重んじる― ………………………… 7
第2節　「飯卓社交」―食卓社交― ……………………………… 11
第3節　「表裏不一」 ……………………………………………… 14
第4節　「圏子（輪、グループ）文化」 …………………………… 17
第5節　「論資排輩」―年功序列― ……………………………… 20
第6節　中国人が理解している信用とは ………………………… 23
第7節　時間の観念 ………………………………………………… 27
第8節　情を重んじ、理を求め、法に適う ……………………… 30
第9節　保守的傾向 ………………………………………………… 33
第10節　「80後」の中国人 ………………………………………… 36

第2章　中国人の「関係学」　40

第1節　「関係学」が中国経済に与える影響 ……………………… 40
第2節　「関係学」の形成と発展 ………………………………… 42
第3節　「関係学」と西洋の「コミュニケーション学」の違い … 45
第4節　中国「関係学」の形成 …………………………………… 47
第5節　「関係学」が中国で果たす役割 …………………………… 52
第6節　いかに中国で「関係」を築くか ………………………… 54

第3章　儒教文化が中国人と中国経済に与えた影響　61

第1節　儒教文化の形成と発展 …………………………………… 61
第2節　儒教文化の中核をなす思想 ……………………………… 65
第3節　儒教文化が中国社会の発展に果たした貢献 …………… 70
第4節　儒教文化が中国経済に与えた影響 ……………………… 73

第4章　中国の商業文化、投資環境と製造業の発展　76

第1節　中国の商業と投資環境 …………………………………… 76

第2節	中国五大商圏のビジネスマンと商業文化	80
第3節	中国製造業の発展状況と区域分布	98
第4節	中国製造業の強みと弱み	107
第5節	中国は「世界の工場」になれるか	110

第5章　中国人の財テク観　113

第1節	中国人の伝統的な消費意識	113
第2節	「80後」たちの消費意識	114
第3節	中国人が最も気前よく金をかけるもの	117
第4節	中国人の金銭感覚	122
第5節	中国人の資産運用と投資習慣	124

第6章　中国人と中国経済の関係　127

第1節	なぜ20世紀の中国で資本主義が通用しなかったか	127
第2節	計画経済が中国でうまくいかない理由	130
第3節	文化大革命が中国の改革開放に与えた影響	135
第4節	中国の改革開放が石橋を叩くようにして進められた理由	140
第5節	改革開放が中国と中国経済にもたらしたもの	145

第7章　中国経済の三大立役者、国有企業・民間企業・外資系企業　147

第1節	中国の国有企業改革	147
第2節	中国民営経済の発展	156
第3節	中国の外資利用状況	167
第4節	企業管理文化の違いから起こる衝突とその原因	184
第5節	中国における外資系企業の企業文化構築	195

はじめに

　30年近くに及ぶ改革開放を経て、中国はグローバル経済という大海原に漕ぎ出した。WTOに加盟してからは、その大きなうねりの真っ只中にある。GDPが右上がりの成長を続けるにつれ、市場の潜在力が人々の目に留まることとなり、中国経済が世界経済に及ぼす影響は日増しに大きくなっている。世界で最も人口が多く、比類なき人的資源を持つ中国。この地で経済活動や生産基地の建設を進め、かつ発展成長を狙う外国人および外国企業は増加の一途を辿っている。

　どの国にも独自の国情と風俗習慣がある。世界規模の経済活動を行う場合に他国で成功するか否かは、企業と個人がそれらをどれだけ理解しているかに左右される。この舞台で勝ち抜き、大きく成長していくためには、相手国の人々およびその文化を知っておくことが大変重要になる。外国企業による直接投資先として、中国が世界でトップクラスの地位を固めるや、国外の専門家らはうなり声をあげた。世界市場で成功を収めるには、中国人を知ることが自分を知ることと同じくらい重要になったためである。ところが、改革開放により劇的な変化が起こったにもかかわらず、中国を訪れたことのない外国人たちにとって、中国は未だに「遥か遠い」「神秘的な」「歴史の古い」「東洋」の一国のままである。

　実際のところ、1978年の改革開放から社会は徐々に転換期に入り、これに呼応して政治・経済、文化および社会生活も大きく様変わりしただけでなく、人々の行動様式も以前とは大きく変化している。中国人は、もはや20数年前の中国人ではない。経済がグローバル化している今日、中国人は多くのものを国外から素早く取り入れ、これを自らの文化に融合させて独自の現代文化を築いている。

　中国の経済発展は現代中国人の手による独特の形式とルールを展開しており、その経済発展とともに中国人の人格における枠組みも変わりつつある。したがって、行動様式や性格、感情表現に見られる特徴なども含めて中国人を理解することは、中国の経済発展における特徴をつかみ、今後の経済発展の動向と要諦を捉えるだけでなく、外資系企業の中国進出と順調な発展にとってもあらゆる点で重要かつ現実的な意義を持つ。

　中国人は五千年もの長きにわたって歴史の荒波に揉まれてきており、現代の典型的な中国人像が対外的に伝わりにくくなっている。外国人の目には、神秘

的で不可解な中国人というイメージばかりが先行してしまい、全体としての性格を単純に一つの概念で形容することが不可能になっている。そこで本書では、様々な角度から中国および中国経済について全般的かつ系統的に紹介することを試みた。中国人の様々な行動上の特徴、思考様式、民族習慣を概括することで、中国人とその経済における関係性を探り出そうというものである。中国人を理解し、中国での発展を期待する国外の読者の参考としてお役に立てればと願っている。

　そうは言っても、実際に中国人と中国経済を認識し、読み解く作業はたやすいものではない。約14億の人口に56の民族、さらに広大な国土を有する国を、全て本書で紹介しきれるわけはなく、無謀とさえ言える試みかもしれない。筆者の浅学非才による不備や誤りについては、親愛なる読者の皆様のご教示を仰ぎたい。

第 1 章
中国人を読み解く

　中国人と聞くと、少なからぬ外国人が例の中国式の龍を思い浮かべるのではないだろうか。

　龍は想像上の神聖な生き物であるため、捉えどころがなく神秘的である。ある時は天に昇り、ある時は地に潜みというように様々に変化する。その姿は頭が馬、角は鹿、体は蛇、爪は鷹のごときといった具合で、これ、と特定できるような動物ではないのだ。

　中華民族も「中国龍」と同様に、つかみどころがなく矛盾に満ちた民族だと言えよう。あまりにも多くの遺伝子をその性格に受け継いできているために、一つの概念で括ることができないのだ。

　中国の伝統的な神学『易経』には、「陰きわまれば陽に転じ、陽きわまれば陰に転ずる。陰と陽は絶えず流転し続ける」という有名な言葉がある。これは、もともと宇宙の万物における変化を表したもので、何事も一定の程度に達すると逆の方向へ振れるため、つかもうにも捉え切れないことを述べている。中国人の基本的な性格特徴にこれを当てはめてしまうのは、木を見て森を見ずの行いとなるかもしれないが、ある程度の傾向を認めることはできよう。

　中国で人々が尊敬するのは、知恵により最終的に勝利を収める英雄であり、勇気はあるが思慮に欠け、何かにつけ武力で勝敗を決しようとする好漢ではない。このため、知恵と策略に関する書籍は数え切れないほどあるのだが、そのせいであろうか、中国人の性格も才略と策謀に満ちており、理解するには知慮が求められる。

　中国人を読み解くには、「今」を見るだけでは十分とは言えず、「これまで」についてもよく知っておくべきである。過去を知るとは、取りも直さず中国の民族文化と伝統文化を深く理解することを意味する。

　トラウトのポジショニング理論と、知的資源の理論の枠組みを用いた考察[1]によると、中国人の頭にある知的資源は次の三つの階層に分けられる。第一の層は最も快活に働き、大脳中で毎日大量の情報を受け入れている外層。第二の層は比較的安定しているが変化も起こる。この層は「時代の烙印」と呼ばれており、特定の人々によって形成されたグループと関係がある。第三の階層は超

1　沈志勇「中国式営銷潜規則」[J]『創新科技』2006 年 08 期

安定層で、最も深い部分にある。中国人が数千年かけて作り上げてきた遺伝子、すなわち、中国人の文化の蓄積である。

この超安定層は、個人のライフサイクルを超えた文化の蓄積で、永遠に変わることのない方向性がいくつか存在する。例えば、家族は家庭の倫理を重んじることを、人間関係は調和と相互の信頼を重んじることを目指す。また権力であれば他者が権力に依存することを要求し、世論もしくはメンツであれば自分に向けられる他人の目や群集心理を重んじる。これらの方向性は、その反面で精密さや正確さを蔑ろにし、データ的なものを苦手としている。何をするにも物事をぼやかす傾向にあり、精確さを求めない。重んじられるべきものは人情で、そのためには規則を守らないという方向性が生じる。

第二の層は「時代の烙印」で、どの時代にもそれぞれの烙印が押されている。60－70年代の人なら全て「文化大革命」「改革開放の始まり」の二つが焼き付けられている。

いまひとつの外層には現在の流行で、例えば最近はやりのオンラインゲーム、クールな若者に加え、新しい事物やコンセプトの受け入れが早いといった傾向も含まれている。

これらの特徴を踏まえて、以下に中国人の基本的な性格的特徴について、それぞれ分析をしていこう。

第1節 「愛面子」——メンツを重んじる——

世界的に知られているように、中国人は人情やメンツを重んじる。他の何よりも優先され、中国人が物事を処理する過程で突き当たるであろう難問を解決する鍵は、このメンツにあると言ってもよい。したがってメンツを重視することは、中国人の内にある人格の中でも重要な特徴の一つである。また、「給面子（メンツを立てる）」も、中国人なら誰もが心得ている作法である。彼らの潜在意識における生活の目的とは、自らを高めること、他人に認められることである。こうして「メンツを保つ」という取るに足らない欲求を満たしているのであるが、いずれにしても中国人の心理においてメンツは最も基礎的な要素となっている。

「愛面子」については数々の歴史的記述がある。中国で最も偉大な文学作品の一つとされる『紅楼夢』にもメンツにまつわるエピソードがあり、中国人の「愛面子」ぶりがくっきりと描き出されている。物語には「劉婆さん」という、物笑いにされるような貧乏人が登場する。この劉婆さんは貴族の上流名家である買家を訪れて彼らのお情けにあずかりたいと思っていたのだが、メンツを気に

して思いあぐねていた。自分の孫は見た目がよいとは言えず、娘もまだ若くて人前に出すのがはばかられた。さんざん悩んだ挙句、まずは自分がメンツを捨て去って行動に移すことにしたのである。仮にいい目を見ることができなくても、とにかく動くことで世間を知ることはできるだろうと考えたのだ。是が非でも施しやメリットを得たいと願うほどの貧乏人でさえ、これほどまでにメンツを大切にするのである。ここからも中国人の「愛面子」が並ならぬものであることが伺えよう。

　「命がけでメンツを重んじることは、すなわち生きて苦しみを受けること」。これは中国人なら誰もが知っている言い回しだが、これは彼らが時には死よりもメンツを重視することを表している。清の時代、ある地方官吏が斬首刑に処せられる瞬間も、官服の着用を認めるよう要求したという記述がある。これは、まさしくメンツを保つためであり、その重さのほどが分かる。「面子」は字面の如く人の顔を表すが、実はさらに複雑で奥深い意味がある。中国人にとってのメンツとは、尊厳、尊敬、重視、他人から一目置かれるなど多くの意味を持つ。面子は尊厳とある程度結び付くことから、国を問わず世界中の人が求める。しかし、中国ではただの尊厳にとどまらない。

　中国人のメンツとは、言うなれば他人の意識の中にある自分の地位のことである。何かにつけ他人の意識にある自分の地位を守ることを第一に考えるため、これを示す例は枚挙にいとまがない。人情とメンツは、中国人の日常の付き合いにおける仲介や潤滑剤の役割を担っている。しばしば、メンツは経済行為を含めた中国人の社会的行為を支配し、調整する役目も果たす。中国人の「愛面子」の特徴は、現代社会における実生活のあらゆるところで垣間見ることができる。ブランド服を身にまとい、銘酒を嗜み、いいタバコを吸い、豪華なホテルに泊まり、愛人を囲うことすらもメンツを保つためであるという。生活とメンツは切っても切れない関係にあり、人に遅れをとることは何であれメンツを失うことを意味する。結婚式で親戚友人に100席用意したのなら、出産祝いの場ではさらに100席多く設ける。人が祝儀に800元包めば自分は1,000元、人が1,000元なら自分は1,200元という調子で、常に人より上を行くことでメンツを保とうとするのである。

　もう一つ例を挙げよう。ある病院に勤める教授は外科を専門としていたが、日ごろの仕事ぶりはさして熱心ではなかった。そこで院長は一策を講じ、この教授の大きな写真を病院の廊下にある「模範」コーナーに掲げた。すると、有名になった教授は毎日時間通りに出勤し、患者の診療も細やかになった。これは、まさに院長が教授のメンツを立てたことが効を奏したのである。

中国の大多数の組織では、議案の多くが決議の際にメンツの干渉を受けており、メンツを立てるために十分な討議をしないばかりか、しかるべき議論もせずにあっさりと決議されることさえある。このため簡単に通った議案は、同じく簡単に履行されなくなる場合もある。これは責任者のメンツが重んじられ、責任者自身も部下や同僚に花を持たせてやる必要があるためである。したがって、案件を履行しないこと自体はさして問題にはならない。

　メンツは人付き合いに関わる。組織管理においては、メンツのために他人の機嫌を損ねることを恐れたり、または己のメンツを気にするあまり誤った行為を敢えて批判しないでいたりすることも多い。このため組織の利益がおろそかになり、管理機能の低下や業績の悪化に直接結び付いてしまう。このように、中国人のメンツとは諸刃の剣であり、好ましくない状況をいい方へ変える助けともなるが、その逆の場合もある。

　「メンツを重んじる」ということを分かっていない人が、たびたび公然と異論を唱えたりすると、その人は他人のメンツを立てない人間であるとみなされる。このような言動は、中国社会では無知だと映る。「メンツを重んじる」ことは、責任者であれ部下であれ、誰もが体得しているべきで、中国人の人生哲学となっている。これは「メンツ文化」が組織の上層部に遍く存在するだけでなく、組織ごとの各層にまで広く根付いているためである。

　中国人はメンツを重んじるために、批判を受けることを多かれ少なかれ恐れている。ひとたび批判されれば不愉快になり、批判した相手の態度、資格、動機からバックグラウンドに至るまで、手を尽して難癖を見出そうとする。相手は自分を間違っていると言うが、その態度が良くないから自分はこれを受け入れられない。自分のしたことが正しくないと言うが、相手だってうまくできていないのだから、これも認められない。相手の批判ももっともで行いも正しいが、動機に問題があるとすれば、やはりいけない。たとえ何ひとつ問題が存在しなくても、相手のバックグラウンドが受け入れられない場合、例えば相手の友人が自分の敵であったり自分の友人が相手の敵であったりする場合もダメ、といった具合である。つまるところ、自分を批判した者は自分のメンツを立ててくれなかったのであり、総じて許されないのだ。

　組織の末端では、例えばある従業員が「人」に対してでなく「物事」に対して業務上の問題点、疑問、意見を述べたとしても、指摘を受けた部門の責任者または従業員はこれを受け入れることができない。自分が尊重されていないと感じ、強く反発することもままある。これは「メンツを失った」と感じるところが大きいためである。こうした保身的な態度は、時として問題の解決を大幅

に遅らせる。結果として組織末端の運営を硬直化させ、効率の低下を招くため、組織の進歩を大きく妨げてしまう。

中国人が何かを語り、行動するときは、自分のメンツを守りながらも他人のメンツを立てなければならず、さらには人のメンツを借りる場合もある。およそ中国文化における「メンツ」とは、道徳と人格の基準であるだけでなく、特別な社会統一のツールであり社会行為の規範なのである。

メンツは通常、人との付き合いの中で大いに威力を発揮する。国外のある学者は、中国での付き合いにおいてメンツが果たす役割を「自分のメンツを立てる・他人のメンツを立てる・自分の顔を潰す・他人のメンツを傷つける・自分のメンツを守る・他人のメンツを重んじる」の六つに帰納している。

中国人は自分のメンツを守るため、簡単には誤りを認めようとしない。「対不起」(申し訳ありません) は大きな過ちを犯したときにだけ使われるのがほとんどで、普段は「不好意思」(すみません) で済ませる。また、大勢の前で自らの誤りを認めようとはせず、時には何とかして他人に責任をなすりつけようとする。教師は自分の専門分野で知らないことがあっても認めないし、企業家は自分の資産が枯渇しても会社が破産したとは言わない。彼らは学び、改善し、変革を図る努力こそするが、これを認めようとはしないのだ。つまり、中国では面と向かって個人の過失や欠陥を指摘するのは非常に無礼であるとみなされるので、避けたほうがよい。

なぜ、中国人はここまで己のメンツにこだわるのだろうか。

「礼」を重んじる儒教の思想を中国人はわきまえているため、全てが礼儀に適うよう求める。いかなる場合にいかなる礼儀作法が求められるかが、中国人の「愛面子」の根源となっている。伝統的な中国社会は社会的な階級をことのほか重視するため、誰もが集団や社会における自らの位置に心を砕く。メンツは一人の人間の身分、地位、尊厳を体現するものとなっている。その人の社会的地位と影響力を決定するのは、その人のメンツがどれだけ保たれているか、どの程度のメンツがあるかにかかっている。このように、中国人のメンツへのこだわりは、実は自分の地位へのこだわりと言ってよい。いつ何時であってもできる限り多くの面子を得ようとするが、これは自分の地位を守り高めることで自らの影響力を拡大し、強化しようとすることに他ならない。

1世紀あまり前にアメリカの宣教師であるアーサー・ヘンダーソン (Arthur Henderson Smith:1845-1942) が、その著書『中国人の性格』[2] (Chinese

---

2 中文タイトルは『中国人的人性』で、原書は1894年に出版された。中国語名を明恩博と名乗る彼は54年間中国で生活し、自らの観察と体験を西洋人の目から見た中国人像として生き生きと描いた。本書は中国民族の研究で世界でも最も早く周到なものとみなされている。

Characteristics）において中国人の「愛面子」の特徴を次のように説明した。「中国人は一つの民族としてみた場合、強烈な芝居の本能とでも呼ぶべきものを持っている。唯一の全国的な娯楽とも言える芝居の中で、心の琴線にわずかでも触れる場面があろうものなら、誰もが自分を劇中の人物になぞらえる。また、中国の伝統芸能である京劇の絶妙な変臉（一瞬にして臉譜（隈取）が変わる技巧）」などからも、中国人が顔（メンツ）というものを非常に強調することが分かる。これは、人々が物事を芝居として捉えているからで、役人が昇進することを「上台」（舞台に上がる）と言い、辞任することを「下台」（舞台を降りる）と言うのもこのためである。「上台」であればメンツを保てるが、「下台」なら失うことになる。中国人の芝居好きも、「愛面子」がその理由の一つだと考えられる。

「愛面子」はほとんどが積極的な意味で用いられるが、行き過ぎれば好ましくない影響が生じる場合もある。また、最低限のメンツさえも要らないという人がいるとすれば、それはそれで恐ろしい。中国進出を考え、またはすでに進出している外国企業にとって、中国人の「愛面子」をいかに活用し、管理面での改善を図っていくかは極めて重要な問題である。

第2節　「飯卓社交」——食卓社交——

中国人には「食を重んじる」という大きな特色がある。人々は「民以食為天」（民は食を以って天と為す）という言葉を伝え、これを讃えている。日常生活レベルでは、人と出会うとしばしば挨拶代わりに「你吃了吗？（食べましたか）」と尋ね、言われた側は相手に大変親しみを覚える。この言葉が交わされるということは、双方の関係が親密であることを意味するのだ。この言葉は公衆トイレでたまたま鉢合わせたときでさえ用いられるが、尋ねた側は決して冗談のつもりではなく単に習慣で言っているのに過ぎない。

中国人はよく、集まって食事することを「飯局（会食）」と言う。「飯局」という言葉は千年余りの歴史を持ち、その起源は宋代にまで遡ることができる。「局」はもともと将棋用語であるが、宋代の文人による「飯」とこの「局」の組み合わせが中国語と中国文化に果たした貢献は大きい。これは「飯局」上でも多くの謀計が駆使されるからで、この上なく鮮やかな「飯局」だけが歴史にその名を留め得たからである。

千年が過ぎた今日、中国のある会社が行った調査によると、「飯局」を社交の手段として選んだ人は46％に達し、2位に入ったスポーツの13％を33ポイントも上回っている。社交手段としての中国式会食では、相手方に「身内」の

情報を与えて親密さを表わすことで、相手方を身内の人間と認める。事を起こすに当たっては、話すより先に食べる。これなら地位や権力にとらわれることはなく、たとえ目的どおりに事が運ばなくても酒を酌み交わせばメンツを傷つけることもない。公の正式なスタイルでひたすら本題について話し合うのでは、中国人はただ緊張を覚えるばかりである。これが、「食卓社交」が好まれる主な理由の一つである。

　中国人は「口」で世界に対峙していると言われることがある。ある意味において、これは決して誇張ではない。中国には数え切れないほどの郷土料理があり、それぞれの特色ある味わいが人々の胃袋を引き付ける。中国人が外国で生計を立てるには、まずレストランを開く。このため、中国人というと外国人の多くが真っ先にレストランのオーナーを思い浮かべる。中国人の社交の観念は、おのずと「吃」（食べること）と関わりを持っており、これは、例えば知らない人を「生人」、よく知っている人を「熟人」と言うことにも現れている。このほか、「吃」は生活のあらゆる場面と関わりを持っている。重視されていることを「吃香」、うまくやっていることを「吃得開」、やきもちを焼くことを「吃醋」、上前をはねることを「吃回扣」、きれいな人を「秀色可餐」（うっとりするほど美しい）、ある物を強く欲することを「垂涎三尺」などと言う。中国の歴史には、政治、軍事、外交上の重大な問題を解決する最適な場所として、食事の席が設定されている話が散見される。「鴻門の宴」は食に関係する非常に有名な歴史物語だが、今では下心のある酒宴の代名詞となっている。また、「杯酒釈兵権」（杯を交わす宴席を設けて、相手に兵権の放棄を促す）の物語は、食事の席で皇帝が家臣の権力を自らの掌中に収めたというストーリーで、中国の中学生の教科書にも載っている。「吃」という言葉には多くの意味があり、中国人の社交生活において余すところなく発揮されている。もとは一つの役割しかない食卓を習慣的に社交の重要な位置に置くことで、複雑な社会現象を表わす一つの縮図にしているのである。

　中国で「飯局（会食）」を行う名目は、ビジネス、親睦、結婚式、葬式、出産祝いなど非常に多く、それぞれの「飯局」が意味を持っている。地域差も大きいが、とりわけ農村では食事を社交の手段とすることが多く、新年、祝祭日、慶事、弔事などに酒宴を開くことが最良の社交の手段となっている。今では小中学生までもが、誕生日を祝う、班長に選ばれた、試験の成績が良かったなど様々の理由で、友達を集めてパーティーを開き、友情を深めている。また大学でも、同郷会、同窓会、誕生会などは日常茶飯事で、奨学金が受けられた、いい就職先が見付かったなどと言って一席設けられている。このため、中国の大学周辺

には飲食街が付きものとなっている。

　ある意味で、中国での食事は物ごとを進めるための手段となっているため、「食卓社交」という考えが出てくる。ただし食卓は単なる手段、ツールに過ぎず、目的は「社交」の2文字にある。客を招いて食事をすることの社交的な役割は、主に交流や商談などである。社交としての食事には様々な種類があるが、その性格はごく単純で、食事に事欠かない人にご飯を食べさせるのは、食によるもてなしの意味を持つ。逆に、自分で食べられる人が他人の招待を受けることは、すなわち相手のメンツを立てることになる。親戚、友人、学友、同郷人、同僚など、しばらく会わなかった人たちと会い、皆で顔を合わせて食事をすることは、最も楽しく、また最もよく見られる交流の手段である。親しい友人や近い関係にある人と食事をするのは楽しいことで、誰もが自由にしゃべり、話を遮られることもなく、リラックスできる。だが、上司やクライアントとの会食は、慎み深くしなければならないだろう。「上司が酒を勧めているのに断る」「上司が料理を取っているときにテーブルを回す」「上司が話しているときに自分もくどくど話をする」ことは最も忌むべきであり、クライアントを接待する場合もほぼこれと同じである。食卓での態度が悪いと、協力提携が失敗に終わることもままあるからだ。さらに、食卓社交の真髄を体現したある会食がある。それは、解雇される従業員のためにボスが設ける席である。この場合、ボスは通常「炒魷魚巻」（イカ巻きの炒め物）を注文するが、この料理は暗に従業員が「荷物を包んで出て行く」ことを表わし、これを短く「炒魷魚」とも言う。ボスはこの料理で従業員を解雇、クビにするという意思表示をしており、その席にいる従業員本人が退職を申し出れば顔を潰すこともなく、皆がメンツを保てるのである。一度の食事がこのような役割を担うことからも、いかに食卓社交の働きが大きいかが分かる。

　中国人は普段、内向的かつ保守的である。正式な場面で意見を表明するのが苦手なため、そのような状況での商談はどうもしっくりいかない。逆にくだけた場、特に食事の席でアルコールが入ると、テーブルはにぎやかな雰囲気になり出席者もリラックスするため、前述の場合とは比べ物にならないほど商談に相応しくなる。実際、中国の企業同士の交渉ごとは、しばしば食卓で行われている。会食は静かに始まるが、挨拶がひととおり済み、杯を重ねるにつれて状況はがらりと変わる。酒の勢いを借り、相手に無理やり飲ませて酔わせようとしつつ親密さを示すことで、交渉が自分により有利になるよう働きかける。通常このような会食に参加するのは酒に強い者ばかりで、飲みすぎによる失態などありえず、酒席では杯の応酬が続く。どんなに杯を重ねても酔うことはない

という姿勢で、話し合いが終わっても気を抜いてはならず、人より先に酔い潰れて醜態を晒さないようにしなければならない。

　食卓では、食事のしかたやマナーも重んじられている。

　淡々と料理を味わい、節度を持って食べることは礼儀に適っているが、これは同時にその関係が一般的であり、互いに相手をよく知らないことを表わす。胸襟を開いて思いのまま飲むのは遠慮がないことを意味し、かつ極めて親密であることを表わす。クチャクチャと音を立てて食べるのは教養のなさを露呈するが、ホストの料理を褒めたり、自分との関係が親密であることを示したりするためには、モリモリ、パクパクとおいしく食べてみせなければならない。当然ながら、ホストも雰囲気を盛り上げるためには接客の作法をわきまえて、ゲストに料理を取り分けたり酒を勧めたりするなどの行動で示す必要がある。その際の作法には、主に次の三つがある。一つは、勧める順序に気を付け、上の者を先に、下の者は後にすること。二つめは、乾杯する際に自分の杯を低くして、謙遜の意を示すこと。三つめは、自分が先に飲み干して、敬意を表すことである。こうした献杯の作法が同僚間で行われる場合、勧められた側は無理をしてでも飲み干さなければならない。また、より親しい関係を表わす方法としては杯を交換して飲む、または先方の杯を頂戴して飲む、あるいは双方の酒を混ぜるなどがある。これは互いに一線を引かないという意味であり、食卓では我彼の別が無く、もちろん商売や仕事の上でも互いに相手を重んじることを示す。[3]

　経済の発展、科学技術と外国文化の影響により、中国人の社交手段も新旧交代を迎えている。インターネット、コミュニティ、パーティー、クラブなどが徐々に新しい社交の場となりつつあるが、文化と伝統の関係から見ると、これらは社交における補助的手段に過ぎず、やはり食卓社交が第一の選択肢となっている。

第3節　「表裏不一」

　中国において、両親は親として子どもに誠実さを求めるが、自身は往々にして「表裏不一」（表と裏は違う）で、言行が全く一致しないというおかしな現象が見られる。

　かつて、次のようなニュースがメディアで紹介されたことがある。ある日、中国の大学で英語を教えているアメリカ人教授が、学生たちにその学校に入学

3　易中天［M］『閑話中国人』上海文芸出版社 2000 年

した理由を尋ねた。すると、ほとんどの学生が、社会に貢献するため、社会のためではなくとも国のため、人民のためなどと答えたという。教授は大変驚き、自分や家族のためなど他の答えはないのか不思議に思ったという。このような報道が非常に多いため、中国人の「表裏不一」と「虚偽」（偽り）は人々がよく議論するテーマとなっている。実際、100 年以上も前に多くの西洋人宣教師が中国を訪れた際に行った調査の結果、中国人の最も際立った特性は偽りにあるという共通認識を得たという。これにより中国は、二枚舌を持つ国であるということが「実証され」てしまったのである。

　こうした「表裏不一」の性格について、台湾の作家の柏楊氏が著書[4]で見事な描写をしている。

　「中国人の大部分が表と裏の二面的な性格を持っている。この二面性こそが中国人の矛盾した性格を体現しているのである。二面的な性格は、我々の社会において、ある意味で合法的とも言える所作となっている。誰もがすぐに上べだけの外交辞令と真意の違いに気付き、自分たちがいつ、どのような状況にあるべきかを予測することもできる。つまり、中国人がその場しのぎに長けていると言ってもよい。当然ながら、我々はうわべだけの話をする人を直接攻撃することは滅多になく、時には他人のリップサービスに心から感動することもある。しかし、その裏では口先だけの誤魔化しを言う人をあざ笑っているのである。」

　確かに、この表裏ある特性は、中国人の交際を非常に複雑かつ捉えどころのないものにしている。例えば、中国には「話要聴音」（話を聞くときには声を聞け）という言葉がある。この場合の声とは、話者の声ではなく話者の真意を指しているのであり、話のうわべの意味だけを理解するのではなく、その人が本当に伝えようとしている意味を推し量らなければならないということである。人に贈り物をするとき、中国人は普通「結構です、どうぞお気遣いなく」などと言って断ろうとするが、この場合には決して、本当に要らないから受け取らないのだと判断して贈り物を引っ込めてはいけない。なぜなら、これは単に遠慮を示しただけなのであり、この場合は「どうぞ、お納めください。こうして持ってきたものを、持って帰ることはできません」などと言って再度勧める。こうすれば相手はこれを受け取り、互いにメンツが保てる上に社交の目的も果たされ、双方が満足するのである。

　台湾人を妻に迎えたアメリカ人の話もある。この夫は台湾で長年暮らすうちに、もとあった習慣が中国式に変わってきたという。彼がアメリカに戻り、アメリ

---

[4] 柏楊 [M]『丑陋的中国人』古呉軒出版社 2004 年

カの友人宅に招かれた際、友人にコーヒーと紅茶のどちらを飲むか尋ねられた。彼は、実際は喉が渇いていて何か飲みたいと思っていたのだが、思わず「いや、お構いなく。飲んできたばかりだから」と答えてしまった。これを聞いた友人は真顔で彼に言った。「おいおい、君はどんどん中国人みたいになっていくね」。これを聞いたアメリカ人は肩をすくめて笑い、自分が気付かないうちに、かなり中国化したのを感じたという。こうしたエピソードからも、「表裏不一」が中国人の特徴の一つであるということが伺えよう。

中国人の言葉には裏と表があるだけではない。社交の場における中国人の行為も、場所や状況に応じて異なる側面を持つ。例えば、中国人は一般的にリーダーの前では従順で、言われたとおりにすぐ実行する。ところが裏では常に鼻を明かしてやろうとしている場合があり、ぐずぐずと先延ばしにしたり不真面目な態度見せたり、皆の前でリーダーを罵ったりすることすらある。また、リーダーに対して本当に不満がある場合は、故意に物事の都合が悪くなるように仕向けさえする。

実際、裏表のある言動をする側、受ける側のいずれかにかかわらず、中国人の「表裏不一」は理解しにくいものではない。特性を理解したうえで、その人物の言動が故意のものであるのか、あるいは本心から言い、振る舞っているのかを注意深く見極めていけば、正確な判断ができるはずだ。こうした中国人の「表裏不一」と前述の「愛面子」は必然的なつながりを持つが、その大部分はマイナスの影響を生じるものではない。善意による「表裏不一」は、むしろ文明的な表現だと考えるべきであろう。

中国式の「表裏不一」は、時として含蓄と才知に富んだ表現となる。西洋人には全くピンと来ないため、ある種の「虚偽」なのだとみなされるが、中国人の大多数はそう感じていない。中国人の性格はある程度の「虚偽」（偽り）を持つという特性があるが、「表裏不一」は単純に虚偽のそれと同じだと言うべきではない。「表裏不一」は内なる本音と、外に現れる言行が一致していないことを言う。これは客観的な事実に対する判断であり、主観的な価値判断とも言えよう。『現代漢語詞典』[5] によると、「虚偽」とは「真実でない。実在しない。偽りである。」と解釈されている。しかし、「表裏不一」の多くは言行不一致の表れに過ぎず、社会に対して大きな損害を与えることはない。

中国で聖人とされている儒学の創始者孔子は、あるとき学生に面会を求められ、病気を理由にやんわりと断った。そして、学生が門を出ると琴を爪弾いて

---

5 『現代漢語辞典』中国社会科学院語言研究所編　商務印書館 1996 年版

歌い、わざと歌声と琴の音を聞かせた。会いたくない理由をストレートに言うのを避けるため、孔子はこのような態度をとったのである。学生の人品が良くないからというのがその理由だが、そうかと言って無碍に断りたくなかったため、婉曲的な方法で実直な人間になるよう諭し、学生も面子を保ったのである。孔子のやり方は中国人にとって「虚偽」でないばかりか、むしろ誠意そのものである。ただ、彼の採った表現方法が含蓄に富み、知的だったというだけのことなのだ。

「表裏不一」という中国人の二面的な性格の形成は、社会と文化に由来している。あたかも「ダモクレスの剣」が常に頭上に吊るされているかのように、中国の数千年に及ぶ統一された専制的な文化と道徳至上主義が夥しい暗黙のルールを突き付け、有形無形の方法で人々の個人主義に表わされるような価値観を捨てさせ、嫌悪させるまでになったのである。このため、中国人は自分の人間性に根ざす正常で自然な欲望と欲求を認めようとしない、または認めることを望まない。とりわけ、外に現れる言動に注意を払うことで腹を見抜かれないようにしているのである。

中国でこのように「表裏不一」が散見されるもう一つの重要な理由として「禍従口出」（口は禍のもと）がある。人生で遭遇する数々の災難は全て己の口から出るものであり、人から意見を求められたときに考えなしに本音を述べると、後になって災いの元になったり人に良くない印象を与える、または攻撃される弱みとなる恐れがあるというものだ。したがって「口是心非」（口で言うことと腹の中は違う）、「表裏不一」は中国人の保身のために最も重要かつ最も有効な手段なのである。

中国人が「表裏不一」という処世術を頑なに守っている理由は、こうした様々な面からも容易に理解できるであろう。

第4節 「圏子（輪、グループ）文化」

中国における「圏子」とは、おおむね自発的で自由なグループや団体を指し、志向、趣味、年齢や居住場所などが比較的近い人により自主的に形成される。この輪、ないし枠とも言うべき「手のひら」から外へは逃れられず、誰もが何らかのサークルに属していることになる。規模は様々で、互いに円が交わっているものもあれば、重なる部分もある。「圏子」は日光や空気と同じく実際に手で触れることはできないが、中国社会の各階層に深く浸透している。

中国人の「圏子」文化を語るには、文化大革命に触れる必要がある。文化大

革命の形成と発展には、いかにも典型的なグループ同士の闘争が背景にあるのだが、こうした枠組みは中国のあらゆる階層で形成されやすい。文革が始まった頃はそれほど著しくなかったが、闘争が深まるにつれて二つの「圏子」の境界線がとみに目立つようになった。その二つとは、「四人組」（江青、王洪文、張春橋、姚文元）をリーダーとする「革命」の旗印を掲げたグループと、彼らから権力を奪い取った敵だと見なされていた正義の士によるグループである。こうして上から下まで、国の指導者から一般市民の間にまで二つの敵対する枠が形成され、闘争が終わるまでずっと各々が一丸となって命がけの争いを続けた。このような「圏子」間の闘争は中国の古代史のみならず、一般市民の社会にも多く存在する。中国人はグループに分かれてまとまる力が非常に強く、カンフー小説の無数の派閥や現実の社会組織にも様々な小団体が存在するが、これは「圏子」文化の典型と言えよう。

　古代中国のいずれの王朝においても、「圏子」文化は常に人々の注意するところであった。皇帝が絶対至上の権力を持つ時代に派を結成するのは、自身の身が危うい環境の下ではやむを得ない選択だったのかもしれない。また、いわゆる「伴君如伴虎」（君主に仕えるのは虎に仕えるが如し）のように、皇帝に付き従うことは一種の栄誉であるが、虎に食べられてしまう可能性もある。したがって皇帝の左右に仕えている大臣たちは、往々にして「圏子」文化の創始者となって党を結成し、私利を計り、あの手この手で皇帝の目を欺いて信頼を勝ち取り、しかる後に強大な権力を掌中に収めて異分子を排斥した。一つの強力なグループの結成といっても、有形と無形のものがあり、その形成の過程でさらに複数のグループが生まれることすらあった。

　中国の各階層における社会組織では、設立までの時間が少しでもかかると、すぐに二つ以上の大小の集まりが形成される。このようなグループは自分たちが一つの枠にあると理解しているため、内部で矛盾が生じればすぐに「誰がどこに属しているのか」ということを口にする。このような場合は、時としてある輪の中における利益が至上のものとなる。そして、こうした動きがさらに発展すると、党派間の争いに変わっていくのだ。

　上述の現象は中国の国有企業や政府機関でことに顕著である。例えば、ある組織で新しいリーダーを迎えた場合、通常この新リーダーは元からの仲間を掌握、つまり同じ「圏子」にいたメンバーを自分の身辺に置き、重要なポストに就けることが多い。これは仕事を有利な展開に運ぶためである。このため、その組織には新しいリーダーをトップに仰ぐ立場と、前任のリーダーをトップとする立場の二つが形成される。前任リーダーが比較的進歩的な場合には両者は

うまく馴染むが、これが協力的でなかったり不満を抱いたりしているような場合は、互いに衝突し、腹を探りあい、排斥しあい、公然とあるいは水面下で戦い、ときには相打ち共倒れや組織解散に至ることすらある。

　中国において、一つの組織で「圈子（輪）」が生まれるには、通常四つの条件が揃っていなければならない。一つは、同じ組織に二人または二人以上のほぼ対等のリーダーシップを有するリーダーがいること。二つめは、これらのリーダーの考え方や政治的見解が異なっていること。三つめは、自分の個人的利益または小集団の利益のために戦うという目的を持っていること。四つめは、自発的に付き従うものがいることである。これらの条件が揃えば自然に輪ができる。「圈子」の形成は全体として見れば組織に不利である。輪ができてしまうと、ややもすれば権力や利益を奪い合い、団結を破壊して各自が勝手な振る舞いをするため、特に利益が明らかに衝突しているグループの間では「内輪もめ」を引き起こしやすい。個人は自分の属する側の利益と目標のために努力する。しかし、「圈子」内の目標と組織の目標がぶつかる場合もある。リーダーがひとたび小規模な「圈子」の発足を認め、その勢力が膨張するのに任せて干渉しなければ、その「圈子」は拡大、または分裂して独立国のようになってしまう。あるいはリーダーを侮って公然と挑むこともある。こうした状況が生まれてしまうと、対処するのは極めて難しくなる。組織全体にとっての小規模な「圈子」は人間の体になぞらえると腫瘍のようなもので、ひとたび悪性化して膨張すれば生命そのものが脅かされ、癌組織を形成する恐れがある。したがってリーダーは、普通はその拡大を容認できないのである。

　では、なぜ中国人はこれほどまでに「圈子」文化を愛し、依存するのであろうか。「圈子」は身近なところでは衣食住と交通、大きなところでは事業の発展のいずれとも切っても切れない関係にあり、また、後に述べる「関係学」（コネ作り学）とも不可分の存在である。つまり「圈子」とはコネクションを意味し、さらには、このコネが鉄のように強固な関係であろうことを示すのである。

　個性を伸ばすことをベースに形成された西洋文明と違い、発展の過程で自然環境や伝統文化などの影響を受けてきた中国では、一つ、また一つと「圈子」を作ることが習慣として染み付いており、悠久の歴史を持つ「圈子」文化の形成もその延長線上にある。このことはまた、中国人が安全感を得られないできたこととも直接結び付いている。「官大一級圧死人（官位が上の者は下の者を押し殺す）」という言葉が示すように、中国の古代封建社会では、政府権力が絶対的に集中していた。このため、一般市民は強い危機感を募らせ、「圈子」を作ることが自己防衛手段の一つとなったのである。

第5節 「論資排輩」——年功序列——

　東洋で伝統的な「論資排輩（年功序列）」はアジアの多くの国々に共通する特徴だが、中国ではこの傾向がひときわ強い。「敬老尊賢」は中国人の道徳規範において極めて重要な規則の一つであり、この敬老の精神から生まれたのが年功序列である。中国古代の封建社会では君主と臣下、父と子、年長者と年少者には序列があり、寸分たりとも誤りがあってはならなかった。間違えれば大変な不敬に当たるため、礼儀をわきまえない者として社会文化の中心には入れてもらえない。いわば年功序列に対して公然と挑戦を申し入れたことになるのだ。こうした事情は、今も各世代の中国人に影響を与えている。

　現代の中国人が年功序列を重んじるのは、主に二つの理由による。一つは、中国の家父長制の社会が尊卑に序列を設け、長幼をはっきりと区別するという社会秩序を形成したこと。二つめは、中国の企業の多くには長年にわたる経済計画の影響から、選ばれた管理者により「キャリアを重んじ、能力を軽んじる」という傾向があることによる。「論資排輩」の「資」とは経歴または資格を意味し、一般的に年齢やバックグラウンドに関係している。「輩」は長幼の序を言い、普通は年齢または世代の順で分けられる。中国人が重んじる「論資排輩」では「資」が多くの意味を内包し、各人についての年齢や家庭のバックグラウンドを指したり、ある時は社会におけるその人の地位や信用を指したりと、状況に応じて用いられる。「輩」は相対的に見てそれほど複雑なものではなく、通常は年齢に基づいて説けばよい。

　こうした「論資排輩」は、中国人の日常生活や仕事においてよく見られる。例えば、ある組織に新人が入った場合、何の資格も職歴もなければ長幼の順位は下となる。他の人と同等だと皆に認められるか、組織に別の新人が来るまではきつい汚い仕事をするしかなく、それでは他の人より多く働かなければならない。

　中国人は、どんな会議や社交の場であっても長幼の順とキャリアでランクを付け、給料までもが「論資排輩」の対象となることさえある。さらに、権威にも敏感で、これを崇拝するために初対面の人、あるいは初めて行った場所で権威のある人とそうでない人とをすぐに見分けることができる。中国人は往々にして権威の前では心理的な平衡を失う[6]。本来は道理をわきまえているが、権威の前では権威が絶対で誤りがないと思い込む。そして自分の正しさに疑いを

6　たとえ最も優秀な幹部でも、権威ある上司の前では自分が無能だと感じる。

持ち、無意識のうちに権威が万能であると考えるのだ。権威が常に神格化され、この上ない高みにまで引き上げられるのである。このため、中国人は官職名で人を呼ぶ習慣がある。誰かが何らかの指導者的ポジションに就いた途端、その職務にランクの別があろうが無かろうが必ず「〇〇長」「〇〇書記」「〇〇主任」というように呼ぶ。それどころか、その人が任を離れたり退職したりしてからも周りの人たちは同じように呼びかける。呼ぶ側も呼ばれる側もすっかり慣れてしまっているため、仮に他の人が異なった呼び方、つまりリーダーの官職名でなく、直接名前で呼びかけたとしたら、誰もが驚き具合が悪く感じてしまう[7]。

　中国人は年功序列を重んじる。このため、人を侮辱するとき、相手に自分のことを父親・祖父呼ばわりさせたり、誓いを立てたりするときにも「言ったことを守らないのは大ばか者（就是孫子！）」だと言う。つまり、年齢は中国人の年功序列で重要な根拠となる。中国で体裁の良い地位を得ようとすれば、通常35歳以上でなければならず、これが年齢についての最低条件である。35歳から70歳までは、年齢を重ねるごとに「論資排輩」により序列も上がり、個人としてもより尊重されるようになる。中国人は若者をあまり信用しておらず、「口の周りに毛がなければ何をしても頼りにならない」という諺さえ存在する。「口の周りに毛がない」とは、まだひげも生えていない、幼さが抜けない若者という意味である。年長者には、若者のやることがいちいち危なっかしく感じるのだ。もし彼らが何かおかしなことをすると、年長者はすぐに押し止めて、若気の至りでおろかな行為だと言う。中国のやや年のいった人たちは年寄り風を吹かせることが大好きで、自分の年にかこつけて大風呂敷を広げることを好む。これは年長者であることが、取りも直さず本人の能力が高いことのよい証明であると考えられているためである。年長者は言いたい放題で、その言には誤りなどあり得ず、反対することは許されないため黙って聞くよりほかない。若者はこうした上からの力を受け、自分を抑えておとなしく話を聞くしかないのである。年少者が年長者に対して何らかの不信の念を抱いたりすれば、年長者はすぐに「なぜ私を信用しないのか。私が食べてきた塩はお前が食べた飯の量より多いし、私が渡ってきた橋はお前が歩いた道のりより長いのだ」と説教するので、黙るほかないのだ。

　中国人は勤続年数で序列を決める。一つの職場にいる期間が長いほど、その人のキャリアも長くなり、年功序列においてより有利になる。この期間に何をしてきたか、勤勉に働いたか、それとも無為に過ごしてきたのか、人に誇れる

7　曹祥斌「中国人为什么習慣呼称官職?」[J]「江漢石油学院学報」社科版 1999年6月第1巻第2期

ような成績を上げたか、それとも何もしなかったか等はさほど重要ではない。中国では俗に「30年たてば嫁は姑になる」と言う。これは、嫁になった時は姑の言うことをよく聞き、姑の言い付けと教えに従わなければならないが、30年たって自分が姑になったら自分の嫁を教え諭す資格ができるというものである。中国社会では、一般的に一つの組織で一定期間を過ごせば、その人なりの資本が蓄積され、それが昇進や利益の割り振りなどを行う際に優先的に考慮される。すなわち「手柄はないが、苦労はあった」という理屈なのである。

　中国人は家庭のバックグラウンドにこだわる。裕福な家庭の出身であるか、それとも満足に煮炊きもできない貧しい家の生まれであるか、家族は相変わらず羽振りがいいかどうかなどが自分の「資」になり、組織での序列に影響してくる。裕福な家庭に生まれ、家族の羽振りもよければ、年齢や組織での勤続年数の不足はさほど重視されない。この一項は先の二つを十分に補えるからである。家族のバックグラウンドが強力でキャリアも十分であるほど、控える後ろ盾がより確実なものとなり、他の人もこのメンツを立てないわけにはいかなくなるのだ。

　中国人はまた、声望と勤務実績により序列を決める。組織において勤務実績は非常に重要である。例えば、ある人は勤続年数も長く組織の中で黙々と働いてきているが、自分をうまくアピールしたり、能力を外に示したりすることがない。すると、仮に優れた実績を上げたとしても、昇進のチャンスをめぐって勤続年数の差がほぼ同じ他の人と比べられた場合、より優れた業績を上げた人の方に分があることが多くなる。したがって、組織では黙って過ごすのは得策でなく、特に際立った業績を上げられなくても、にぎやかに騒いでいるような術を身に付けるべきなのである。働きながら口も動かし、できる限り自分をアピールしていくことで、同僚に認められ、リーダーの覚えもめでたくなれば、そこで過ごした日々がキャリアに転じた時により重みを増し、無駄に時を過ごしたとは言えなくなるのだ。

　年功序列は人々の創造性と積極性を摘み取ってしまう。ただ一つのレールに乗っていくために他の可能性は閉ざされ、別の近道を模索できる余地はない。

　中国を歴史的に見ても、この弊害を認めていた識者は少なくない。彼らは、キャリアや年齢という誤った認識を打ち破り、能力が高く着実に仕事をこなす心構えを持つ人材を大胆に抜擢している。すなわち、才知があればそのバックグラウンド、資格、学歴などは不問にして重要なポストに就けていたのである。例えば、清朝の雍正帝は伝統を打ち破り、大胆な改革を実施した。新人を大量に登用した際、彼は「新人は経験不足である」とする保守勢力の強い反対に遭った。

しかし多くの異議を退け、「先に子育てを学んでから嫁ぐ女性はおらず、経験がなくでもやはり子育てはできるのだ。なぜ新人を抜擢してから徐々に学ばせてはいけないのか」と例を挙げて諭した。雍正帝は有能な人や新人を起用、多くの人材を育成し、その息子である乾隆帝のために「乾隆盛世」の確固とした基盤を築き上げたのである。

第6節 中国人が理解している信用とは

　現在の中国では「信用リスク」という言葉がよく使われる。政府を含む多くの有識者もこれを重視しており、信用問題が中国経済の正常な運営と発展に大きな影響を与えていることが伺える。

　中国人は、本当に信用を重んじていないのだろうか。

　実際のところは国内外を問わず、メディアでは中国人が信用をことのほか重んじるという報道が多い。例えば以前、上海のある夫婦が1980年代中頃に、利益に目がくらんで100万元余りを親戚友人数10人から借り、他の人の商売に役立てたところ、あっという間に全て騙し取られてしまったというニュースが報道された。ことが明るみに出てから、彼らが巨額の負債を負っていること、夫婦の年収は二人合わせても数千元にしかならないこと、100万元余りの債務を弁済するには100年以上かかることを貸主の多くが知ったため、借金の返済について期待することはなかったという。その後10年間、この夫婦は数10人の貸主に100万元余りの借金を返済するため食費を切り詰めて倹約し、大変な苦労を嘗め、あらん限りの手を尽くして、ついに完済した。借金返済後は、全ての貸主を招いて感謝の酒席まで設けたという。当時の状況では、巨額の借金を返済しないことも可能であったが、この夫婦は「信」の一文字だけで、なし得ることは厭わず骨身を削り、とうとう巨額の借金を返済したのである。

　こんな話もある。中国で80－90年代に非常に有名だった「巨人集団」が経営不振から約2億元の債務を負い、当時会社の代表者であった史玉柱氏は一夜にして中国で最も多額の債務者となった。会社が倒産した後は一切の責務が免除される、と会社法では定められているが、史玉柱氏は必ず再起して債務を全て弁済すると誓い、10年で現実のものとした。中国にはこのような例がゴロゴロあるのに、なぜ現代の中国人は、信用を重んじていないという汚名をしばしば着せられるのであろうか。

　ここで中国では争う余地のない、いくつかの社会事象を見ることにしよう。

　世の中には、これまでなかったタイプの新しい詐欺手段や悪質な偽造製品が

隆盛を極め、食品安全問題や、禁止しても次々と出てくる海賊版が溢れている。特に今の国際交流と貿易活動では、多くのビジネスマンは口八丁だが行動が伴っていない。サンプルと実際に出荷する商品の質がかけ離れていたり、悪品を良品と偽ったり、はては重量不足などの事態まで発生しており、中国人の信用リスクを余すところなく呈している。

借金がある者は負債もおかまいなしに酒食に溺れ豪奢な生活を送り、債務者が債権者よりも強気になっている。最近、中国人はよく「カネの借り手はボス、取り立てるは阿呆」ということを口にする。このおかしな現象はあちこちで見られているが、借金は返さず、返済もできる限り延ばすという「連鎖債務」は、中国の経済発展において極めて消極的で異常な社会現象である。

中国人はやはり信用を軽んじているのだろうか。

古代中国には、信用を重んじなければならないという教えの諺が多かった。例えば「以誠為本（誠を以って本となす）」「君子一言、駟馬難追（君子の一言、金鉄の如し）」「言必行、行必果（言葉は誠実、行動は果断）」「一諾千金（千金にも値する確かな承諾）」などをはじめ、他にも多い。信頼に背くこと、利に目がくらんで道義を忘れることは古代中国では最も恥ずべき行為と見なされており、歴史的に信用を非常に重視していたことが分かる。『論語』の「吾日三省吾身（吾日に三たび吾が身を省みる）」に続く三つの内容の一つに「朋友と交わりて信ならざるか」というのがある。伝統的な道徳倫理に従えば、信用を重んじることは、人が行うべき基本的な道徳規範であるはずなのである。

では、現在の中国人も道徳倫理を重んじているのであろうか。中国人は「信用」をどのように理解しているのであろうか。現代の中国人の信用に対する理解には、いくつかの主だった特徴がある。

まず、中国人の言う誠実とは、事柄に対するものではなく人に対するもの、しかもよく知っている人に対するものである。中国人にとっての誠実とは倫理道徳の問題であるため、対象は人に対してのみ向けられる。一方の信用は経済交流、商品取引について言うため、通常は物事に対するものである。誠実さの文化は、血縁関係があるなど、主によく知っている人たちの社会で通用するものであるが、この誠実さは友人に対しても大変に重んじられており、孔子も友人との付き合いは誠実でなければならないと強調している。逆に、よく知らない人に対しては一般的にそれほど信用を守ろうとはしない。また、よく知っている人たちの中では「誠意を持て」と言うものの、この場合の誠意も一律に同じではなく区別がある。これは人によって基準が異なり、全てが自分を中心に決める。相手と自分の関係が最も親密な人に対しては誠意の度合いは最高とな

り、以下、順に低くなっていく。このため全く知らない人を相手にする場合は、基本的には微塵の誠意も見せないと言ってもよい。「他人を陥れようなどと企んではならないが、他人に陥れられないよう常に警戒を怠るな」「他人を陥れようなどと企んではならないが、他人に陥れられないよう常に警戒を怠るな」という諺があるのはそのためだ。

次に、中国人にとっての誠実とは「義」を価値の目標としており、「利」を価値の目標とする静養の信用とは異なっている。人と人との誠実な交流では、人情、関係、メンツを重んじ「君子の交わりは淡きこと水の如し」であることが強調される。中国人の友人に対する約束とは「義」「義理人情」または「道義」によるものである。市場経済改革が深まるにつれて、中国人の思考にも経済利益の観念が浸透しつつある。商品取引上の期日の遅れは財産や経済利益に関わるが、こうした「利」を価値目標とする誠実は、これまで長い間中国人が重んじてきた「義」に大きく反する。これが中国人に最近「信用リスク」が現れている原因の一つである。

三つめに、誠実さとは一種の道徳的な人格、道徳による自律と他律の統一であり、道徳による義務と良心の統一である。中国人の誠実さは、主に次の二つの手段により築かれる。一つは道徳に基づく自己管理、すなわち道徳に基づく己の修養である。誠実さを重んじる社会では、各自が意識的に自己改造、自己表現、自己育成、自己鍛錬、自己修養を行うのだ。もう一つは他者による道徳に基づいた管理、すなわち道徳教育だ。社会が誠実さを重視し、様々な手段で人を規範に合うよう教育することで「誠実」という観念が人の心に深く浸透する。とりわけ、誠実さと道徳を備えた規範と義務は、人に制限を与えると同時に導く役割を果たす。行為を規範化して我儘や勝手な行為を防ぐ作用があるため、最も重要なものとして徐々に習慣となった。このように、中国人の誠実さに対する観念は、完全に心の内にある内省、自己修正、そして社会の道徳に基づく叱責などにより形成されている。この点で「法」と「経済利益」の力で個人に信用を重んじるよう強く求める西洋とは完全に異なっている。

現代中国社会では信用体系が整っておらず、信用についての観念が十分に育っていない原因も多岐にわたる。

50年以上前に計画経済の時代に入ってから、中国では全ての経済行為を国が統一的に計画し、衣食住や交通なども国が同様に手配していた。大部分の中国人は、数十年にわたって他人とどのように経済取引を行えばいいのか分からず、個人による経済計画能力を失っていた。精神面では唯一、共産主義が信仰のごとく存在していた。

70年代末から80年代初めの改革開放以降、経済はがぜん活発になった。人々の自然な欲望が突然開放され、物質生活を追い求める気持ちも大いに高まった。物質生活の追求が精神生活の追求をはるかに超えたこの時代にあって、古人が諄々と教え導いてきた信用と道徳倫理は麻痺してしまった。
　中国の信用制度とこれを保護する法律体系は十分に整備されていない。信用によって機能するであろう制約も弱く、欧米や日本など西側諸国のような社会信用体系は存在しない。誠実さ、または信用に反する行為への処罰措置もまちまちな場合があるため、一部の人はよく考えずに己の人格を踏みにじるような行為に走り、誠実さを蔑ろにしてしまう。当然ながら、これらの人々は経済社会において、市場による裁きを受けて孤立することになる。誠意のない人と取引をしようとする人がいるはずがない。
　誠実さとは一種の道徳規範である。道徳に基づく自律と規範による他律を拠り所とし、社会が認める価値理念、伝統文化、風俗習慣、公衆と世論の圧力といった不文律を通して効果を発揮する。このため道徳規範の遵守は、まず、心の内での自省と、そして世論による監督にかかっている。
　信用に対する懲罰のメカニズムには次の三つがある。第一に、道徳による譴責である。善良な道徳気風と世論に導かれた社会で信用を失った者は、社会と世論の大きな圧力を受けて身の置き所も失って動きが取れなくなる。第二に、法律による処罰である。法律は処罰自体を目的とするのではなく、最終的に処罰しない、もしくは処罰を必要としない状況の実現を目指す。しかし信用を失った者が法律で処罰されなかったり処罰の程度が重くなかったりすると、必ずや群集心理により次々と信用を失する行為が広がっていくであろうことは目に見えている。第三に、経済的制裁である。信用を失った者は信用だけでなくビジネスチャンスまで失い、市場に参入して利益を得る際の敷居も高くなる。信用を大きく失うことは、市場を追われることにすらなるのだ。信用失墜に対する処罰のメカニズムにより、市場での信用失墜行為に与えられる打撃は実質的なものである。応分の法的責任と経済損失を追わなければならず、軽々しく道徳的な譴責などと言われるものであってはならない。
　ここ数年の急速な経済発展に伴い、今や信用は経済発展を保証する重要な基礎となっている。中国政府もこの問題を非常に重視して法整備を急いでおり、広東、江蘇、浙江地区ではすでに効果が現れ始めている。国民の資質や人民の生活水準の向上と共に、中国における信用リスクは今後根本的な変化を遂げることになるであろう。

第7節　時間の観念

　中国人の時間意識について話が及ぶと、外国人の多くは否定的に首を横に振るのが常である。主に欧米を代表とする西洋人が中国人と多少の付き合いを持つようになると、ことにビジネス上でのやりとりの後は必ずといっていいほど、中国人には時間の観念がなく、時間を約束してもいつも遅刻するという認識に至る。このため、中国人は時間を守れない、なっていない、といった概念が徐々に広まりつつある。中国で暮らした経験のある人は、何かを計画する際は中国人のこの特性を考えて、必ず早めに時間を設定するという。

　しかし、ある意味において中国人に時間の観念がないわけではない。実際は中国に代表される東洋の時間の観念が、西洋のそれとは大きく異なっているということなのだ。以下でその違いを比較してみたい。

　時間の期限に対する態度において、西洋人は日程と期限を強調して効率を重んじ、短期計画で一度に一つのことのみを行う習慣がある。かたや中国人は、臨機応変に時間を使うことを重んじ、長期的な計画で複数のことを同時に進める習慣がある。西洋人は自分の時間を最大限に利用するために、日ごと、週ごと、月ごとの行動を綿密に計画してスケジュールを作成し、さらに、様々な事柄についてその重要性を事前に見極めておく。うまく予定が組めなかったり、決められたことを期日までに成し得なかったりするような人間は、現実にそぐわず軽んじられる。これは社交活動においても例外ではない。西洋人がホームパーティーを開くとき、例えば「Open house：3:00-5:00 Sunday」という内容の招待状を送る。これは中国人の客好きの伝統に大きく反するため、到底理解できないことだ。一般的に、中国人は時間を切るような融通の利かないことをせず、大らかに幅を持たせたほうがよいと考える。これこそが、中国人の時間の期限に対する態度なのである。西洋人が時間に厳格なのに対して、中国人の期限への理解はフレキシブルなのだ。中国人が物事に当たる順序は、あらかじめ決めておいたスケジュールに厳密に従うのではなく、その各項が完成したかどうかで決められる。中国の学生は教師が時間後もなお授業を続けることには慣れっこだ。中国では、期限とは最終的な締切りが近付いているという警告を意味し、その期限を過ぎてから本当のデッドラインがあることが、ほぼ暗黙の了解となっている。したがって、例えば教師が学生に金曜日までに宿題を提出するよう求めるならば、提出期限を水曜日とするべきなのだ。これは学生が自分で提出期限を2日先に延ばしているからである。同様に、会議を14:30から始めようとする場合、会議通知に14:15と記しても何ら不思議ではない。

時間的に生じる順序（順番に並ぶこと）に対する態度をみると、西洋人は時間を一本の川に例える。その流れは一方に向かい、逆行したり、どこかで停滞したりすることはないという。したがって彼らは時間を小さな塊に分け、前後の順序に従ってそれぞれを処理するのである。英語では来た人の順に応対をする（The early arrived, the early served.）と言うが、これは先に来た客から順にサービスを提供するという意味であり、この原則は西洋国家では社会生活のあらゆる面に浸透している。この、来た順に応対するという行列の観念は、中国人の思想にはまだ深く入り込んでいない。中国の商店や病院では、人々がレジを取り囲んでわれ先に支払おうとしているし、駅では大勢の人が先を争ってバスに乗り込もうとしているのもよくある光景である。近年では秩序の維持とプライバシー保護のために、国内の一部の銀行やスーパーで、カウンターの前に「1メートル・ライン」を引いている。これにより人々の行列意識は多少高まっているものの、意識せずに整然と秩序を保っている西洋の国に比べれば、まだ大きな隔たりがある。

　ここで、時間の正確さに対する態度を見てみよう。西洋の国々は工業化が進むにつれて、社会生活全体がスピードアップしている。時間とは、始めと終わりのけじめが明確で、一つの方向に流れるものであり、かつ時計とカレンダーで正確に計ることが可能だと考えられている。このため、1分1秒まで正確であることが好まれている。一方、農耕文化を起源とする中国で重んじられているのは一定の時間帯、一定の適切な時間帯という観念である。中国では農業の始まりによって時間の観念を体得していったため、時間を月の満ち欠けと農事に関連付けているのだ。中国で言う二十四節気とは、農事を指導するスケジュール表である。農業が脈々と営まれている社会では、農民は日の出とともに働き、日が沈めば休む。こうした繰り返しによる農業文化の影響を受け、中国人は強い時間の観念を持たず、時間に対する認識も多くの人にとって曖昧で、具体性を欠くものとなっている。

　過去と未来という時間の方向性においても、中国と西洋では大きな差がある。多くの西洋人はキリスト教の「原罪説」による影響を受けて性悪説を採る傾向にあるため、大多数が未来を志向している。彼らは、過去に回帰することは「原罪」に向かうのと同じで、後退には活路が見出せないものだと考える。西洋人は、チャンスは全ての人に均等に与えられるもので、歴史はさして重要ではなく、努力さえすれば成功する、あるいは、変革は進歩を意味するもので、新しい物事は常に古いものに勝つと信じている。こうした未来志向の影響を受けて、快活かつ楽観的で活発に変化を求めていく。中国人のように年長者と教師を尊

敬して経験と年齢を重んじることはせず、しきたりを打破することを好み、新しいものを打ち出していくのだ。

　中国人は儒学などの伝統文化の影響を受けており、性善説を採る傾向にある。人々は歴史と伝統を信じ、これに従っている。伝統的な思想や規律、方法などは今日に至るまで続いており、それが徐々に肯定的に受け入れられ、人々の日常の行動を律している。したがって、東洋人の時間は後向き、すなわち過去を志向するのである。人々は、過去に対してはっきりと尊敬の念を抱き、その日の事を決定する上で過去の経験と教訓を重要な手がかりとする。相対的に言えば、中国人は未来に対してさほど興味を持たない。未来は実体が分からず捉えどころがないと考えている。物事に取り組む際、通常は過去にそれを行った人がいるか、成功または失敗の教訓があるかを考慮し、経典を引用することを好み、根本を追究し、穏やかさと安定を求める。このように、規律を遵守し分をわきまえることは、中国では一種の社会規範ともなっている。祖先を崇拝する、年長者を敬う、教師を尊敬する、経験を重視する、年齢を重んじることは全て「過去」と関わっており、こうした時間の志向と関係があるのである。

　中国人の時間の観念をより正確に捉えれば、それは取りも直さず伝統的な中国人の考え方であるということになるが、現代の中国人にもこの観念の大部分が遍く存在する。ただし、中国が国際舞台に上り活動の歩調を速めるとともに、西洋の時間観念が中国人の中に広がりつつある。また、組織の大部分と個人の時間に対する要求も厳密になってきている。会議があるときは必ず時間前に到着することや、行列意識などもまた、中国人の中に芽生えてきている。

　中国のウェブサイト「新浪網」が2004年に行った、「中国人には時間の観念があるか」と題した調査によると、中国人の時間の観念は改善されつつあるという。調査対象3,757名のうち、大多数が時間に積極的な定義を与えていたのである。時間とは何かについての定義では、77％が命、10％がお金、8％が楽しみ（喜び）を代表するものだとの回答を得た。一方、「時間は虚無である、悲しみである」など悲観的なイメージを持っている人はわずか5％に過ぎなかった。また、差し迫った時間は価値が高いと強く認識されており、64％が自分は今まで遅刻したことがないと答えるなど、時間を守らない人を認めない姿勢が見られた[8]。

　以上の分析と調査結果に基づけば、中国人は時間を守らないという結論は必ずしも適切ではない。そうは言っても、なぜ日常生活となると時間を守ること

---

[8]「中国青年報」2004年10月20日

が軽んじられるのだろうか。

　中国の専門家と学者が行った研究によると、中国人は時間を計る際に比較的後進的な道具を用いてきた。古今より中国には正確に時間を計測する機器がなく、計るものといえば日時計や水時計であり、最小の時間単位は一刻（15分）であった。一般によく使われていたのは「ひととき」で、これは現在の2時間に相当するが、かなり大雑把である。普通、中国人が時間を形容する単位には「一服する間」「お香が一本尽きるまで」「食事が終わるまで」などがあり、いずれも曖昧な概念である。

　中国人がよく使う「馬上」（すぐに）の意味も非常に曖昧だ。ある中国人が早朝にニューヨークから飛行機で中国に帰った。この人は飛行機が離陸する前に、遠く中国の家族に電話をして「もうすぐで家に着くよ」と言った。この場合の「すぐ」は8時間から10時間後かもしれない。一方、会社を出る前に家族に電話で「すぐ着く」と言えば、この場合の「すぐ」は30分後ということになる。さらに、階下から上階にいる人に降りてくるよう声をかけて相手が「すぐ行く」と答えれば、この「すぐ」は1分後であろう。

　これらの例からも分かるように、中国人の曖昧な時間観念は伝統と関わりがあり、これと資質そのものが低いということとは、本質的に問題を異にする。

第8節　情を重んじ、理を求め、法に適う

　「合情合理合法（情に適い、理に適い、法に適う）」は中国で誰もが知っている諺で、通常は、ある人または物事を判断するための基準として用いられる。まず先に「情」を前に置くことで、その重要性を表している。次に来るのが「理」で、この場合の「理」は当然ながら道理を指すのであるが、この道理も曖昧な観念である。また、最後に「法」を置くことで、古来より中国人の「法」の概念が曖昧なことを呈している。これは「法」が、「情」や「理」を用いることが許されない場合に限り有効となるからである。[9]

　中国では人が法を犯すと、きっと何か訳があったのだろうと同情する人が出てくる。その一方で、「情」と「理」に反することがあれば極悪非道であると見なされ、唾棄、軽蔑などの私的制裁を受けることになる。これこそが中国人の「情・理・法」に対する考え方なのだ。

　かつて中国で次のような事件が起こった。地方の村のある一家には四人の息

9　曹仕強「中国式管理」［M］中国社会科学出版社　2005年3月

子がいたが、末の息子は勉強もせず、手に職をつけようともせずに酒、賭博、女色に明け暮れ、父親に暴力を振るう上に母親には暴言を吐いてばかりいたため、家族は不安な日々を送っていた。皆で何とかして彼を助けようとしたが効果はなく、このまま過ごすことに耐えられなくなった父親は、ついにこの息子を亡き者にしてしまおうと考えた。父親は他の三人の兄弟を呼び、ある晩、この息子を毒殺して埋めてしまった。この事件は起訴され、父親は死刑、他の三兄弟も刑に処せられるよう求められた。法律に従うならば、これは自らの命で殺人の罪を償うという極めて単純な話であるはずだ。ところが、村民は被害者が当然の報いを受けたまでだと考え、被害者の家族全員が法による咎めを受けないで済むようにと、1,000人の署名、嘆願書を裁判所に届けたのである。この件からも、中国人が何よりも情を優先することが分かる。父親のほうは、息子が親に暴力を振るい母親に暴言を吐くのはとんでもない親不孝であり、家庭に災いをもたらすなど到底容認できず、情の上では何の未練もなかったという。次に来るのが道理である。息子の命は自分が与えたものであるから、自分にはその命を終わらせる権利がある。これが父親の考える理に適った行為なのだ。そして最後に法が登場する。伝統的な中国社会では、父親のこうした行為は法的責任を負う必要はないとされるが、これは問題が家庭内のものであるからだ。これこそ中国人が追い求める「合情合理合法」である。

　中国の文化においては「情・理・法」が一つの特殊な構造を形成し、人々の行為を支配している。

　「情」は人との間の基本的な関係によって決まる互いの感情を指す。通常は、良好な関係にある者たちが互いに相手を受け入れて認め合う性質のもので、肉親の情や友情、郷土愛などがこれに当たる。この「情」とは人が生まれながらにして備えている、ある種の天性だ。

　「理」には二つの意味がある。一つは科学における理、もう一つは人倫、つまり人本主義的な理である。科学における理とは、客観的な事物の本質と普遍的な規律を正確に反映したものである。一方、人倫、人本主義的な理とは善良さを求めることであり、人生の意義を実現し、ある種の道徳的な理想の境地に達するために人が従うべき道理である。中国人は人倫、人本主義的観念が大変強く、何事に対しても人としての成長に合致し、伝統的で基本的な道徳規範に沿うことを重んじる傾向がある。

　「法」は国家レベルで見れば一国の憲法、基本法であり、これに基本的な法規が加わる。事業団体や企業レベルでは、法は組織の規則・制度であり、成文化された個人の行為における規範である。本質的に見れば、中国人の日常生活で

言う法とは、情を普遍的なものとし、理を強制し、情と理を表面に押し出して形式化したものである。これは、合理的な手段（科学としての理）を基礎に置くとともに、合理的な価値を基本としている。効率と機能性を目指すにとどまらず、人の価値と意義までも最終目的に見据えているのだ。つまり、科学的・価値観的な二つの尺度を統一し、形式的、実質的という二つの合理性を結合したものである。

　中国人がことに当たる際、「情・理・法」の各側面が互いに連動する。それぞれは孤立せず、相互に関わり合いながら一体となっているのである。縦並びの構造として見るならば、一番上は情であり、次に理、一番下が法の順で重んじられる。中国人が何かをするときは、まず他人と心を通わせ、情により人を動かすことを最優先とする。これにより、人間関係でのわだかまりや格差による対立を取り除き、あるいは緩和し、調和の取れた温かな人間関係を築いている。人々はこの環境の下で何らかの動きと満足感を得ることができるため、構成された組織は活力に満ち、現実的に機能するグループとなるのである。感情が人を駆り立てる力もこれにより生じるが、感情だけを基準にして何かをすると多くの状況下では衝突が起こりやすい。ある者は肉親の情けのためだと言い、ある者は友情のためだと言って、皆が自分の感情に従っていれば、一つの組織としては効率が失われ、安定を欠くことになるであろう。こうした事態を避けるためには、やはり人の感情に訴えることを基本として、科学的な尺度と価値観による尺度の二つを確立しなければならない。中国人にとって人倫的な価値でも大切なのが、理を重んじることだ。理を重んじて初めて人の思想と認識に客観的な尺度ができるのである。すなわち、人の価値観に賛同と共通認識が生まれ、人の思想と行為に統一的な評価の基準が与えられることになる。これにより、認識上の是非と正誤、実践での善悪と、それをなすべきか否か等の基準を必要とする問題が解決できるのだ。中国人は情も重んじるが、理を論ずることを最も好む。理が通れば、是非、善悪、美醜がはっきりし、思想と認識上の問題も解決され、価値観の問題も明確になる。このため、行為には理性を基礎とした自主性と積極性が生まれる。逆に、中国人は理に合わないことは断固として受け入れられない。したがって、物事を行う場合は中国の国情と文化伝統に沿うよう理を重んじ、理に適っていることがポイントとなる。理を真ん中に置くのは、理が情と法を結ぶ架橋であり仲介役であるだけでなく、情を支え、法の拠り所となる存在であることによる。情が理に先んじてはいるが理を差し置くことはできず、情を重んじるには必ず情をもって理を重んじなければならない。理が間にあることは全てが理に適うよう求めていることを意味するが、理が法に取っ

て代わることはない。情をもって理を重んじ、理に基づいて立法し、法に基づいて管理する。法を最後に置くのは、いかなる強制的な法律や規則の実行であっても論理上は情を前提に理を基本とし、法を尺度とすることを意味しているからである。これは物事の処理に法が重要ではないと言っているわけではなく、情と理の基礎の上に法を確立し、法に合理的な手段として効率を持たせようとするものである。

情、理、法で成り立つ処世術は、ある意味で動的な構造をしている。一般的には、情が最も活発で変化が早い。なぜなら、情が反映するのは人の個体や個性の面での特性ばかりでなく強力な主観の色も含まれるからであり、これに加えて情に制約を与える外的条件と要素が実に様々であるためだ。

理は人が一定の条件の下で形成する事物（人を含む）の本質、価値の認識と、それに対する賛同である。したがって、その変化のスピードは相対的に遅い。

法は、人による一定の科学的尺度と価値尺度に基づいて強制的に制度化したものであり、科学と価値の観念に大きな変化が生じたときに初めてその内容と形式が変更されるという、相対的に安定したものである。

中国人の情、理、法に対する認識には、常に「情に適うが理に適わない」「理に適うが法に適わない」「法に適うが情に適わない」などの現象が存在する。したがって、立法の過程で理と法に矛盾が生じた場合は、法の調整に重点を置くことで法と理があい通じるようにしなければならない。理を語るには、まず情を先にして情で人を動かすことで、「通情達理（情を通じて理に達する）」の効果を得なければならない。また、法に照らして制裁する際にも、合わせて情と理を用いることで、相手が自らこれに従うように仕向ける必要がある。

第9節　保守的傾向

総じて中国人は、比較的に保守的なイメージを西洋人に与えている。感情を表に出さない性格で、内向的であって単刀直入ではなく、物事を先延ばしにすることを好むなどとされる。

こうした性格は確かに西洋人との比較において明らかであり、何かを表に現そうとするとき、中国人は普通「正誤」であれ「要不要」であれ、西洋人のように真正面から答えようとはしない。質問に答えるときもまず原因や理由を探し、最後の答えもあまり明確にはしない。

では、なぜ中国人は正面きって答えるのを避けるのだろうか。

原因を深層に求めると、古人の文化伝統と密接な関わりがあることが伺える。

中国の伝統文化は主に儒家、道教の思想が基盤となっている。儒教では、ある程度の行為を積極的に人々に求めており、国を治め、天下を平定することは己の務めとなっているが、人としては上品で物腰柔らかく、温和で礼儀正しくあることを提唱している。儒者は狂暴で荒々しかったり、表に感情を出しすぎたりすることはなく、性格は穏やかで態度は謙虚である。控え目で感情を表に出さず謙虚であれというのが、儒家が求める人格的規律である。また、道家は「柔よく剛を制す」の言にあるように、慎ましく不器用なのは、機を見て巧妙に立ち回る聡明な才知に勝るとして、「大智は愚かなるが如し」「能ある鷹は爪を隠す」という人生態度と処世術を主張している。これらから分かるように、儒家と道家の言う人としての態度はほぼ一致している。控え目で態度を表に出さず、謙虚であるのが中国の古人の基本的な性格であり、生きる上での姿勢である。

　改革開放に伴い、中国人は知らず知らずのうちに西洋の明るく開放的な思想特徴と行動様式に感化されつつある。しかし、元来の保守的で内省的な性格や、自分をあまり見せず、周囲の雰囲気に敏感であること、婉曲的な表現で話をし、行動が注意深く慎重である等などは、今も中国人の潜在意識に深く刻まれている。安全感を重んじる心理により、自分を表に出すことを避けるのであるが、これが外国人に中国人が率直でない、ぐずぐずしている等の印象を与えてしまうことにつながっている。

　中国人の保守性はあらゆる面に現れている。中国人は「知足常楽」（足るを知れば、常に幸福である）を尊重している。この「知足常楽」とは今あるもので良しとし、足るを知れば生活していけるという意味である。中国人の多くは昔から現状に甘んじ、危機意識に欠けるところがあった。生活できなくなって初めて現状を変えようと考えるのであり、まさに「窮すれば変じ、変ずれば通じ、通じれば永久となる」のである。ただし、「変じる」が最終的に目指すのは「久」、すなわち変わらないことだ。中国人は経済生活においても足るを知り、自給自足して現状を維持する。社会的には保守を重んじ、「先工」「古法」を最も尊び、それが現在の環境に合っていようがいまいがきちんと守り、先祖の法は変えてはならない。さもなければ「妖言をもって衆人を惑わす」「人倫に背き道理を無視する」ことになり、引きずり出されて首を刎ねられてしまう。「頭を出した鳥は撃たれる」（出る杭は打たれる）という諺にあるように、社会は保守的ムードに走り、分をわきまえて自分を守り、穏健で自重を旨とする人は認められ讃えられるが、おせっかいで軽はずみな人は蔑まれる。

　実際のところ、多くの中国人の生活の根底にあるのは、安定を求めて進歩を求めない、いわゆる「平安は幸福」や「健康は幸福」という考え方である。「祝

你平安」（ご無事をお祈りします）はどこでも聞かれ、今も廃れてはいないが、これは決して偶然ではない。中国の高齢者は自分の子どもに「ちょくちょく帰ってくるように」と言うが、これも「平平安安」の気持ちからである。この「平安」に比べれば、功名や金銭などは二の次である。同様に、中国人は「巧みに身を処して保身を図る」「時局をわきまえる者こそ傑出した人物である（長いものには巻かれろ）」などの思想を賛美しており、自分の力量が足りなければぶつかっていくことはなく、命を守ることが大事なのだとしている。このように中国人の多くは危険を冒さない、または冒すことを恐れ、何かあってもなかなか決心せず、奮闘して努力することや開拓の精神に欠けるところがある。誰も「真先にカニを食べる人」になりたくはないのだ。中国の伝統的な社会では、革新、開拓の精神を持つ者は少なく、保守を唱えて後足を踏み、分をわきまえて我が身を守り、天命に従う者がとても多い。昔から「改革」「政治革新」は決して少なくなく、天地をひっくり返すような大騒ぎにもなったが、多くは失敗に終わっている。原因を突き詰めると、やはり中国人の中にある保守的思想によるものと思われる。中国人には先祖の法は変えてはならないという気持ちがあり「天は変わらず、道もまた変わらない」とまで思っているが、なんとも頑固なことである。「中国人は他のどの民族よりも、過ぎ去った時代が自分たちの黄金時代であったと信じて疑わない民族である」とアーサー・スミス（1845－1942）が指摘するように、中国人は現状に対する不満によって将来に目を向けるのでなく、過去を振り返る。美徳と正義に関して現在は過去に及ばないが、良心に背くことにかけては過去は現在に及ばないと信じているし、規則を重んじ、過去の生活様式に固執している。挨拶や文章などの多くが特定のスタイルにとらわれているが、これは時にいささか滑稽な印象を与えることさえある。

　道家の始祖である老子は、人が身を立て、世を渡るためには三つの神器があると説いている。すなわち「一に曰く慈（人を慈しむ）、二に曰く倹（物事を控えめにする）、三に曰く敢えて天下の先と為らず（人の先頭に立たない）」である。面子を失うのは大ごとであるため、多くは付和雷同の「跟風派（風潮に合わせる）」、または模様眺めをする「騎墻派（日和見主義）」となって皆が先を争おうとしないのである。人は誰もが慎重になり、笑われるようなことをしてはならず、メンツを失ってはならず、保身を図らなければならない。そうしなければ誰かに陥れられ、メンツを失う恐れがあるからである。中国人が最も恐れるのは、失敗して地位も名誉も失くすことである。

　これまで見てきたように、中国人は昔から保守的であり、足るを知ることで幸福感に浸り、貧しさに甘んじる傾向にある。また、古いしきたりにとらわれ

るため開拓の精神に欠ける。メンツを守り、保身の術に長け、できるだけ多くの人から支持されるのを好んで求め、長いものに巻かれ、付和雷同する。さらには時勢に従順であり、手を下すべき時にも手を下さず、なかなか決めようとしない。幸いなことに今日の中国は、改革開放への街道をひた走っており、人々は積極的かつ開放的な態度で未来に臨んでいる。とは言うものの、社会生活を見てみると多くの中国人にある保守的傾向は依然として根強い。数ある欠点を早急に克服しなければ、将来中国人が進もうとしている道をこれらが阻むことになるであろう。

第10節 「80後」の中国人

「80後」とは、20世紀の80年代に生まれた中国人の世代を言う。

80年代は、中国人にとってエポックメーキング的な意義がある。勇気を奮い、諸手を挙げて外国人の中国進出を迎えたのである。五千年に及んだ閉鎖を解き、外国文化の流入を熱い思いで迎え入れ、良いものであれ悪いものであれ、そっくり受け入れた。この時代に中国人の様々な観念は大きく変わった。鄧小平の「白い猫でも黒い猫でもネズミを捕る猫はいい猫だ」という言葉は大きな爆弾のように一夜にして中国人に強烈な衝撃を与え、中国はこれまでに例を見ない「百廃皆興（廃れていたものを全て再興する）」「百花斉放（様々な思想や芸術活動が自由に発展する）」の新しい時代を迎えたのである。この歴史的な好機は、この年代に生まれた中国人と、それ以前に生まれた中国人との間にはっきりとした違いをもたらした。すなわち、果敢に伝統に挑み、革新に取り組むのが「80後」の人々なのである。彼らは、10年後には生産または職場の中心となり、社会を牽引する中堅としてパワーを発揮することになるであろう。中国人を紹介するに当たり、これらの年代を別個に取り出して語らなければ、中国人に対する理解は完全なものとは言えない。

ここで、80年代以降に生まれた中国人と、それ以前の世代が生活してきた環境に根ざす本質的な違いを見てみよう。

第一に、80年代は物質生活が日を追って豊かになっている。したがって、この世代は中国社会で生を受けたその日から、近代化に向かう社会という名の高速列車に乗り込み、豊かな現代物質文明を享受してきた。彼らが育った時代背景は、20年続いた経済高度成長に加え、政治的にもこの200年間になかったほど安定していた。政治経済面だけでなく文化についても同様であった。彼らは幼少期にはほとんど苦労がなかったため、これまでの中国人のようにリスクを

恐れることもなく、チャンスがあれば進んでつかみに行き、諸事が開放的で自由なのだ。

　70年代末までの中国社会は、基本的に政治的な色合いが濃厚であった。何かにつけて政治が先んじ、社会生活の隅々まで浸透して一般市民の潜在意識に深く入り込んでいた。そのため、この時代の人々は全てを政治的な見地で扱い、政治的な基準で判断するという共通の特徴が見られる。80年代以降、中国は政治を中心とする社会から、経済建設を中心とする社会へと大きく舵を切った。改革解放後の中国経済はハイウェーに乗り、一般市民の生活も貧困から衣食に困らない状態へ、さらに中流程度の暮らしぶりを経て裕福さに行き着くまでになっている。その一方で計画出産、とりわけ一人っ子政策の実施により、80年代以降に生まれた都市部の子ども（一部の富裕地区の農村の子どもを含む）の大部分が一家の中心に据えられるようになり、父方の祖父母、母方の祖父母、両親の「4＋2」による「包囲網」の中にあった。彼らはこのような環境で面倒を見てもらい、溺愛され、かしずかれるようにして豊かな生活を送り、何でも意のままになる中で大人になった。成長を続ける消費文化に合わせ、あらゆる製品の販売はこうした子ども達をターゲットとし、その嗜好に合わせて売り出されていった。子どもたちにとっての消費とは、生きるために必要なものではなく、一種のライフスタイルであり精神的な欲求によるものであった。彼らはより多くの関心を自分に注ぎ、欲しいものは家庭と社会から得ることに慣れている。流行を追い、生活を楽しむのもごく当たり前のことで、富と財産への憧れを口にするものはばからず、自己実現をより重視し、ビル・ゲイツのようにビジネスで成功を収めた人物を人生の手本としている。

　第二に挙げられるのは、「80後」が中国社会の転換期に成長しており、市場経済と社会変革が心理と行動様式に深く刻み込まれているという点だ。

　経済体制が変貌を遂げる過程で、中国は伝統的な農業社会から近代の工業化、情報化社会へと移行し、閉鎖的あるいは半閉鎖的な社会から全面的に解放された社会へと方向を変え、単一の社会から多元的な社会へと転換してきた。市場経済は巨大な物質面での財産と富を築くと同時に観念的な変革をもたらし、知らず知らずのうちに民族の心理と性格を変えてきたのである。80年代生まれの者はこの転換期の中で成長しており、幼い頃から親の期待を一身に背負い、競争の中で大人になった世代である。彼らの行動上の特徴は、現実主義にあると言える。この世代は市場意識が自身の意識となっており、競争はもはや習い性となっている。また、実用主義や実利主義が理想主義に代わるものとなっている。彼らは中国社会が大きく発展しているのを実際に見、肌で感じているのだ。そ

こでは親の世代がこれまで出会ったことのない新たな問題、すなわち社会構造の転換、激化する社会の動き、社会の著しい分化、多元的な文化の衝突などにも直面することになる。中でも経済の急成長に伴い、都市と農村間の格差拡大、社会不均衡の激化、貧富の格差などが起こり、彼らの一部は早くから「世間や人情は変わりやすく、当てにならない」という価値観を植え付けられていたため、ごく普通に生きていくことの難しさが心に重くのしかかっている者もある。全ての若者と同様に彼らにも夢はあるものの、ビジネス社会の慌しさとプレッシャーの中、高額な学費と激しい就職状況といった現実を目の当たりにし、この世代が口にするロマンと青春には、かつての60年代、70年代の人にはなかった焦燥感が滲んでいる。こうして、彼らは熱狂的な激情を抱いて国家を批判したり、社会に対して反抗な態度をとったりすることもなく、あくまでも一介の参加者として社会に身を投じ、市場経済の潮流の中で自身の人生における抱負を実現できればと願っているのである。

　第三に、「80後」がグローバル化、情報化の時代に大人になった世代であるということ。インターネットは彼らの観念、思考、表現方法を変え、世界を認識させて、これに向かうべく足場を提供した。

　インターネットを「恐るべき災厄」であると見る教育の専門家や、ひどく毛嫌いしている親もおり、「ネットカフェから離れよう」というキャンペーンが「麻薬を拒絶しよう」と同列に論じられている。しかしながら、若い世代は依然としてインターネットに夢中になっており、ネット上でチャットや音楽、ゲームを楽しみ、資料を検索し、ニュースを見るなどして疲れを忘れるようである。インターネットは彼らの生活に尽きせぬ楽しみと強烈な感情を与え、他の何者にも代え難いバーチャルな世界を提供している。また、インターネットは彼らの視野を広げて知識を豊かにし、交流範囲を拡大することで彼らの観念、思考、表現方法を変えたばかりでなく、世界を認識し、そこを目指すべく足がかりとなった。ネット上では、異なる場所、経済、文化、政治制度と国の人が頻繁に交流し、様々な文明、価値観をぶつけ合い、互いに混ざり合う。これにより「80後」は世界の様々な文明のエッセンスを吸収し、国際的な視野を持ち、より多くグローバル化に馴染む機会を得ている。幅広い視野を持つことで、この世代の若者はより寛容で理性的な広い心を持てるのだ。これと同時にインターネット情報の持つ、速さ、透明さ、互換性、平等性といった特徴により、より多く自分の見解を公表する機会を持ち、民主意識と参加意識が大きく高まっている。これはまさに現代の国民に不可欠の基本的な資質である。しかし多くの物事が両面性を備えるように、インターネットも諸刃の剣であり、様々なよからぬ情報、

ゴミのような情報がこの新しい世代の成長にマイナスの影響をもたらしている。虚構の世界に溺れてしまうと社会への適応能力が低下するばかりでなく、終わってはリセットを繰り返す自分にとって都合のいいゲームをするような生活態度を身に付けることになる。特に電子メディアの普及により、青少年の教育において段階的に身に付けるべき自然の規律が人為的に破られている。本来は純真な嗜好を持つべき年齢にありながら、過剰な早さでそうした方面のことまでそつなく振る舞えてしまうのである。性と愛情の問題について、一方では両親は口をつぐんで話そうとせず、学校での性教育も通り一遍で教条主義的である。そうかと思うと、一方では障壁が取り払われた大人の世界が別に存在しており、上の世代に比べて身体と心の発育が早まっている。こうした意味で、彼らは「早熟な世代」と言うことができる。

第四に、「80後」の生活は主張が多元化し、多様性を望む社会にあること。

現在中国の主な特徴には、社会における階層と様々な要素が急激に分化し、再編されているという面がある。社会生活の面では「四つの多様化」、すなわち、経済の構成要素と経済利益の多様化、社会の生活様式および組織形態の多様化、就職先と就業方の多様化、社会文化の多元化がある。高度に集中して統一された計画経済体制における社会と文化は単一的で意識形態も単純であり、さらに社会的価値観が同質であるが、彼らは民衆の声がかまびすしい文化の時代に出くわしたのである。文化の衝突、観念のぶつかり合い、思想の相互浸透、並行する多元的な社会は、中国における思想文化発展史上これまでにない多彩な様相を呈している。開放的で多元的な社会は個人に多様な選択の機会を与え、「80後」は個性を存分に発揮するための広大な空間を手にした。彼らは古い決まりやしきたりに縛られることがなく、教条主義による制約を受けることもない。この世代を、ひと括りにできない世代と称する人もいるが、これは彼らが個性的で感性豊かであり、それぞれが独自の世界を持つことによる。

「80後」は、前世代のように白と黒で塗り分けられるほど分かりやすい人種ではない。前世代のように多くの共通した過去の境遇や経歴を持たず、始めから不確定な世界、伝統と現代が入れ替わり、民族文化と外来文化がぶつかり合う時代に生活している。価値観の転覆、思想の混乱、秩序の規範逸脱などを背景に、彼らは多様な色彩を身にまとったのである。これと同時に、社会は前の世代より多くの選択の余地と、より大きな自由を彼らに与えている。そのため、前の世代のように皆が同じ道を歩み同じ話をするということはなく、各自が本領を発揮し競い合って多種多様な社会像を見せている。

中国国内のメディアは、「視野が広い、個性をアピールしている、実利を追求

している、自己中心的、享楽主義、反逆的、オープンな性……」など様々な評価をこの世代に与えている。

中国の「80後」は、アメリカの60年代の「ビート世代」とほぼ同列に論じることができる。すなわち、彼らは中国の新たな過激派なのである。

第2章 中国人の「関係学」

第1節 「関係学」が中国経済に与える影響

「関係学（コネ作り、人脈作りのノウハウ）」は一部の外国人に、多少なりとも中国学の別称のように受け止められている。

「関係学」とは、組織的なつながりではない「個人的なつながり」を指す。その範囲は個人的な交友関係から贈収賄に至るまで実に幅広く、一般市民の間では「科学技術」に代わる第一の生産力だと言われることがある。もちろん、これは幾分大げさではあるが、中国における「関係」の重要性が見て取れる表現だ。「関係学」を最も強く特徴付けるものは、中国文化の深層部分にある。つまり、文化や伝統を理解して初めて「中国式関係学」の奥義に触れられるのだ。

中国の近代化は、体制および管理制度改革の導入と、その試行錯誤というプロセスを経てきている。しかし、その効果は今に至ってもほとんど認められず、仮にあったとしても微々たるものだ。西洋の管理制度と理論の種子が中国の大地で花を咲かせるのは難しく、実を結ぶか否かについては言うまでもない。その一方で、西洋の管理理論とは反対を行く「中国式関係学」は大手を振って進み、勢いを増すばかりであるが、その理由は単純である。「関係学」は中華民族が長期にわたってその文化土壌で培ってきた、習慣的な行為と相互協力のあり方に関わるもので、西洋の現代的な管理制度や理論とは相容れない。実質的には文化の衝突であり、民族間の思考様式と習慣的な行動様式の衝突、あるいは組織・管理制度と中国人がこれまでに慣れ親しんできた交際様式との衝突でもある。[10]

中国で「関係」という言葉は決して悪い意味ではなく、人々が互いに誇示しあう資本ですらある。現在の中国は市場メカニズムと法制度が整備されていな

い状況にあり、経済情報の透明度が低いため、「関係」が正規の制度をバックアップする補完的な役割を果たす。これを無視するのはほぼ不可能で、普遍的な存在とも見なされている。私営企業は集団所有制企業以上に、また集団所有制企業は国有企業以上に「関係」を頼みとするのはこのためである。この認識の下では、正式のメカニズムが正常に機能しない場合、非正式のメカニズム（すなわち「関係」）が合法的な範囲で中国経済の発展を後押しするとされていると考えられる。

　具体例を見てみよう。90年代の初め、あるアメリカの会社が中国で投資を行おうとした。彼らはまず綿密な市場調査により大いに有望だと判断、巨額の資金と先端技術を投じ、猛烈な勢いで中国に工場を建設し、操業を開始した。ところが2年たっても思うような業績は上げられず、2年連続の赤字となった。アメリカ人上層部は管理に問題があると考えて本国から高級管理職者を呼んだが、さらに2年経過した後も赤字経営のままであった。会社は、中国の国情を十分に把握している中国人コンサルタントを招く他に選択の余地はなかった。新しいコンサルタントは、アメリカの管理層が中国の「関係学」を理解していないため、商品を売りさばくことができず市場に参入できないのだと鋭く指摘した。会社はコンサルタントの指導にしたがって市場戦略を変更し、様々なコネを築くべく努力した。その結果、半年後には商品の売れ行きが好調になり経営は黒字に転じた。これも「関係」が中国の経済行為において大きな役割を担っていることが明らかであることを示す例である。

　では、「中国式関係」が中国経済に果たす役割は、プラスとマイナスのどちらであろうか。これについては、人により見解が異なる。

　実際のところ、東西を問わず「関係学」は存在する。ただ、社会体制と文化が異なるため、「関係」の理解と応用に若干の違いがあるに過ぎない。アメリカの「成功学」の権威、カーネギーは「一人の人間の成功に専門知識が与える影響はたったの15％しかなく、残りの85％は人間関係によって決まる」と述べている。[11]

　中国における「関係」への依存は、他のいかなる組織よりも民間企業に強く見られる。国有の大中企業が中心となっている現在の中国経済においては、経済情報の透明度は決して十分ではなく、限られた情報が少数の掌中にあるのが常である。したがって、有用な情報源を押さえることが企業生存の鍵となるため、情報の不透明さを補う「関係」が確実に一定の積極的役割を果たし、経済発展

10　朝露「読回首五千年『中国関係学要訣的要訣』有感」http://www.yourblog.org
11　袁文龍『成為企業受歓迎的人』[M] 中華工商連合出版社 2006年5月版

においても相応の牽引役となる。ただし、その代償として国または集団の利益を犠牲としているならば、こうした「関係」はマイナスに働き、限りある資源が有効に活かされないか、あるいはごく一部の人間のみに掌握されることになってしまう。それがいつまでも続けば、国家や国民に不利だけでなく、経済においても弊害が利益を上回ることになるであろう。

第2節 「関係学」の形成と発展

　中国人が物事に当たる際、好んで「関係」を考えたり、これを築いたりするのは周知の通りで、「関係学」は今後も代々受け継がれていくものと思われる。「関係」という言葉の起源は中国にある。これにぴったり合う英語訳は見付からず、辞書には漢字のピンイン通りに guanxi と記されている。「関係」は、現代の中国人にとっては基本的に人情や社会関係と同じもので、主に付き合いにより築かれるある種の緊密な相互関係であり、中国式交際術の中でも代表的なものである。このため、中国が世界の舞台に溶け込むに伴って、「中国式関係学」は多くの外国人が中国を理解し、中国への進出や発展を目指す際の必修項目となっている。

　中国社会を研究する学者は、中国人が「関係」を最重視しており、中国社会とは根っからの「関係社会」であると口を揃えて言う。進学、入試、就職、病院の受診、栄転と左遷、訴訟など、日常的な衣食住や交通の便から出産、老後の生活、治療、葬儀などの人生の一大事に至るまで、あらゆる場面で「看関係（コネに留意する）」「找関係（コネを探す）」が必要なのだ。さらに「関係」は個人の生活に必要とされるだけでなく組織の発展においても不可欠で、中国社会では潤滑材の役割を果たす。中国の子どもはしばしば苦い経験から、「関係」とは何か、どれだけ大切なものかを思い知る。社会生活で「関係」の利用を嫌悪している人でも、自分が直面し、解決できない問題については妥協せざるを得ないこともある。その結果、中国社会の道徳体系において「関係」がある種の価値を生み、自慢の種として人々が追い求め、羨望する存在となったのである。

　「託関係（間を取り持ってくれるよう頼む）」は、中国人がよく使う言葉であるが、これは何かをしようとする時に、相手をよく知らない場合、第三者に間を取り持ってくれるよう頼むことを言う。役所のオフィスではこうした光景は日常茶飯事で、同僚や電話の相手に対して大声で「こういうことをしたいのだが、〇〇部門に知っている人はいるか」と尋ねることが多い。何かをしようとする際、相手方に知っている人がいない場合は通常直ちにコネを付けてくれるような仲

介役を探し回り、礼をする段では金に糸目を付けない。

　「託」の本来の意味は、委託する、または人から頼まれたことを別の人に頼むことである。「託関係」は、関係者を通じて伝え広めることによって当事者が必要とするリソースを求めることで、リソースを求めているという情報の伝達、支出と収益を交易する技量でもある。「託」が起こす現象と、これに伴うテクニックを基盤に「関係網（人脈）」が強大化してゆくのである。人間一人が知り合える相手の数は限られており、普通は100から200人以下に過ぎない。しかし「託関係」を通せば我々の需要を広めることができる。つまり、対価を支払う意思を持って、自ら必要とするものを投げかけてみるのだ。その情報は魚網のように広範囲に伝わり、多くの人に発信される。「関係網」の「網」は、大部分が「託」の原理から生じたものであり、この仕組みによって人から人へ伝えるという状態がもたらされた。情報が伝達される平均的な規模は通常10万人に達するが、これは中規模都市の人口に相当する。[12]

　中国における「関係学」の歴史は非常に長く、紀元前の封建社会においても人々の生活にとって極めて重要な「学問」であった。官界での重要な昇進や降級の際に必要となるばかりでなく、一般市民の近所付き合いでも大変に重んじられていた。「親疎有別」という言葉は、親しい間柄と疎遠な間柄では同じ関係といっても中身が大きく異なるという意味があり、「関係」を典型的に表している。

　中国の儒教文化の礎を築いた孔子は、教え子である子貢に次のように教えている。ある国に住んでその国に何らかの貢献をしようとするなら、上流社会と交流を持って政界の大物や政府の中堅幹部と交わらなければならない。また、その国で社会的に著名で人望ある様々な人物によく通じておき、友人にならなければならない。つまり、まずは相手国の内情を知ったうえで良好な関係を築くこと。そうして初めて貢献する機会が得られ、国のために尽力するという目的が達成できるというわけだ。

　二千年以上前の封建時代に「聖人」と謳われた孔子は、「関係」についてもここまで深く分析していた。国のため、社会のために貢献する場合でも「関係学」に精通していなければならないということであり、その重要性がよく分かる。

　中国における「関係学」発展のピークは、数百年前の明清時代である。この時期は特に無能な皇帝がポツポツと現れ、「関係」は生きるために最も基本的な保障の一つであった。この頃「関係」を持たない人間は、いつ何どき他人に虐げられるか分からず、時には生命の危険にも晒された。中国史において清廉潔

12　兪安平「所謂関係学：関係術之不完成手冊」http://bbs.hrsalon.org

白な役人として有名な海瑞でさえ、官界での度重なる争いの中で「関係」を頼りに生き長らえたのだ。

中国の役人の歴史には「官官相護」という有名な成語が残されている。この言葉は「関係学」が官界に果たす役割を的確に言い表しており、「関係」の威力を十分に裏付けている。役人が互いに庇い合うのも「関係」がなせる業なのだ。中国は歴史上、役人の職を金で買ったり、「関係」に頼って推挙されたりした時期が多くあった。このため役人は互いに複雑に入り組んだ間柄を形成し、錯綜した「官界関係学」を築き上げたのである。

半封建半植民地の頃から中華人民共和国成立までの近代史上においては、ことさら「関係学」が洗練された完璧なものだと理解されていた。政府がこの時期に腐敗し無力化した原因の多くは、何事においても「関係」の影響を考え、親疎の差により多くの有能な人材が終生何もできなかったことによる。凡庸な者が厚遇され、有能の士が野にあるような社会が進歩するはずがない。

「関係学」は現代中国でも幅を利かせている。人情を重んじる儒教文化の伝統は次世代へと伝えられ、「関係」は人との付き合いをつなぐ最も有力な武器の一つとして、相変らず物事の成敗を決することがある。

中国の「関係」は万象を網羅しており、底知れぬ奥行きを持つ。中国人の多くはこの言葉に含まれる隠れた意味を知っており、「拉関係（コネをつける）」「搞関係（コネをつくる）」といった言葉が近ごろ大いにもてはやされている。「関係学」は一方で、本来ならば問題のなかった多くの物事を変質させる側面を併せ持つ。例えば、国際的に知名度の高いいくつかの多国籍企業は、本国では社会的責任を全うして法を遵守する模範的な企業で、環境保全や慈善活動、寄付行為などにも積極的な会社というイメージがあった。ところが中国に来てコネをつかんでからというもの、環境への配慮もせず、労働者の権利と利益をできる限り削減しようと励んでいた。彼らは告発されればすぐに改めるが、この手の「郷に入っては郷に従」うやり方に走るとはなんとも残念なことだ。これらも全て「関係」が招いたものである。

第3節 「関係学」と西洋の「コミュニケーション学」の違い

　中国の「関係学」と西洋のコミュニケーション学は、長年にわたる双方の社会体制の差異からくる本質的な違いがある。数千年にも及ぶ長い間、中国の権力は少数の人の掌中にあった。そのため人々は権力を崇め拝み、権力組織と良好な関係を築くことこそが、生存し発展していくための必須条件となっていた。中国で事を成し成長していくには、「関係」が欠かせない。権力があれば有形無形の資源が手に入り、資源があれば発言権が生じる。人々はおのずと持てる者に取り入るために集まり、発言が認められる人といい関係を築くことが極めて重要だということになる。これが基本的な中国「関係学」の本質だと考えてよい。

　一方、近代において西洋国家では民主運動が推進され、権力の交代が頻繁に行われていた。このため人々の権力崇拝の考えは比較的希薄で、人脈やコネに対する依存度も低かった。人との付き合いは大部分が精神的な欲求から生まれ、「関係」の理解も純粋で、中国人のように多義的ではない。

　中国中央テレビ局の春節番組で、こんな寸劇が放映されたことがある。春節で帰郷しようとしている二人の男性が、車中で退屈しのぎに各自が自分の持っている名刺を出してトランプ代わりにし、強さを競う遊びに興じていた。持ち札となる名刺を出し合ったとき、勝負の決め手は名刺に書かれた官職の高低や役人同士の上下関係となっており、中国人の考える「関係」が実にリアルに描かれていた。この作品では、それぞれが持つ「関係」が一種の資本であり、自慢し合うものであることがはっきりと示されている。これこそが中国の「関係学」に内在する意味である。

　伝統文化における宇宙観では、天と人は一つであり、人は自然の法則に従うと同時に崇拝し、自然界における昼夜の交替や季節の移り変わりと、人間の生活および活動の周期を一致させるものとしている。[13]　中国人はこの思想のもと、自らの考えや意識、そして生活のあらゆる場面において全体的、総合的なものを求める。人間関係では集団としての関係を重視する傾向にあり、調和の取れた関係を保つために自分の個性さえも消してしまう。したがって、集団の中で緻密かつ微妙で複雑に絡み合う人間関係を構築していくには、互いに依存・協力し、「関係」を作ることが極めて重要だ。名目の異なるあらゆる集団によって構築される社会的関係が中国人社会をうまく動かしており、個人の社会的関係がその人と企業の命運および発展に直接影響し、左右するのである。

---

[13]　趙載光『天人合一的文化智慧』[M] 文化芸術出版社 2006年11月版

これに対して、西洋人は宇宙を明らかに異なる世界とし、天と人は別物で、両者は対立関係にあるとみなす傾向にある。人間は自然を変え、征服する立場にある[14]ことから、社会生活において個人を集団に埋没させることはなく、常に独立を保ち、自身の個性を追い求めている。これが、西洋の「関係学」は一種のコミュニケーション学に過ぎないとする由縁である。

中国人の人付き合いは儒家における「義」と「礼」の文化を実際に体現している点が際立った特徴で、「関係学」確立の基礎となっている。「関係」は、土台となる「義」と「礼」の上に築かれて初めて、時間に耐えうる確かなものになる。

中国人は、生まれた時から複雑に入り組んだ「関係網」の中で生活している。人間関係で「情、理、法」が関わる何事かを行う際は、「情」を最優先する。まずは「情」、次いで「理」を論じ、規則の代表とも言うべき「法」は最後に来る。物事の判断は法の原理ではなく、情理に適っているかを基準にするため[15]、ことを進めるに当って知り合いがいればうまく運ぶ。関係を手段とするコミュニケーションにより、付き合う中で衝突や問題が生じても、それを避ける方策を講じて深刻な事態を招かずにすむのだ。この、微妙な関係を取り持つ中国人のテクニックは、西洋人の事柄のみを論じ、人ではなく事柄を対象とするコミュニケーションとは大きく異なるため、理解されないことがしばしばである。仕事での見解や意見が異なれば、激しい論争に発展することもある。しかしながら、このような仕事上の衝突はプライベートにおける双方の感情に何ら影響を与えない。ところが、中国ではそうはいかない。原則に大きく反するようなことでも、「関係」のためか、見て見ぬふりをする。逆にきちんと原則に従っていても、「関係」がないためにかえって難癖を付けられてしまうことがある。

中国人のプライバシーと私的空間に対する理解は、文化的背景により西洋人とは大きく異なっている。「中国式関係」が築かれると、他人の私的空間に立ち入ることもしばしばあり、同時に他人を自分の私的空間に招き入れることもある。このため、中国人は時に仕事と休みの区別をはっきりさせない。

ある人と良好な関係を築こうとする場合、その人の好みに合わせないわけにはいかず、好みに合わせようとするならば、その人の性格、年齢、収入、好み、家族や仕事の状況など、あらゆることを把握しておかなければならない。そうしておいて、最終的に焦点を定め相手の気に入るよう作戦を練るのだが、これこそが中国で「関係」を作るためのコツなのである。

中国人は西洋人と比べて私生活を尊重せず、相手のプライバシーを把握する

---

14 彭端英「群体取向及其交際方式辨析」『商業時代』2007年第9期
15 彭端英「群体取向及其交際方式辨析」『商業時代』2007年第9期

ことが円滑な人間関係を築くとまで考える。自他を区別しないことが、親密さと相手に対する関心を示す手段なのだ。例えば、中国では結婚は個人の問題ではなく、家庭ないし一族の問題である。個人と個人が結婚すると同時に、相手側の全ての人間関係と関わりを持つ。もともと何の関係もなかったグループに認められ受け入れられるには、相手の関係者に認められなければならない。したがって、中国人が結婚するときは、前もって相手を自分の家族や友人に紹介するのは言うまでもなく、結婚式には良好な関係にある親戚や友人を全て呼び、双方のグループの人たちの今後の関係がいっそう良くなるように努めなければならない。

ただし、筆者は中国人には一切プライバシーがないと指摘しているわけではない。中国人が尊ぶプライバシーとは、集団的な関係におけるものだ。集団におけるプライバシーは保護されるべきで、「家丑不可外揚（家の恥を世間に晒すな）」という言葉にあるように内と外は区別される。集団的な関係におけるプライバシーの尊重という、この中国人の心理は、家族の利益を重んじる中国の伝統的な儒教文化の影響によるものなのである。

第4節 中国「関係学」の形成

中国における「関係学」は、その成り立ちにより「家族の関係」「地縁関係」「同門関係」「友人関係」「仕事の関係」の五つに分けられる。

1．家族の関係

中国は肉親の情を重んじる国であり、この情のためには尊い命を投げ出すことも厭わないとまで言われる。様々な関係の中でも血縁が最も重要かつ直接的だとされるのは、このためである。

血縁関係とは、家族関係を築く基礎である。家族関係を支えるのは血縁による絆であり、血縁の親疎が関係の緊密さを決定する。中国人は口を開けば親戚友人のことばかりで、血縁関係を友人関係の上に置くこともしばしばあり、親戚や友人を無視したり、蔑ろにしたりするのは不道徳の極みだと見なされる。したがって、中国人がコネを求めるとき真っ先に思い浮かべるのは親戚関係、すなわち血縁関係にある者である。

中国の伝統的な家族関係は、親子の血統関係と夫婦の婚姻関係により構成される。血統関係は家族の構成員同士の関係で、父母とその子どもおよび兄弟姉妹の関係が含まれる。これが家族関係を構成する基本的な要素である。

婚姻関係は、自分の家族と婚姻関係にある他の家族により構成される、より

広い「関係網」である。この、とてつもなく大きな「関係網」は歴史上珍しいものではなく、その威力は人々を震撼させ、ときには一国の命運をも左右する。中国の四大古典小説の一つ、『紅楼夢』に登場する四つの大家族は、まさにこうして成り立っている強大な「関係網」である。登場する賈、史、王、薛の四家族の関係は非常に複雑で、姻戚同士の関わりに加え、その親類同士の結婚によりさらに深まりゆく関係は迷宮を思わせる入り組みようである。物語はこの四つの大家族を評して、繁栄するも没落するも一蓮托生、と言っている。これらの家族の関係は婚姻を絆に結び付いており、四つの姓の家族は離散集合を繰り返しつつ関わり続け、危険に晒されるや一致団結して対処するのである。

　中国の近代史においては蒋、宋、孔、陳の四大家族も極めて典型的である。四大家族のトップ蒋介石は総統で、最愛の妻・宋美齢の長兄である宋子文は、宋家を代表して四家族のナンバー2であった。また宋美齢の長姉の夫・孔祥熙は、孔家を代表してナンバー3に、陳家を代表する陳立夫がナンバー4であった。陳果夫兄弟の伯父である陳其美は、蒋介石が日本に留学したときに義兄弟の契りを交わした人物である。このような「関係網」は当然ながら難攻不落で、四家族による「関係網」は蒋介石が敗れて台湾に逃亡してからも解けなかった。これは、血は水よりも濃いとされる中国の血縁関係が、いかに強いものであるかを物語っている。

　現在の中国社会においても、家族の血縁関係は社会的関係を築く最も基本的な要素である。つまり、人々の生活のあらゆる場面で最も安定し、最も自然な関係として存在しているのだ。父母は子どもを助け、兄弟は互いに助け合う。苦心して維持するものではなく、自然に営まれ、全てが暗黙の了解によるのである。

2．地縁関係

　「うまかろうとまずかろうと故郷の水が一番。親しくともそうでなくとも同郷の人が一番。」これは中国人なら誰でも知っている言い回しで、地縁に対する揺るがない意識を表わしている。中国ではいつの頃からか、「千丈の巨木でも、落ち葉は根元に戻る」という諺が口にのぼっている。最後には元いた場所に帰るという意識は、中国人の古巣への思い、かつて同じ地域に住んでいた人たちを懐かしむ地縁の心情を強く表しており、地縁関係の基盤を作る基本的な要素となっている。

　「異郷で同郷人が出会えば、感極まり涙が溢れる」「月は故郷で見る月が最も明るい」「人には馴染みがないが土地には馴染みがある」などは、いずれも人々の地縁に対する思いの深さを物語っている。

中国人が同郷人を思いやるのは長い長い伝統であり、ある人が指導者の地位に就くや、その力を頼ろうとする同郷人が周りに群がることは避け難い。古代社会にも多くの史実が見られるが、これが「一人が道を得れば、鶏や犬までもが天に昇る」の最も説得力ある解釈である。毛沢東が北京に入り、中国の最高指導者の地位に就いた時でさえ、大勢の湖南省の同郷人が彼の元を訪れ、その力を借りてどんな下っ端の官職でもいいから就けたらありがたいと考えていた。当然ながら、彼らの希望はかなえられなかったが、この例からも中国人にとって同郷の間柄が、依然として強力な社会的関係にあると見なされていることが分かる。

　中国、あるいは世界でも華人（外国籍を持つ中国系）が比較的多い場所では、数え切れないほどの華人同郷会がある。同郷会は多くが民間組織で、彼らは地域を中心に、自発的に本土または本国を離れた同郷人が集まって半分散型の組織を結成する。こうした組織は、半月もしくは１カ月ごと、または１年もしくは２年に１回は会議を開催し、外国で生計を立てるための商売上の経験や教訓などを教え合っている。また、同郷人が困っているときは仲間が援助の手を差し伸べて面倒をみる。これが地縁により構築された関係のいいところである。

　当然ながらこうした同郷の関係にも親疎があり、一般的には自分を中心として測られる。自分が村を出たなら同村の出身者が、県から出たなら同県の出身者が、市を離れれば同じ市の出身者が、省から出れば同省の出身者が、海外へ出れば中国人が、それぞれ同郷として認識される。これに習って類推すると、自分に近いものほどおのずと同郷としての感情も団結力も強まり、ことを運ぶのも容易だということになる。

　中国では、同郷関係にあれば多くの困難が容易に解決できる。同郷人に対する信頼は、ときに他人には不可解なほどで、同郷人と分かれば互いの溝はたちまちのうちに埋まり、ときには全く知らなかった人でも、すぐに昔からの親友のように打ち解けてしまう。

　地縁関係のもう一つの形は隣人関係である。中国には「遠くの親戚より近くの他人」という言葉があるが、隣人関係がときには親戚関係にも勝るということをよく表わしている。

　中国の都市で古い建物に集い住む隣人同士の関係は、「関係学」をよく表わす風物詩のようなものだ。中国映画でよく描かれる、一つ屋根の下に数家族が住み、ある家族が困難に直面したときに一致団結して助け合うシーンは、常に人を感動させて止まない。

　しかしながら、最近になって新しくできた高層マンションの住民には、その

ような関係はないに等しく「互いに全く付き合いがない」と言っても過言ではない。現在の都市住民は、同じ建物の同じ階の向かいであっても、10年間互いを知らないことすらある。

3．同門関係

同門関係には師弟関係、同窓生同士の関係が含まれる。

師弟関係は中国では比較的単純で、愛護と尊敬の感情が含まれていることもしばしばであることから、他の関係と比べて純粋だと言える。中国人は昔から師を尊ぶという伝統があり、「一日師となれば、終身父となる」という諺がある。一人の教師がたとえ1日だけでもある人の師となったのなら、教えを受けた者にとってその人は、終生父親同然であるという意味だ。これは、中国古代の師弟関係が父子の関係に等しいということを表わしたもので、中国の師弟関係が並ならぬものだということを物語っている。

教師の側に注目すると、学生を前にした教師とは単なる知識を伝授する者ではなく、人格者としての模範となる。一方の学生はというと、教師の教えを受けて自らを成長させ、かつ完全なものとし、今後の人生のための礎を築く。師弟関係は、他の人間関係に比べて特別な意味を持っていると言えよう。

「中国式関係学」における同窓生同士の関係では、互いの友情が強く押し出される。この友情は実利を伴わないため、長きにわたって続く。したがって同窓生の関係は、社会的に比較的信頼できるもので、血縁に次ぐ関係として認められている。むろん血縁関係のような先天的な特徴は持たないが、ときには血縁関係よりも安定しており、同窓生同士の関係は純粋なまま長続きすることがある。特に勉学に勤しんでいた頃に良好だった関係は、一生続く傾向にある。

4．友人関係

中国では、ひとたび友人関係が出来上がると、どんなに大きなシコリでも跡形もなく消えることがある。友人の概念は、あらゆる関係の中で最も範囲が広く、どんな関係も全て友人と称することができる。例えば、通りで道を聞くときや、何かを尋ねる場合にも、まず相手に声をかけるときには「朋友（友達）」と呼びかける。それを聞いた相手も、間違いなく協力的な態度で問題を解決してくれるであろう。また、普段何かをするときも、相手を「朋友」と呼べば互いの関係がにわかに近付き、行おうとしていることもずっとスムーズに進むようになる。

中国のアクション映画でよく見られるシーンに、双方が衝突し、第三者に調停役を頼む場合がある。すると通常、調停役は開口一番「皆、道を同じくする友達ではないか」と調停に入り、刀を構えて相対しているときでも「朋友」と言う。

「朋友」には幅広い意味が含まれているのである。

　実際、中国人は伝統的に友人に親しみを表わし、これを重視する。孔子の有名な言葉にある「友あり遠方より来る、また楽しからずや」も、友達が遠方から自分に会いに来てくれるのは、本当に嬉しいことだと言っている。遠方からの客に対して、中国人が友好的で親切なのは世界的にも有名である。「外から来た僧侶は読経がうまい」という諺があるが、これは他のところから来た人には多くを求めず、行いの良し悪しも深く追求しないという意味であり、中国人が外から来た友人に対して、大変友好的で謙虚であることを物語っている。

　中国の友達には戦友、麻友（マージャン仲間）、棋友（将棋仲間）、牌友（カード仲間）などたくさんの種類があり、よく一緒にいる人は全て友達と呼ぶ。特に、戦友は鉄のように硬い不動の関係の一つで、最も固く結ばれた関係を言う。これは部隊での統一行動が、大勢の戦友たちを全体として一人の人間であるかのように鍛え上げているからである。その過程では全体の利益が全てに勝り、一つに団結して初めて任務を達成できることが多いため、戦友関係は普通の関係とは異なる。また、軍人の豪放磊落な気質により、戦友同士が互いを気遣い合う中にも伸び伸びとして自然な関係が見られる。

　「最初は知らない人だが、2回目からはよく知っている人」というのは、中国で初めて会った人によく言う言葉で、友達と付き合う過程を最もよく言い表している。中国社会で友人関係は最も範囲の広い社会的関係であり、あらゆる関係を包み込む。この関係をつないでいるのは儒教文化における「義」であり、よく言われるように義理人情を重んじるということである。「義理」は友人に申し訳の立たないことがあってはならず、団結し、集団の利益を守るという思想の名をした武器であり、特に青少年の間で受け入れられている。

　友人関係はあらゆる関係の中で最も漠然として複雑である。友達という一言で、関係というものの秘密を描き尽くせるのである。

5．仕事の関係

　仕事の関係には、同僚や上司と部下の関係のほか、様々な顧客との付き合いを通じて構築される関係がある。メーカー、サプライヤー、小売業者、加盟店、協力業者、消費者などは、実際にビジネスでやり取りするうちに互いに顧客となる関係にある。

　仕事の関係は「関係学」においては複雑で、完全に解明することは難しい。なぜなら仕事上の人間関係は、単純な「関係学」とは違ってしばしば協力と競争が含まれているからである。仕事での良好な関係とは、皆がある目標を達成できるよう手助けをすることであり、悪い関係では、物事をこれとは逆の方向

へ発展させることもある。中国では仕事上の関係の善し悪しは、しばしばその人のキャリアの前途を決定付けることになる。例えば、次のような話がある。中国の有名大学を卒業したばかりのある優秀な中国人が、国有大企業で技術者になった。この新卒者の専門知識と技術力は部門全体でもずば抜けていたが、彼はその才能を鼻にかけ、同じ部門にいる他のスタッフには目もくれず、やる事なすこと常に自分のやり方で押し通し、部門責任者の話を聞かないこともあった。この調子で2年たった頃、彼の仕事上の関係はいわゆる「四面楚歌」となった。さらに3年目に会社がリストラを実施した際、この社員は部門で最初のリストラ対象者となった。本人はこれを非常に不服に思い、部門上級責任者に徹底的に問うた。責任者も、当初は成績優秀だとして採用した人材を最初に辞めさせることについて非常に悩んでいたが、密かに調べて皆の意見を聞いて結局辞めさせることに決めた。

仕事では関係と上手に付き合う事が大変重要で、中国人はこれと一定の距離を保つようにしている。

第5節 「関係学」が中国で果たす役割

「関係（コネ）」とは中国ではあらゆる場面で必要とされ、なければ全く身動きが取れないものである。そのため「関係」がなければ探し、あればそれが確実かどうかを考える。「関係」は、生活と仕事のあらゆる場面で神通力を発揮すると言ってもよい。

西洋では、中国の「関係」は腐敗の婉曲的な表現だという見方もあるが、「関係」を作ることは決して不道徳な行為ではないと見る専門家もいる。上海アメリカ産業会議所のエドウッドと管理学教授フロインドは、決して裏取引がうまくいけばやりたい放題だという意味ではなく、中国人にとってのビジネスパートナーとは、西洋のそれの基準に比べて、より深く密接な関係を発展させるということを表しているに過ぎないと言う。[16]

中国の「関係」システムにはマイナス面もある。中国在住の多くの外国人責任者は、従業員がプライベートな関係を深め、ビジネス上でもいい感触を得ようと、収賄、リベートなどの手段を講じることを断固として阻止せざるを得ないという。中国の地方企業には、多国籍企業との競争に打ち勝つため、自分たちと関係当局との関係を武器にしている場合もある。

16　ジョンソン「中国でネットに関心を寄せるのは重要」[N] ボストン・グローブ誌 2006年5月21日

中国に職場がある場合、コネはいっそう重要さを増し、多くの責任者が職場は一つの家庭に等しいという。マイクロソフト中国支社のある責任者は、「中国では、会社と家庭は同じくらい大切で、困ったことがあれば会社の管理者に助けを求めることができるし、不愉快なことがあれば同僚に聞いてもらうこともできる」と言う。アルカルテル中国エリアの載伯松主席は「中国の従業員は、社長と良好な関係にあることを好むため、社長は自分のことを社長だと意識させるだけでなく、友達や先生だとも思ってもらう必要がある」と、中国人従業員の管理について核心を突いた見解を示している。

　実際のところ、「関係（コネ）」は他国にも存在する。かつて中国で働いた経験のあるアメリカ国務省官僚は「私はここで部長を何年も務めたが、キャリアアップできる可能性は非常に低かった。上層部にコネがなかったために！」と嘆息した。官界でうまくやれる人というのは、どこの国でも同じようなものなのであろう。

　そうは言っても、中国ほど「関係」を重視している国はない。

　「関係」を利用してプライベートな付き合いを強め、情報を交換し、率直な対話を保持することは決して悪いことではない。人は互いに交流を求めるもので、企業経営にしてもビジネスの雰囲気作りが必要である。これを拡大して国家外交を見た場合、極めて重要な局面の一つに「指導者による外交」、すなわち指導者たちの宴がある。酒を酌み交わしながら語り合い、個人的な友情と相互の信頼を通じて国家間の関係を発展させることを願うのだ。国の指導者が親密な個人的関係を保つことができれば、高官も互いに理解し合って良好な個人的関係を築くことができよう。これは、国家間の関係にとって一種の福音に違いないはずだ。

　中国で良好かつ広範な社会的関係を築くことは、個人、企業ひいては政府が任務を遂行するための要である。中国社会は一つの大きな網のようなもので、様々な組織と個人が網の結び目となっている。この結び目と糸は、複雑に絡み合う様々な関係そのものであり、網を編み上げることこそ、多国籍企業が中国で成功するための重要なポイントとなる。中国へ正式に進出するに当たり、多国籍企業の多くは数百万から千万ドル以上の巨費を投じて「網を張り巡らせる」活動を展開している。

　多国籍企業のあらゆる関係で、もっとも重要なものに次の四つが挙げられる。[17]

　1、　政府との関係。中国では政府は見えない手であり、その影響力はあらゆる部分に及ぶ。政府役人とよい関係を構築できれば大いに便宜を受けることが

17　劉宏・高麗君「跨国公司企業文化建設探討」［J］『商業時代』2005年第9期

できるが、一旦関係が行き詰ったら先へ進むのは困難になる。
　2、　合弁パートナーとの関係。協業の精神に富む合弁パートナーは、経営上出くわす恐れのある文化的な障害を克服するための大きなサポートとなり、成功には不可欠である。「プショー」が中国進出に失敗した大きな原因の一つは、誤ってさほど優秀でない合弁パートナーを選択したことにあると言われる。
　3、　従業員との関係。中国の文化では、伝統的に人間関係の調和をことのほか強調している。ときには精神的な奨励が、物質的な刺激以上に従業員の創造力と会社に対する忠誠心をかきたてることもある。T.J.ピーターズとR.H.ウォーターマンJrの共著『エクセレント・カンパニー　超優良企業の条件』では次のように述べられている。「成熟したパートナーに対するように、彼らに尊厳と敬意をもって接すること。彼らが生産性向上の中心的な源であると考えよ、資本や機械とは違うのだ」。モトローラ中国が大成功を収めたのは、人を中心に据えた管理によるとされている。
　4、　会社との関係。中国の文化は、人との関係を強調するだけでなく、人と社会、団体と社会の関係にも重きを置いている。これは企業イメージに関わる問題でもある。ベルテルスマンのブッククラブは一つの成功例で、同社は「希望プロジェクト」に約8万元相当の図書を寄付し、社会的に自社の良好なイメージを確立することで、社会と消費者との間に良好な関係を築いている。

第6節　いかに中国で「関係」を築くか

　儒教文化は、中国の「関係学」に独自の交際術と表現における特徴をもたらした。謙虚で慎み深いこと、また人のメンツを立てることが重要な原則で、やむを得ない場合を除いて他人のメンツを潰すことは望まない。また、相手のメンツを立てつつ、自分を立てることにも長けている。さらに、それぞれが自己賞賛を極力控え、謙遜に徹するよう求められている。中国人の謙遜さとメンツの重んじようは西洋人には分からないもので、偽りの態度または他人行儀などと受け止められてしまう。典型的な例として、中国人は人から褒められると微笑んで「とんでもない」とその言葉を否定する。これは自分を低く評価し、あるいは賞賛の対象を相手に転換する手段で、自分に向けられた賞賛をそこで止めてしまい、逆に相手を賞賛するのである。一方、西洋人は褒められたら「ありがとう」と言って平然と受け止める。
　「関係学」とは、結局のところ人付き合いのテクニックだと言えよう。いかにして人と付き合うか、何らかの目的を達成するために付き合いをどう利用する

かということを理解する必要から生まれるのである。[18] この理念に基づいて中国人を真に理解するためには、その人のバックグラウンドをできるだけ詳しく知ることだ。バックグラウンドは縦と横の二つの経歴に分けられる。縦方向の経歴とは生まれた家庭に関するもので、家族と個人の成長過程、例えば誰がどんな官位に就いているとか、どんな財を成したかなどがある。また、横方向の経歴とはその人の現在における関係網で、これには両親、教師と同級生、親戚と友人、出身校、勤め先、職位、社長の名前などが含まれ、交際範囲を調べ上げる力が求められる。

中国には「敵を知り己を知れば、百戦危うからず」という言葉があるが、まさにこの道理が述べられている。関係に精通していることが成功の前提条件だ、というのが好意的な解釈である。他の学問と同様に、成功しようと思うならその目指す対象を徹底的に把握していなければならない。そうでなければ成功が単なる運任せとなってしまう。一方、この言葉は他人のプライバシーを尊重するという考えを捨てなければならないと、悪く捉えることも可能だ。さもなくば真に役立つ情報を得ることはできないのだ。これは、西洋の倫理に対する東洋の倫理の大きな挑戦となろう。

以下に、「中国式関係」を構築するための原則をまとめる。

1　互恵の原則[19]

すなわち「利人利己（人の利益を考え、自分の利益も考える）」の原則で、双方に花を持たせるウィン・ウィンの人間関係を言う。中国人は、世界は大きく、人は皆よって立つ場所があり、他人の利得は必ずしも自分の損失ではないと考える。「利人利己」の考えは、誠実、成熟、闊達などの人柄を基本としている。闊達で度量が大きいということは、個人の価値観が確かで安定感がある証である。充分な資源があると信じているからこそ、人と名声を分かつことができる。財産と権勢を他人と共にすることを恐れなければ、無限の可能性が開け、創造力を充分に発揮できる広範な選択の余地が与えられるのだ。一方で、人の利益になることは必ず自分の損失になり、自分の利益は他人の損失になるという二分法を好む者もいる。しかし、これでは個人の利益のために他人の利益を顧みないことになり、最終的には人も己をも害することが多く、双方が損失を被る結果となる。人を傷つけ自分の利益を図る行為は「関係」を小さくしていくだけであり、他人と自分と双方の利益につなげることこそが関係確立のポイントとなる。

18　中国関係学要訣的要訣 http://bbs.vsharing.com
19　宋振杰「人脈経営全攻略」http://www.efu.com.cn

かつてアメリカの自動車王ヘンリー・フォードは「成功に秘訣があるとすれば、それは相手の立場に立って物事を考えるということにある。相手の立場に立ち、相手の気持ちが推し量れる人は自らの前途を案ずるには及ばない」と言った。また、中国の儒家の経典には「己立たんと欲すれば人を立て、己達せんと欲すれば人を達すべし」という教えがある。これは、自分が利を図ろうと思うなら、まず人の利を図り、自分も目的を達成しようとするなら、まず人の目的を達成せよという意味である。こうすることで、他人からの信頼と好感が得られ、打ち解けた人間関係が築かれるのである。

　互恵の原則は、人の利益を考え自分の利益をも考えることを重んじるが、俗に言う「互相利用（互いに利用しあうこと）」ではない。自分の利益を考えることの本来の動機は、人を助けるという他人の利益を図る行為によって自分が精神的な満足を得ることで、相手が自分を助けるのは、他人の利益を図るという自分の行為に対する返報である。自分の利益を図る行為が何かを得ることを目的とするのではなく、そこから喜びを得ることにあるという意味でもある。中国にはこんな話がある。[20]

　ある禅師が道を歩いていた。その道は大変暗かったため、道行く人は方々でぶつかり、禅師も幾度となく通行人とぶつかった。彼は前に向かって歩き続けたが、遠くのほうから提灯を下げてこちらに向かって歩いてくる人の姿を認めた。すると、傍らにいた通行人がこう言った。「あの目の見えない人は本当に変わった人だ。全く見えないのに、毎日ああして提灯を下げているのだから」。

　禅師もとても不思議に思い、提灯を下げたその人がこちらへ歩いてくるのを待って「あなたは本当に目が見えないのですか」と尋ねた。

　すると、その人はこう答えた。「はい、私は生まれつき一筋の光も見えません。昼も暗い夜も同じで、提灯の明かりがどのようなものかも知りません」。

　禅師はいっそう分からなくなり、さらに「ならば、どうして提灯を下げているのですか。あなたは提灯がどんなものかも知らず、その明かりがどう見えるのかも分からないのに」と尋ねた。

　すると「夜は明かりがないので、暗くなると皆も私と同じように何も見えなくなると聞きました。それで毎晩提灯を点して出てくるのです」。

　禅師はこれを聞いて感動してしまった。「全て人のためにしていたのですね」。

　その人は、しばし考えてこう答えた。「いいえ、私は自分のためにやっているのです」。

---

[20] 盲人的灯籠　http://article.hongxiu.com

禅師はまた、分からなくなり「なぜですか」と尋ねた。

目の不自由な人は、こう答えた。「ここに来るまでに、誰かにぶつかりませんでしたか」。

禅師は「そうそう、さっき二人とぶつかってしまいました」と答えた。

すると、「私は目が不自由で何も見えませんが、今まで一度もぶつかったことはありません。私の提灯が相手のほうを照らしていますし、向こうも私が見えますからぶつからないのです」。

禅師はたちどころに悟り、感嘆の声を上げながらこう言った。「私がこれまで苦労を続けていたのは仏を求めるためであったが、仏はこんな近くにおいてであった」。

この物語は、「明かりは人を照らすと同時に自分をも照らす」ことを教えてくれる。これがすなわち「人助けを喜びとする」という道理である。我々が生活するうえで、人を助けることは自分を助けるのに等しいということを常に肝に銘じていなければならない。

2　信用厳守の原則

通常、我々は誰でも誠実で率直かつ表裏のない人と付き合うことを好む。したがって、信義誠実の原則を胸に刻んでおくべきである。

中国の先哲である墨子は「言は必ず信あり、行いは必ず果たす」と言い、孔子は「朋友と交わるに、言いて信あり」と言った。信用とは人間関係で必ず守るべき信条であり、敵対する者同士であっても話し合いをする際には守られるべきものである。商売にしても取引では双方が信用を守らなければならず、上司と部下が話をする際も、さらに父親が物心ついたばかりの息子に話をするときであっても、信用を重んじるべきである。中国の歴史で有名な話がある。孔子の弟子、曾子の息子が騒いでばかりいたため、曾子の妻は彼をおとなしくさせようと「お父さんが帰ってきたら、豚を潰して食べさせてあげようね」と嘘をついた。帰宅した曾子は妻からこの話を聞くと、果たせるかな刀を持ち出して豚を殺してしまった。約束を守ることは、相手に安心感を与えるという精神的な側面も持つ。人間関係では、互いに引かれ合うことが前提であり、相手を引き付ける重要なポイントは、双方が付き合いで安心感を得ることにある。約束した集まりには時間を守って出席する。請け負った任務は完成させるべく努力する。友達から頼みごとをされたら必ず実行する。人から借りた金や物は期日までに返す。これらは些細なこととして片付けるべきではなく、個人の信用と人間関係に影響を与える重大な事案として、決しておろそかにしてはならない。

3　団結協力の原則

　二つのレンガで支えられる力は、一つの場合より大きい。胸襟を開いて相手を受け入れ違いを尊重すれば、団結していかなる困難にも立ち向かうことができる。中国の倫理は、全ての中国人をして相互頼り合う「関係網」を作らせている。さらに儒教文化の「連帯責任主義」は中国人同士の気持ちをいっそう通わせ、頼り合う関係にしている。

　中国将棋における十六の駒は、協力団結の精神を最もよく表している。それぞれが独立して作戦を立てることができるため、他者に依存するには及ばないが、互いに助け合って協力関係を持つ。「車」が「馬」を守るのはもとより、「馬」も「車」を守り、「車」が敵の攻撃を受けないようにする。「士」と「象」は当然ながら「将」の腹心の部下であり常に「将」を守らなければならないが、非常事態が生じて「士」または「象」が「将」の陣地で襲撃を受けたときには「将」も適宜守備に回り、侵入してきた敵を勇敢に打ち破ることさえある。「卒」の力はやや小さいが、互いが助け合う能力を発揮するタイミングを備えており、場面に応じてルールに従い相手方の「王将」を攻撃し、あるいは味方の「車」「馬」「砲」を守る。

　中国では「赤い花も緑の葉の引き立てが必要」と言われる。どんな事業も一人の力で完成できるものではなく、あらゆる場面で同僚の助け合いと協力に依存しているのである。したがって、「協力すれば互いに有利であるが、個人では皆が損をする」という意識を確立し、ともに努力し責任を負って初めて、策を講じ力を合わせて真の団結協力の境地に至ることができるのである。

4　分かち合いの原則

　分かち合いは中国人が人間関係を築くのに最良の方法である。人と分かち合うものが多ければ多いほど、そこから得るものも多い。世の中には分ければ分けるほど増えるものが二つある。一つは知恵や知識であり、もう一つは人脈、コネクションである。バーナード・ショーはこう言っている。「ここにリンゴが一つある。あなたも一つ。これを交換しても、私たちの手元に残るリンゴはやはり一つである。ところが、私がある思想を持っていて、あなたも別の思想を持っていれば、これを交換することで少なくとも二つ以上の思想を持つことができる。同じ理屈で、相手に人脈があり自分も別の人脈を持つ場合、それぞれが自分の人脈しかなければ持てるのは一つだけだが、これを分かち合って交流すれば各々が二つの人脈を持てる」。

　また、香港に住む大富豪の李嘉誠は「何かを10元で売るのが当たり前のとき、私はこれを9元で売って相手に1元儲けさせる。私の儲けが1元少ない、また

は1元損をしているように見えるが、相手は後に私と商売をするようになり、取引は大きくなる一方だ。おまけに友達を紹介してくれ、その友達がまた友達を紹介してくれる。こうして私の商売はますます儲かり、友人関係も広がっていく」と言っている。

　分かち合うことは相手にとって有益かつ救いとなり、感謝される。人と何かを分かち合おうとするのは何かを与えようとする気持ちがあるからで、そのような人は誠実だということで良好な友人関係が生まれ、人脈が築かれるのである。

　5　堅持の原則
　物事を途中で投げ出さずにやり抜く人だけが、より多くのプラス思考、深い信念を積み重ね、結局はより多くの成功のチャンスを得る。中国人の多くは人脈資源の開拓や運営の過程で忍耐力の堅持に欠けるところがあり、「3日魚を捕り、2日は網を干す」「1日だけ日に晒し、10日寒さに晒す」などの言葉もあるくらいだ。誰しも拒絶されれば、それでもやり遂げようとする気持ちが萎えてしまう。結果として、助けの手を差し伸べてくれる人にめぐり合う絶好のチャンスを失うことになるのである。

　中国には、どんなことでも断固として続ければ、必ず成功する時が来ると説く教訓が多くある。関係構築も同じで、屈さずば成功する。したがってほんの数日、数カ月しか継続できないようであれば、当然「水滴で石を穿ち、縄の鋸で木を切る」ことはおろか成功は望めない。

　これまで紹介してきた原則は、どの国でも実践されているだろう。以下では、中国で「関係網」をできるだけ早く築く方法を述べることにしよう。

　1、知り合いによる紹介
　中国で人脈を築く最良の方法は知り合いの紹介であるが、これは中国と西洋諸国で共通している点が多い。

　例えば80年代に改革開放が始まったばかりの頃、中国語を学んだあるアメリカ人が中国進出のチャンスを求めていた。この人が中国に着く前に知り合いの米国籍中国人が彼のサポートを申し出て、中国人の友人に彼をもてなすよう連絡を取った。もてなした中国人はその後、このアメリカ人のよき友となり、彼が中国で知り合いになりたいと思っていた多くの人を紹介した。中国人の友人の助力で、このアメリカ人は中国でいともたやすく上層部の人間と知り合うことができ、その後の事業も全てスムーズに進めることができたのである。

　2、社会団体への参加
　社会団体に参加することで、他人とのインタラクティブな関係が自然に形成

される。付き合いは自然な状況で生じることが最も望ましく、これにより生まれた関係は互いの感情と信用の確立に一役買う。社会団体での公益活動、休日のイベントを通じて相互に交流し合うことで人間関係が生じる。

　　3、インターネットの利用

　こんな例がある。ある中堅企業販売部門の責任者が自分のブログを開設し、空いている時間を利用して自分がデパートで奮闘努力して得た経験や教訓などをネット上で紹介していた。ある時、ブログを眺めていた人が素晴らしい文章を見付け、読み終えてからそれに対する自分の読後感と相手の文章を賛美するコメントを残した。これが続くうちに二人の間には率直に意見を交わす「文縁」ができ、すっかり意気投合してしまった。4カ月後のある日、彼は突然このネット仲間から電話をもらった。相手は自分の住んでいる町に出張で来ており、会わないかということだった。実際に会って2時間近く語り合ってから、相手は名刺を取り出して自分の会社で働く気はないかと尋ねてきた。実は、このネット仲間は自分のいる業界では有名な、全国ナンバー2の大手企業の社長だったのである。現在、彼はこの会社でマーケティングを主管する副総経理として手腕を振るっている。二人はネット上で隠し立てのない交流を続けてきたため、互いに相手の価値観、思想、嗜好、趣味、処世訓、能力などを把握しており、彼が社長の下で働くようになってからも、ずっとうまくやっていけたのである。現在はインターネットのおかげで全国の15、6都市に20人近い気の置けない仲間がいるという。これが彼の業務を大いに発展させる力となり、本人も人脈資源の拡大に喜ぶことしきりだという。

　　4、研修への参加

　自分の仕事または興味のあることに関連する各種研修に参加するのもよい。

　ここ数年、広東省の私営企業社長の間では、中央の党幹部養成学校に入って勉強することがブームになっている。広州羊城晩報（新聞）によると、現在広東省にある私営企業の社長千人近くがこの学校の門を叩き、自費で政治、管理、経済情勢などを学んでいるという。

　広東省の非国有経済研究会の劉洋常務副秘書長によると、中央の党幹部養成学校に入学する私営企業の社長数が最も多いのは広東省だという。1年4期の民営経済、実務研修クラスではタームごとに集まる全国からの入学者のうち、1/3以上が広東省の私営企業社長だという。

　中央党幹部養成学校で「充電」する広東省の私営企業社長はそうそうたるメンバーで、中国の富裕者ランキングの億万長者クラスに名を連ねる者、業界トップとなる者、また優れた新進企業の社長も多い。ここで学んだ社長たちが率い

る会社の1/4が、広東の私営企業百傑に入っている。

　私営企業の社長がこの学校で学ぶのは、WTO加盟後の経済状況の変化と関係がある。社長は時代とともに進歩し発展しなければならないが、彼らは情勢を十分理解し、自らの資質を高めなければならないことを自覚している。党幹部養成学校での勉強時間は短くとも内容が凝縮されている。党の方針と政策の他にも様々な管理技術が学べ、さらに多くの人脈を作ることができるため、まさに「一挙多得」なのだ。

　5、　イベントへの参加

　中国では同窓会、同郷会、戦友会、交流会、サロンパーティー、祝賀会などの集まりが大変多く、これに参加するのは人脈を開拓する絶好のチャンスとなる。つまりは、あらゆる機会を捉えて人脈と「関係」を育てることが大切で、チャンスは身の回りにたくさんある。

第3章
儒教文化が中国人と中国経済に与えた影響

第1節　儒教文化の形成と発展

　中華民族の先祖たちが暮らしてきた東アジア大陸は、発祥の頃から農耕文明に属していた。考古学の研究によると、およそ紀元前六千年から五千年までの間、黄河流域に暮らしていた磁山文化人と長江流域に暮らしていた河姆渡人はそれぞれ水稲を栽培しており、それ以降、農業は中華民族の最も重要な経済様式として、生きるための手段となった。一部には漁業、狩猟、牧畜業、商業貿易などもあったが、いずれも主要な地位を占めるまでには至っていない。

　農耕文明は農耕文化の型を決めた。当時、農業の水準は非常に低く、天候に左右される産業であったために経験と団結が重んじられた。人々は作物を豊かに実らせて、生き、栄えなければならない。このため、団結して経験や教訓を次世代に伝え、古い習慣は踏襲し、教えに背かないことが生存につながった。逆に、何かを変えてしまえば、収穫できるはずの作物も実らなくなり、餓死の危険に瀕するかもしれなかったのだ。経験の伝承は極めて崇高なこととされたため、中国の伝統文化は当初より古いしきたりを尊重し、年長者を敬い幼子を

慈しんで、睦み合うことを大切にしていた。当時、道徳と生活の原則に従わない者は生きていくことさえできなかった。人の性格が歴史を決めるのではなく、環境が人や民族の性格を作ってきたことが分かる例である。

儒教文化もこうした中で育まれた。儒教文化は紀元前千年ごろの夏、商、西周時代に萌芽期を迎えていたが、春秋戦国時代に至ってようやく体系と言えるものが出来上がった。集大成したのは孔子であるが、儒教文化そのものは孔子が現れるまでの千年間である程度は完成している。孔子の時代、中国には大小の諸侯の国が多くあり、これらの国がそれぞれの利益をめぐって至るところで戦いを起こしていた。孔子の先祖は争いを逃れて現在の山東省である魯の国に移り住んだが、戦で離散した人々は行き場を失い、筆舌に尽し難いほどの辛酸を嘗めていた。中国における当時の社会体制は崩壊、道徳や礼儀を定めた規則という規則も形骸化し、社会全体の道徳も失われ、精神生活は荒み切っていた。この環境の中で、若い孔子は戦争の戦争の源は思想にあり、それはすなわち欲望の致すところであると考えた。つまり、皆が礼と仁を重んじて自らを磨き鍛えることに励み、欲望を教化抑制すれば社会の安定と団結が実現し、文明的で調和の取れた社会になると考えたのである。この時から孔子の説教による生涯が始まった。彼は人生のほとんどを費やして様々な国を巡り、人の本性の善悪の源を研究し、自らの儒教思想を伝えた。

記録によると、孔子の家庭は貧しく、子どもの頃から汚い、きつい仕事を何でもこなし、最も好きな運動は城門の大扉のかんぬきを片手で持ち上げることであったという。ちなみに、これは両手で抱えなければならない程の大きさで、重さは数十斤あった。かんぬきの重量挙げから察するに孔子は立派な体格で強健だったことが伺えるが、これが当時の知識人と違う点である。孔子は若いころ倉庫番をしており、後年「儒者」となった。当時「儒者」は人から尊敬される職業であり、祭祀、葬儀、婚礼、儀式、占い、音楽活動の「六芸」を司った。儒学の呼び名はここから来ている。[21] 孔子の生は常人には耐え難い苦労の連続であったが、その不遇な生い立ちと様々な職業経験が、社会とはどんなものかを孔子に叩き込んだ。弔事、慶事を取り仕切り、酸いも甘いも噛み分けたことで、自らの人生経験に基づいて世間を見極め、天地人倫を思うに至った。

孔子の最大の功績は、それまで雑然としていた儒学思想を整理して系統だった学問体系を作り、自らの思想である「礼」と「仁」の二つを明らかにしたことにある。「礼」とは身分秩序であり、「仁」とは道徳と情操のことである。「礼」

---

21 銭発平『儒家簡史』[M] 華齢出版社 2005年5月版

の形成が社会の安定に資することは明らかで、一方の「仁」は文明と道徳をもたらし、人を人たらしめる。中国は「礼儀文明」の国と呼ばれるが、これは儒学の「礼」と「仁」の思想に由来するものである。孔子とその弟子が編纂した『詩』『書』『礼』『楽』『易』『春秋』は後世に伝わる教科書となり、儒学はこれらを通して伝えられてきた。孔子が教えた弟子は三千人と言われ、このうち一定の成果を収めたものは72人いる。孔子の教えによって儒学の小さな火が中国の大地に次第に広まり、二千年以上も燃え盛ったのである。

　儒学は中国では「孔孟の道」とも呼ばれており、儒学を語る上では孟子を取り上げないわけにはいかない。孔子に続き、孟子は儒教思想を押し広め、これを儒教文化として集大成した。孟子が儒教文化で力を入れたのは「仁」を強調したことである。孟子が教えの中で打ち出した「人民こそが何にも増して重要で、国はこれよりも軽く、皇帝は自らに重きを置きすぎてはならない」という治国理論は、最高指導者には受け入れられなかったものの、中国史上で何事かを成しえた実践してきたことを振り返れば、この理論は正しく、金科玉条であった。儒学に対する孟子の貢献は後に詳しく述べるように、他にも多くある。

　紀元前の数百年の間に、孔孟以外で儒学に最も貢献した人物として荀子が挙げられる。儒学における荀子の最大の貢献は「礼」をより完全にしたことであるが、彼は、孔孟とは異なる思想を打ち出している。例えば人の本性は悪であること、「礼」を形成する一方で「法」も整備すべきで、この二つを確立しなければならない等がある。

　儒教文化は春秋戦国時代には独立した学説となっていたが、この頃の儒学はまだまだ素朴な段階であった。生まれたばかりではあったが発展の勢いは盛んで、この時代の全ての学者には思想と言論の自由もあった。儒学そのものは知識人の政治参加も認めており、さらには政治改革の権利も肯定していた。中国の思想史において春秋戦国時代は最も自由奔放な時期で、儒教文化の発展には格好の環境だったのである。この時代に生まれた知識人には選択、言論、思想、移住、結社の自由があり、誠に幸運であった。人は人間としての尊厳を守り、個人の独立を保ち得たばかりか、自らの考えを世間に公開することや深く信ずる主張も実行に移すことができたのである。

　秦の始皇帝の時代になると、儒学は大きな打撃を被った。始皇帝は力で得た政権は力で守るべきだと考え、社会環境の安定のために儒者らが己の考えを述べたり朝廷の綱紀を誹ったりすることを禁じた。ここに至って中国史上で有名な焚書坑儒が行われ、儒学者のみならず、中国の知識人はすっかり大人しくなってしまった。

秦に続く漢の時代には、統治者が秦朝滅亡の原因は暴政と「礼」「仁」を重んじなかったことにあると考えたことから、儒学は統治者に重んじられ利用されるようになった。儒学者もこれまで統治者にとっていた態度を徐々に変え、「礼」と「仁」を大幅に改めて統治に都合のいい儒学規範を多く定めた。

　漢の武帝の時代になると、儒学は正式に統治者に奉仕する形で政治の舞台に登場した。あらゆる学派を制して儒教の教えのみを尊ぶ国策が採られたことで、儒教教育は全国的に広まった。また、教育拠点として「大学」が至るところに設立され、五経博士が置かれた。五経とは『易経』『書経』『詩経』『礼記』『春秋』の五つの経典を指し、これを弟子に伝えるため、一冊ごとに教授する博士を配したのである。経典を学んだ博士とその子弟は優先的に官吏になることができた。当時の政府は紛れもなく儒学を極上のものとした施策を講じており、当時の官学であった儒教の地位は東漢末期まで維持された。しかし、この時代の儒学にはすでに法家の思想が深く浸透しており、儒学が始まった春秋戦国時代頃の姿を少しも留めていなかった。統治者は国を治めるためには「礼」と「仁」のみでは不十分で、「法」こそが基本なのだと分かっていた。しかし「法家」の名は人々の耳に馴染まず心をつかめなかったため、これに儒学の衣を纏わせて「三綱五常」と呼んだ。三綱とは「君為臣綱（臣下は皇帝に服従しなければならない）」「父為子綱（息子は父親に服従しなければならない）」「夫為妻綱（妻は夫に服従しなければならない）」の三つを指す。[22] また、五常とは、人には寛大であり人を愛すべきとする「仁」、義理人情や忠義の心「義」、礼節や身分をわきまえるという観念の「礼」、人の資質を見極める能力を持ち、真の知恵者になるという「智」、信用を重んじる「信」を指す。この時代には、「仁と義」を中核とする儒学の政治観と道徳観が、統治者に専制理論の基本を示していた。統治者の地位は天から賜ったもの、権力は神から授かったものであるとして、存在の合法性と歴史性が表明されており、統治者の政権安定のために確固とした根拠を与えた。

　漢の後の魏、晋の時代には仏教と道教が盛んになったが、これは魏、晋時代の絶え間ない戦乱と関わりがある。儒学には死に関わる問題を避けているという弱点があった。死については誰もが関心を持ち、強い不安を抱く。しかし、仏教と道教における死についての解釈はまさに儒学の不足を補っており、社会の混乱期における人々の失望と暗い気分に似つかわしかった。さらに長期にわたる分割と割拠によって儒学への見解の違いをも生じたため、この時代の儒学

22　山中一樵「三字経注訳解」2006/4/1　http://www.sohoxiaobao.com

は教える師により様々な解釈がなされていた。唐の太宗の時代になって、ようやく儒学の『五経正義』が新たに選定され[23]、官から民へと伝えられ、科挙のシラバスともなった。この時から儒学は唯一最高のものとして尊ばれ、学者らは立身出世のために『五経正義』を学ぶしかなかった。つまり、全てを儒学に求め、新たなものを探求しようとはしなかったのであるが、それがかえって儒学の衰退につながり、この時期の新しい見解というものをほとんど生まなかった。

　唐の時代には仏教が発達した。仏教が儒学に与えた最大の影響とは、宋・明の両朝に「理」をテーマとする宋明理学の形成を促したことである。宋・明の儒学者たちは、これまでの儒学であまり論じられてこなかった心性と従来の儒学を有機的に結び付けた「新儒家」を創り上げ、著名な四つの書『大学』『中庸』『論語』『孟子』を儒学の新しい経典とした。しかしながら、この頃の儒学はかつて孔子が唱えた儒学とはかけ離れたものとなっていた。

第2節　儒教文化の中核をなす思想

　儒教文化は中国を代表する伝統文化で、中核をなす思想は優れた文化の結晶と言える。儒教文化は戦乱の世に生まれ、安定した時期に栄えた。中国に発展と安定、繁栄がもたらされていた時期の文化的思想は、全て儒教文化が基盤になっている。儒教文化は、向上を願い自らを鼓舞する文化であり、真善美を追及する道徳文化であり、礼の文化でもある。さらには、自己修養を促し、情操を育み、調和の取れた社会を築く文化でもある。

　文化の形成は、必ずその民族の生活習慣や生活特徴と関わりがある。いかなる習慣、民族心理の特徴であろうと、それに適した伝統文化が構築される。歴史の変遷、社会の発展はいずれも歴史的伝統文化から逸れることができず、逆にその色彩を強め、より確固たるものになる。中国の儒教文化は春秋時代から現在まで二千年もの間にわたって発展を続けており、現在もますます揺るぎないものとして中国人の骨の髄にまで深く刻み込まれている。

　孔子の説は人の本性が善であることを基本としているが、なぜ彼は飛び散る乱世にこう考えたのだろうか。孔子が生まれるまでの、約二千年に及ぶ中華民族発展の過程で、国のために尽した尭、舜、禹という三人の君主が現れた。彼らの君主としての地位はいずれも賢者として選ばれ禅譲されたものであり、約

23　『五経正義』…唐代に公布された政府刊行の書。五経は『詩』『書』『礼』『易』『春秋』の儒家経典を指し、上記のように漢武帝の頃、朝廷が正式にこの五つを経典として公布したため、五経と呼ばれている。

四千年前の人類の歴史においては間違いなく最も理想的で民主的な社会文化であった。この時代には民主、協調、団結、統一に関する逸話も数多く存在していた。孔子はこれらの理想的に美化された話に触発され、人の本性は善であり、善良でない人は後天的に私欲に負けて悪いほうへ転じたと考えたのかもしれない。そのためか彼は一貫して性善説を唱え、この観念により儒教文化の中核を成す考え方を打ち立てた。なかでもよく言われる五常とは、人が身に付けるべき五つの行動哲学、すなわち仁、義、礼、智、信であり、性善説を色濃く反映している。

以下に、儒教文化の最も中核的な部分を成す「五常」を簡単に紹介しよう。

まず「仁」について見ると、『論語』には「仁」の文字が数十回登場しているが、完全に同じ解釈は一つもない。仁は儒学で最高の徳目とされ、倫理道徳の準則でもある。「仁」学とは人と人との関係学であり、人学と言ってよい。儒家の学説の土台となる「仁」が持つ意味は極めて広いが、孔子はこれを「仁者愛人」と解釈している。つまり、「仁」の心を持つ人は、他人を愛するとはどのようなことかを理解しているという意味である。ここで言う愛の意味も非常に広く、人を人として扱い、これに注意を払い、尊重することを指している。人を思い遣り、あらゆる面で他人のことを考え、寛大な心で接することが仁ということになろう。

もう一つ、孔子による「仁」の解釈で代表的な言葉に「天地之性、人為貴（天地の性、人を貴しとなす）」がある。この世で最も尊いのは人の命で、最も価値があるのは人だという意味である。つまり、全ての行為は人間を中心になされるべきだという考え、これは現代の管理学が提唱する人間本位の精神にも合致している。

孟子はこれを一歩進め、人は誰もが生まれながらに良識を持っているため、価値を内在していると指摘した。この内なる価値は与えられるものではなく生得のもので、価値とは人の道徳意識により成り立つ。人は道徳意識があるゆえに家畜と一線を画するのであり、尊厳が備わる。儒教文化は人を理解するに当たってその人の価値を認め、人格への尊厳を示すことを是認している。これは一方で、自分を客観的に見ることを強調し、自愛、自尊、自重を体得し、自己修養に励むことで人としての価値を磨き、尊厳を得よということである。さらに一方で、常に人を人として見つめ関心を注ぎ、理解・尊重しなければならない。これがすなわち人としての尊厳を尊重することであり、「仁」の表現の一つである。

「義」は儒家の学説では常に「仁」とともに用いられる。いわゆる「仁義」で

ある。「仁」は人の内面における世界を重んじ、人を愛して自分をも愛する思想をいう。「義」は人の行為を重んじており、内に「仁」があって初めて「義」を伴う行為が生まれる。これが「仁」と「義」の関係である。

　儒家の論理学説において「義」は一種の適切・公正・合理的な道義の準則であり、一つの社会的集団の中で大勢の人が認めている行為の準則である。義は行為を抑制するメカニズムであり、人の行為が悪しき方向へ傾くのを食い止め、良い方向へと導く。義による抑制が効かなければ、人から賞賛されるような品格や性格も道徳的な価値を失うことになるであろう。例えば、勇敢さを好ましい性質として孔子本人もこれを讃え、君子の人格を構成する要素の一つと考えている。しかし、彼は「君子は勇敢であっても義がなければ乱れを生じ、勇敢さが社会をいっそう混乱させることになる」[24]とも言っている。義により抑制されている勇敢さこそが善であり、そうでなければ勇敢さは善とならないばかりか極めて大きな危険を伴う悪しき物となろうというのである。

　儒教は、義を重んじ利を軽んずるという道徳的な価値を強調するが、利を絶対的に排斥するものではない。孔子は、物質的利益を追求するのは人の天性であることをはっきりと肯定しており、孔子自身もこの点は例外ではない。ただし、彼は同時に物質的利益を求めるのであれば道義に適っていることを前提とし、限度を知るべきで抑制を失ってはならず、私欲のために道義を害することがあってはならないことを特に指摘している。これこそ「君子愛財　取之有道（君子財を愛す　之を取るに道あり）」の言葉が意味するところである。こうした認識の下、孔子は義と利の問題においては先に義理に従い、利はその後という原則を厳守しなければならないと主張した。彼は、道徳と善は「義」により実行される「行其義」であると考えている。道徳の主体は、仁愛の心で物事を判断してこれを行うことである。主体の意志というものが最優先され、それ自体には実利追及を含まない。孔子が尊ぶのは、義そのものの価値なのである。

　「礼」は儒学の基盤で、古くから今に伝わる最も安定した思想の一つである。礼の起源は古代の祭神にある。神を祭る順番を決める際の作法から始まり、後に政治や生活における身分秩序へと変わっていった。「礼」は貴賎、長幼、尊卑を維持し、序列の調和を図るもの、つまるところは社会道徳であり、論理規則であり生活準則なのである。礼はその本質を「仁」の中に求め、「仁」と不可分の関係にある。すなわち、内なる心から生じる「仁」があって初めて、自覚を持って礼を守ることができるのだ。また、礼に従い物事に取り組むことで、最

24　羊老川民『論語通釈』[M] 四川文芸出版社 2002年1月版

終的に「仁」を成就することができる。「礼」と「仁」には、厳密なロジック関係が内在しているのである。孔子は礼をもって国を治めることを主張しており、皇帝は皇帝に相応しい威厳を保たなければならないと言っている。また、臣下は自らの職責を果たし、臣下らしく振る舞うべきであり、皇帝は自らの臣下を大切にし、臣下は皇帝に忠実であるよう求めている。さらに父親は父親らしく子どもを慈しまなければならず、子どもは子どもらしく自分の父親に従うようにと説いている。この言葉をより広く解釈すれば、上司は上司らしくして自分の部下を大切にすることを忘れてはならないし、部下は部下の職責を果たして上司を尊敬し、その指示に従わなければならない。また目上の者は目上らしく目下を大切にし、目下のものは目下らしく目上に従い、孝を尽くさなければならない。孔子はさらに、礼に適っていないものは見てはならず、聞いてはならず、話してはならないとし、またそうした行為もすべきでないと主張している。

　「智」とは、簡単に言えば人は学んで聡明になるべきだということである。聡明さについての儒学上の解釈は様々である。孔子は「万物は変わるが、智者を尊び無知を軽んじることについては変わらない」としている。知識を尊重して科学の精神を尊ぶことは、この「尚智軽愚」の思想を実践することである。

　孔子は教えること、学ぶことを重んじており、さらに個人的に教えるスタイルを打ち立てた。彼は、教え学ぶことの目的は人に知識を与え、聡明さを身に付けることであると言う。孔子の、聡明であることを尊び無知を軽蔑するという思想観念は正しいものであるが、これは決して聡明な人と愚昧な人の本質は変わりようがないという意味ではない。逆に孔子は、無知は教育と学習により変えられると考えている。学びを通して「智」を獲得するということであるが、孔子自身も大変な勉強好きであった。ただし、孔子が提唱している教え、学ぶべき知識とは社会科学に関するものに限られており、自然科学に関する知識がほとんど含まれていなかった点は指摘しておくべきであろう。これは時代的な制約によるものと考えられる。

　「智」についての孔子の解釈で代表的な例に、孔子の弟子である樊遅が孔子に「智」とは何であるかを尋ねたときのものがある。孔子は「人を理解することだ」と答えたが、樊遅にはその意味がよく分からなかった。そこで孔子は「正直な人を不正直な人の上に立たせれば、不正直な人も正直になる。これがすなわち智である」と続けた。孔子は、聡明な人は話すべきことと話すべきでないことをわきまえていると考えていた。言うべき人に意見を言わなければ信用を失うことになり、意見を述べるべきでない人にこれをすれば面倒なことになる。聡明な人は信用を失うことはなく、面倒を起こすこともない。これも「智」だと

言う。儒学は智を特に強調し、人は個人的な修養と知識を絶えず身に付けるべきだとしているが、それは様々な物事の真相を見極める能力を身に付けてこそ、真の智者たりうるからである。

「信」とは信用を指す。「信」は「仁」を中核とする儒教の道徳規則の体系で、最も基本的かつ最も顕著な倫理のカテゴリーの一つである。儒学の道徳体系全体について言えば、「信」は「仁」のような中核的な位置にはないものの、「信」は言葉に偽りがなく、行いは必ず結果を求めるという倫理の原則である。「信」から離れたところに「仁」は存在しないが、これは公共倫理に対する直接的な理解であり、客観的な判断である。「信」は普遍的に存在する、生活上の一般的な道理なのである。

孔子の弟子の曾子には、中国では誰もが知っている名言「吾日に三たび吾が身を省みる。人の為に謀りて忠ならざるか。朋友と交わりて信ならざるか。習わざるを伝うるか」がある。すなわち「私は毎日何度も自分について反省する。人のために何かをするとき、全心全力を尽くしたか。友人との付き合いでは誠実であったか。先生が授けてくださった知識を心して復習してから人に教えたか」という意味である。「信」は、徳の修養のほどを示すものであり、個人を表す重要な標識の一つである。信用を蔑ろにすれば、社会生活において「仁」を身に付ける資格を失うことになる。信から離れたら人と呼ぶに値しないのだ。儒学は言行を一致させ、信用を守る人が真に徳を備えた人だと言っている。「信」と「政」の関係では、信用は政治の重要な手段であり、人民の信用を得ることが政治の取るべき道であり、国の命運を決する要諦である。人民の「信」が十分に得られないのであれば、政治を司るべきではない。弟子の教育などの人材育成の実践を通して、孔子は「信」を深く研究し、身をもって学んだ。したがって、彼は「信」を教育の目標、基本内容と定め、同時に教育者は「信」をもって教学に当たるべきだとしている。孔子が人材を育成する過程で「信」を教育目標としていることは明らかである。彼は、「信」は君子としての基本的な道徳基準であり、他人と社会に対する自らの承諾事項であるとして、君子たらんと欲する者は信用がなくてはならないことを説いた。「信」は人生で追究すべき基盤、かつ行き着くべき目標であるだけでなく、心血を注いで弟子に教えるべきものであり、「信」を教師の教育態度とすべきであるとした。また、孔子は教師自身が担う模範としての役割を極めて重視しており、教師は真摯かつ誠実で、内心と言動が一致し、言行もこれに一致していなければならないと説いた。つまるところ、「信」とは「仁」の必然的な要求であるばかりでなく、「仁」を具現化したものであり、「信」なしに「仁」はありえない。このため、孔子は「信」の

理念を貫くことを教育の目標・基本内容とすること、そして教育者の教学態度とすべきであることを、身をもって説いた。

儒家の学説は、人の行動様式における「五常」について一連の有益な指針となっているほか、「中庸の思想」を築き上げたという大きな貢献がある。

「中庸」とは、物事を処理するに当たっては程よく中立公平であることをわきまえよという孔子の思想でも大変重要な概念として、彼の思想体系全体を貫いている。

中庸の思想は孔子の「天道宇宙観」に基づいており、その宇宙観は人類社会から派生する「中立公平」「時中」「適当」の方法と準則に応用されている。[25] 孔子は、天の道理は人の意志では動かせるものではないと考え、太陽と月の運行、四季の移り変わり、あらゆる生き物の生死を含む自然界のあらゆる物事には「時中」があると言った。「時中」とは、時宜に応じて中庸を求め、タイミングの違いに応じてこれを中和させる方法をとることである。すなわち「勉めずしてあたり、思わずして得、従容として道にあたる」のだ。孔子は鬼や神を信じなかったが、「礼楽」を再建するためには現実的な措置を講じざるを得ず、極力祭祀を提唱するようになった。孔子が祭祀を重んじたのは決して迷信からではなく、人類の社会活動を規範化して「礼楽」が崩壊した春秋の乱世に理想的な周初期の文明を再建し、長幼の序、身分の上下をわきまえた社会秩序を復活させるという目的があった。孔子の中庸の思想は、仁、礼に大きな影響を与えたばかりでなく、彼の政治観、人生観、価値観、歴史観、文化観にも浸透している。孔子は中庸の思想を中核として、「動」のなかに「静」があり、「静」のなかに「動」を備える相互作用と超安定の二重の役割を担う儒学体系を構築した。中庸の思想が持つ臨機応変さと安定感は、孔子の思想に得難く尊い創造力を与え、儒教思想に道家や法家の学派とは違った内なる特徴を与えている。

第3節　儒教文化が中国社会の発展に果たした貢献

二千余年に及ぶ中国の長い歴史の中で、儒教文化が政治、経済、社会の分野で果たしてきた役割は評価すべきであろう。ただ、儒教思想は歴史と政治による制約を受けたため、一部の思想は今日の人に馴染むとは言えない。例えば男尊女卑、王権、君主権、父権、夫権の唯一性と絶対性等や、人の不公平は天の意志に帰するなどに至っては、現代社会から見ると非文明的だと言えよう。し

---

[25] 桑東輝「孔子中庸思想芻議」[J]『ハルピン学院学報』2006年第1期

かしながら、長期に及ぶ帝王制度の封建社会において、この思想が社会の安定と発展を守るための理論的な基礎となっていた。

儒教文化は二千年に及ぶ文化統治により、中国人の思想および行為に影響を与えてきており、もはや遺伝子に深く刻み込まれていると言ってよい。新しい中国が社会主義思想の洗礼を受け、さらに改革開放により様々な西洋の文化思想が流入した結果、中国人の思想行為は多少変化しているが、それも一部に限られている。これまでのように儒教の倫理価値を忠実に守ってはいないものの、現代中国人の人や物事、世間に対する処し方には、今なお儒教文化の姿を認めることができる。

儒教文化には調和についての思想と観念が非常に多く含まれており、これらが中国社会の安定と発展に果たしてきた役割は過小評価されるべきでない。

儒教思想の貢献の一つに、人と自然の調和を提唱したことが挙げられる。

儒教文化は、人と自然との関係について、天地万物が有機的に一体化したもの、すなわち「天人合一」と見なしている。人と自然が調和を保ちつつ共存すれば、それだけで天地は安定するというわけだ。人が各々自分に関することを手際よく取仕切ることができれば、万事万物は良い方向に発展する。例えば、孟子は次のように戒めている。「柴を刈りに山林に行くにしても適切な時期を選び、山の樹木を休ませて充分にこれを発育させよ。そうすれば永遠にこれを採り尽すことはない」。この理念は、図らずも現代の持続可能な発展を尊ぶ考え方と一致している。

儒教は人との関係において寛容であること、調和を求めることを提唱している。社会の調和は往々にして財産、権力、勢力の不均衡により崩れるものである。特に社会的に強い立場にある者が権力を頼みに人をいじめれば、衝突は免れ難い。異なる利益集団同士の調和を図るために、儒教は礼儀や礼の教えどおりに社会の各階層が規範に合わせるよう主張している。礼儀をわきまえない者は社会での足場がないに等しい。調和の取れた人間関係のために、社会における分配配分は公平、公正を重んじなければならない。一つの国や家庭は物が少ないことを憂うのではなく、均一ではない分配や公正でないこと、不公平であることを案ずるべきである。人間関係についてのこうした理念は、闇雲に金銭的利益を追い求める現代社会の風潮に警鐘を鳴らしている。

また、儒家は心と体の関係について、人は穏やかな心を保ち、利益と欲望の関係に正しく処する必要があることを説いている。さらに、利益のみを追求することに反対すると同時に道理に適った欲望は満たされるべきであるとして、これを肯定している。財と身分があることを願わない人はいないからである。

儒家は物質的な利益のみを追求することに反対していることから、道徳規範により過剰な欲望を抑制するよう強調し、精神生活は物質生活よりはるかに有益だと説いている。

　この思想の影響を受け、中国人の性格は親しみやすく寛容、従順、団結している、あるいは依存しているという特徴がある。「和をもって貴しとなす」という言葉は、中国人の多くが守っている人間関係における信条で、戦争に反対して平和を愛することが伝統的な美徳になっている。例えば孫文は「中国人は世界で最も平和を愛する人々である」「決して侵略を好む民族ではない」と述べており、中国政府の対外関係や外交政策にも平和を望む気持ちが見て取れる。

　中国人は親しみを込めて人に接し、できるだけ婉曲な言い回しを好み、ストレートに言うことを避ける。和を求める性質は、個人にも当てはまる。これが「足るを知ることは常に幸福である」である。中国人は楽しみを見出すのに長けており、分をわきまえて足るを知るという思想のおかげで、改革開放から現在に至るまで、国力を強化し発展する中で非常に安定した精神的基盤を作り上げた。儒教文化の「人本思想」とは、現在の中国人の言う「人をもって本となす」という理論の基礎となっており、儒教の倫理学では最も特徴的な思想である。孔子は天地万物の中で、最も貴いのは人で他の動物と同じに扱われるべきでなく、また動物より高い位置にいなければならないとし、人の価値はそれゆえに認められると考えていた。「人本思想」の深層には「仁愛」が含まれる。これは友愛の情をもって人に接せよということであり、身内などの親しい人に始まり、徐々に全ての人にまで広めることである。自分に都合がよく、気に入っていて役立つものは他人にも同様に好まれる。自分だけでなく他人にもよくしなければならない。したがって、自分が気に入らないものは、人も同じように好まないので与えるべきでなく、自分が苦痛に思うことは人に押し付けてはならない。こうして初めて人は互いに尊重し合い、寛容になれるのである。

　孟子は人と家畜を区別し、さらに分析を進めて儒家の人本思想を高め、内なる心理側面に人の人たる由縁を求めた。これによれば、人と家畜は飢えや渇きについては同じである。違うのは、人の心理的な特質である哀れみや悪を恥じる心、敬う心、是非の心にあるとしている。したがって、統治者も仁によって天下を治め、「仁政」を行わなければならない。最も大切なのは人民大衆であり、社会がそれに次ぎ、君主は最後であるという明解な「民貴君軽」の思想を打ち出した。「人本思想」では、荀子は人の地位を高く引き上げただけでなく、忠義をも人の価値を認めるための根拠とした。

　もちろん、儒家思想が中国社会の発展に果たした貢献はこれにとどまるもの

ではない。歴史を振り返り、また今を見れば儒家思想のプラスの意義があらゆるところに見られる。そして、これらは血液の如く中国人の体に流れているのである。

第4節 儒教文化が中国経済に与えた影響

　中国では儒教文化が経済に与えた影響についての議論が続いており、その影響がプラスであったとする者もいれば否定的な態度を取る者もいる。

　プラスの面に注目すれば、儒教思想の理念が商業の繁栄をもたらしたことが挙げられる。中国における商業の歴史を見渡すと、商人の多くが営業活動で儒教思想の影響を受けている。孔子の時代の子貢、明清時代の晋の商人、安徽省の商人から現代中国の改革開放の成就に至るまで、さらにはアジアNIEs（新興工業経済地域）に代表される東アジアの勃興など、経済の領域においては儒教哲学が成功裏に運用され、息の長い儒教商業文化が形成された。

　中国古代の商人は儒教の倫理道徳を商業活動でも貫き、「利は義をもって制し、義をもって財を成し、信用を守って誠実さを中心とし、人を愛して和を尊び、自分を顧みて人を推し量る」という商業道徳を提唱した。これは伝統的な商人の「商はただ商うのみならず、求めるはただ利益のみにあらず」という商業上の品格を表わしており、取引におけるリスクとコストを大きく引き下げて、商業の繁栄と経済の発展を促す結果となった。

　「先に義に従い、利はその後」とする「義利合一」は、儒教文化の大きな特色である。孔子は、人が利を図ろうとする心理を完全に否定してはいないが、何が「義」と「利」に合っているか、あるいは合っていないかを区別し、「君子にも財産は大切であるが、これを手に入れるには理に適っていなければならない」ことを強調している。この影響を受けて、明清時代の山西の金融組織は信用を守り、義理を利益に優先させ、信用と義理によって信頼を勝ち得た。

　儒教文化は誠実であることを基本とし、信用こそ個人や商店の命であると見なすよう求め、顧客との約束を履行することを重要な商業道徳としている。「誠意をもって人に接し、信用をもって人を信服させ、義がなければ利を得てはならない」という原則を堅持できれば、熾烈な商業競争でも顧客の信用が得られ、成功することができる。北京で百年続く老舗の「同仁堂」の創業者である楽顕揚は、「養生と社会の救済」を創設時のモットーとし、生命と世の中を救うことが何よりも大切だと考えた。薬品の質は決しておろそかにせず、数量は正確に量る。この精神を堅持することで、同仁堂は百年経った今でも輝かしくその名

を馳せている。

　次に、(己を顧みず)人を愛し和を尊ぶという点が評価される。現代の言葉で言うなら、金儲けは皆で行い、互いに利するウィンウィンの結果が一番好ましく、睦まじさは富をもたらすということだ。儒教文化は、商業では互恵主義の原則を堅持し「己の欲せざるところ、人に施すなかれ」と利益分配の調整を提唱している。自分が嫌なことを他人に強制してはならず、それにより適切で公平であるほうへ向かわせようとするものだ。さらに「中庸の道、すなわち過ぎたるはなお及ばざるが如し」という「双方に利する、全てに利する」哲学を広め、人が私利を図るときには公・他人の利益を損なわず、暴利を貪らず、略奪的な経営を行わないことを求め、協力と競争、自強と自律の調和と統一を強調している。

　農耕時代の儒教文化は家族の利益を最高の利益としており、このことが中国の経済発展にも非常に大きな影響を与えた。改革開放の初期に進められた世帯生産請負責任制で、当初は生産設備が不足していたために、農民の多くが親族関係により互助組を結成した。これによって農村改革は好ましいスタートを切り、最終的に大きな成果を挙げた。現在、中国民営企業の70％が家族制の管理体制を採っているが、この現象は儒教文化の伝統により提唱されてきた家族利益至上主義と複雑に絡み合っている。

　儒教文化の親しみやすく礼儀に厚い寛容な態度は、中国経済の発展に大きく資するところとなっている。中国人が外来の事物に対して、それが良いにつけ悪いにつけ、寛容な態度でいられるからである。改革開放初期の中国社会は、上の者から下の者まで全てが外来の資本および人に対して尊敬と誠意の念をもって接したため、多くの外国人に深い感銘を与えた。中国人の親切さともてなしの心が、多くの外国人にとって驚きだったのである。これが中国国民と隣国のロシア人との大きな違いであり、儒教文化が現代の中国に与えた最大の貢献の一つと言えよう。

　世界の主要な宗教信仰の中で、中国にないものはないと言ってよい。中国文化が全てを受け入れているためであるが、これも儒教思想が誇る点である。また、儒家は鬼などについて「鬼神はこれを敬して遠ざける」という態度をとり、外来の宗教にも同様の姿勢で接している。このため中国には仏教、キリスト教、イスラム教および中国で育った道教など様々な宗教信仰がある。中国において儒教、道教、仏教そしてその他の宗教の間には衝突もあるが、最終的には相容れているし、見解の相違があっても結局は相通じている。このような儒教文化の伝統により、古代の中国は今まで政教一体の国家とならずに巨大な結集力を生んだ。さらに、この文化の薫陶を受けた地区が経済発展していくのに好まし

い条件を整えた。中国では長年にわたって宗教信仰を原因とする衝突や混乱は起きておらず、中国人にも宗教信仰に起因する民族間のトラブルや紛争は生じていない。こうした寛容な社会環境の下、改革開放政策が最適な方法で実施され、中国の経済発展にベストの人間環境が構築された。

　しかしながら、歴史上の認識からくる制約により、儒教文化にはマイナスの影響もあった。

　儒家は「死生は命あり、富貴天に在り」とし、孔子は「富裕を求めることができるなら、他人に代わって車を御しても構わないが、できないならば我が道を行き、自然に任せよ」と説いた。この天命理念は、中国封建社会の生産水準の低い小規模農業経済に関係しており、中国人の自主性と創造性を埋もれさせてしまった。このような経済社会では労役や租税の負担に変わりはなくとも、気候の変化で人々の経済状態が大きく左右されてしまう。気候が良ければ生活はそれなりに潤うが、天災や人災が起これば極度に困窮する。こうして、「天候に依存して農業生産をする」という考え方が自然と形成されたのである。

　さらに、封建政治体制の下で、貧富の格差とその状況の変化は明らかに偶然性を伴っていた。勤勉に農業や商工業に従事していても金持ちになれるとは限らないが、例えば官吏への抜擢、科挙合格などのチャンスが転機をもたらすこともある。このような好機には規則性がないため、目に見えぬ力が働いているように感じるが、これこそ儒家の言う「天命」であり、天命とはすなわち人を支配する主体だと言われる。こうした潜在意識は社会の安定には重要な役割を果たすが、創造性には一定の副作用をもたらしている。

　中国経済は「其の義を正しくして、其の利を謀らず。其の道を明らかにして、其の功を計らず」という教えにより、利益を軽んじるようになった。儒教文化は経済的利益をさほど重視することなく、単に道義を基準として経済活動の合理性を評価しており、投入産出の概念もなければ機会費用の概念もない。農業の労働投入を計算したり、家庭内手工業の合理性に疑いを抱いたり、自然経済のもたらす莫大な浪費に気付いた者は長いこといないに等しかった。儒教文化の影響下にあった中国社会は、生産力の進歩と経済利益の向上を求めることが困難であった。鉄道を敷設し工場を建設することは、現代では当たり前のことだが、百年前は大勢の手工業者を破産に追いやるのが関の山だと工場建設反対者などが騒ぎ立てていた。彼らは新しい生産力が莫大な利益を生み出すことを充分に理解していたが、封建的な道理が崩壊することを恐れて断固反対した。結果として、巨額を投じて購入した外国人の建設した線路を取り壊し、自国の近代実業家たちが苦心して経営してきた企業を潰すといった現象が生じた。こ

こからも、儒教文化が「守り従う」という倫理によって経済原則を軽んじ、一時的な経済バランスのみを考えて経済成長を犠牲にするという欠点のあることが分かる。

第4章 中国の商業文化、投資環境と製造業の発展

第1節 中国の商業と投資環境

　中国のビジネス環境を歴史的に見ると、「農業を重んじ、商業を軽んじる」という儒教思想の影響を受けてきており、決して理想的とは言えない。商人による社会への貢献も政府に認められず、中国の歴代王朝は彼らを叩いたり、制限を加えたりするなどの政策を講じていた。例えば、馬に乗る、官吏になる、学徳の高い人と交わるといったことなどが禁じられ、税は倍額を納めるというように、社会的地位は非常に低かった。このため、例えば「為富不仁（金持ちには血も涙もない）」「無商不奸（商人は皆ずる賢い）」等の商人を罵る俗語も多く、「士農工商」をとっても商人の地位は労働者より低い。昔から商人と言えば貪欲で人を騙す、弱い者いじめをする、利益のみを考えるなどのイメージが持たれており、あたかも商人が人間の卑劣さを一身に集めたようですらある。挙句の果てに、心がけが悪く貪欲で飽くことを知らない者が商人になるとまで言われていた。こうした社会環境が続いたため、長い歴史で成功した商人はほとんど現われず、現われてもすぐに消えてしまった。そこそこの成功者が台頭して一定規模の商業圏が形成されたのは、清朝末期になってからのことである。

　しかし、近代の改革開放政策が中国のビジネス環境を一新した。市場経済体制が整備されるに伴ってビジネスを取り巻く環境も改善され、全国の商人のやる気を駆り立てており、現在そして未来のビジネスが発展するのに大変好ましい条件が整いつつある。現在では経済発達が進んだ地区で形成された商業圏に、顕著なスケールメリットが見られる。この典型的な例が上海を中心とする長江デルタ商業圏で、付帯施設が完備されているだけでなく、豊富な人材と製品を取り揃え、今や最大規模を誇っている。

　これら中国ビジネス環境改革の効果は、世界の誰もが認めるところである。

世界銀行とそのグループ機関である国際金融公社（IFC）による最新の報告書『ドゥーイング・ビジネス2009』は、中国全体のビジネス環境の利便性は大幅に上昇したと指摘している。報告書で考察されている181の経済体のうち、中国は2007年の90位から2008年の83位にランクを上げている。同報告では中国と他の新興市場を比較して、中国が改革を通して企業融資を可能にし、納税と契約の履行においてより便利になり、ビジネス環境の利便性で重要な進展を見せたと述べている。

　WTO加盟により、中国経済を取り巻く環境は大きく変わったと言えよう。専門家の分析では、中国経済はWTO加盟で開放型経済の発展段階にまで成長したが、今まで以上に世界経済の波に左右されやすく、マクロ経済調整がいっそう難しくなったという。また、中国が遵守を承諾した国際ルールや、無差別、公開透明、市場開放などのWTOの主要原則も市場経済建設のスピードアップに有利に働き、政府の経済管理の方式を大きく転換させている。行政による審査承認手続きが目に見えて減少し、経済的、法律的な手段が一段と強化されているのである[26]。

　グローバル化を受けて、中国が直面する競争はますます複雑かつ激化している。サービス業の開放と公開、透明、国民待遇の原則が広く適用されるのに伴って、中国にも多様な競争主体が出現した。企業の二極化は今後もさらに加速し、構造的失業も深刻になるであろう。今後、中国の企業競争は次の3タイプの企業において激化すると思われる。第一に、国が編成を進めている一部の大型企業グループと一部の独占事業を再編した企業グループ。第二に、株式制に改組、あるいは多国籍企業との合弁、または共同経営による一部の大・中型企業。第三に、競争により一部の民間企業から拡大発展した企業グループである。これら3つのタイプはそれぞれ特徴を持ち、市場競争に打ち勝つことができるが、それ以外の企業は競争の中で合併されるか破産するであろう。

　投資環境については、人口14億人を有する中国は最大の発展途上国であり、今後の発展が大いに見込まれる。1978年に改革開放政策が実施されてから中国経済は息の長い成長を続けており、GDPの年平均成長率は9％以上、2009年のGDP総額は約33.5兆元に達している。2010年のGDP総額は日本を追い抜く勢いで、世界2位となった。また、2008年に起きた世界的金融危機前における中国の対外貿易の年平均成長率は16％以上で、「第十二次五カ年計画」期間中（2011－2015）には経済構造の調整に伴い、中国の対外貿易は9－10％伸

26　霍建国「加入WTO我国経済環境的変化及応対措施」[J]『中国貨幣市場』2002年10月

びると予測されている。実際、2009年には2.2兆米ドルに達して世界第2位にランクしており[27]、2010年における中国の輸出入成長率は10％程度、総額は2008年の水準にまで回復する見込みである。経済の急速な発展に伴い、都市・農村住民の実収入増加率もそれぞれ7％以上に達した。鉄鋼、石炭、セメント、カラーテレビ、携帯電話、デジタル電話、発電設備などの工業製品の生産量で、中国は世界のトップに立っている。開放から30数年、外国企業を利用した直接投資の累計額は1兆米ドル、貸付金の利用は3,400億米ドルとなった。世界的な金融危機の影響を受け、2009年における中国に対する海外投資は40％近くまで大幅に下がったが、依然として中国は外国企業の直接融資を940億米ドル受けており、世界で2番目となっている[28]。また、経営する外資系企業の数は30万社に達した。中国経済の発展は、この先10数年も黄金期が続くものと予想され、農業、工業、情報産業、住宅、交通、エネルギー、金融サービス、教育、文化、医療保険などで非常に大きな需要が見込まれる。

中国政府は外資企業の誘致と外資導入を重視し、一貫して理想的なソフト、ハードの両面の環境をつくり、整えるべく努力してきている。外国企業の投資に関する法律体系も徐々に整備されてきており、財務、税収、土地の使用、融資などの面での優遇も行っている。2001年のWTO加盟以降、各政府機関はWTO規則に反する数千件の法規、通達を改正している。また、加盟に際しての承諾に基づいて徐々に関税水準を引き下げ、サービス業に重点を置いた対外開放を拡大、知的財産権の保護を強化、外国企業の投資に対する政府の審査認と管理手続きを改革、簡略化した。現在では、『フォーチュン』誌が発表した世界の大企業500社のうち、400社余りが中国に投資している。また、多国籍企業が設立した各種の研究開発センターは700近くに達し、研究開発に累計40億米ドルをつぎ込んでいる[29]。商務部のデータによると、2010年3月までの外国企業による投資の設立企業は累計69万社ある。[30] また、国外の投資ファンドも中国の電力、道路、情報企業等に投資している。さらに国有企業が改革再編を拡大しており、ここにも多くの投資チャンスが見込まれる。

このように、自らの経済発展にしても外資企業の誘致・外資導入にしても、中国は一定の成果を挙げている。しかしながら、社会主義市場経済の発展という観点から観察すると、14億人近くの人口を抱える開発途上大国が短期間で工業化、近代化を実現しようとする例は国際社会の発展史上初めてで、急速な発展を遂げる過程には数多くの困難と試練が伴う。このことは必然的に、以下に挙げるような影響を中国の投資環境に及ぼしている。

まず、資源と環境が経済成長のネックとなっていること。中国における現在

のエネルギー生産量は、アメリカとロシアに次いで世界第3位、一次エネルギー消費量は世界の総消費量の10.4％を占め、世界第2位となっている。このことからも中国がエネルギー生産・消費大国となったことが分かる。しかしながら、以下の点を冷静に見つめるべきだ。まず、中国の資源総量は多いほうだが、一人当たりの所有量は少ない。一人当たりのエネルギー資源可採埋蔵量は世界平均レベルにはほど遠く[31]、さらにGDP 1万元当たりのエネルギー消費は日本の15倍となっている。経済と社会の急速な発展と消費構造の向上により、電力、鉱物資源、石油、交通などの面で大きな負担を抱えている。

次に、中国の都市と農村および地域的な発展がバランスを欠いていること。1984年の都市部と農村部住民の収入比は1.84対1であったが、1994年には2.86対1[32]に、また2009年における比率は3.33対1にまで広がっている。都市部住民が医療、教育などで受けられる福利や補助に注目すると、都市と農村におけるこの項目での収入の実際の比率は4対1から6対1にまでに達し、世界でも最大水準の開きがある。これらの格差をなくすことが、「調和の取れた社会」を築こうとする中国が突き当たっている大きな問題となっている。

最後に社会主義市場経済体制の改革が進められているが、深層部分に未解決の問題が山積されていることを指摘したい。現在、中国企業は市場において独立した主体となりつつあり、政府による投資額が社会の全体投資額に占める割合も減り続けている。しかし、国有企業、金融業改革は多くの難問に直面している。技術の進歩が中国の経済成長に十分に貢献できておらず、目下の経済成長は40％もの投資率と30％の輸出増加率に頼るところが大きいという状況にある。このほか、知的財産権の保護、いっそう合理的な収益の分配、社会保障体制の整備などでさらなる努力が求められる。

中国の投資環境は、同時に外国商社からさらなる整備を求められている。例えば、司法、行政面での管理、知的財産権の保護、政策の透明度、融資、情報サービスの強化などはまだ不十分である。また、ここ数年の急速な発展により、一部の外資系企業には中国企業と同様に、逼迫した電力事情、輸送能力不足、環境悪化などマイナスの影響が出始めている。中国政府は事態を重く見ており、法律、サービスの体系を整備し、知的財産権の保護と法令執行力を強化してよ

27　2009年　国民経済と社会発展統計公報　http://www.stats.gov.cn/
28　中国が取り込んだ外国企業による累計直接投資額は1兆米ドル以上。http://www.chinanews.com.cn/cj/2010/11-07/2639060.shtml
29　「外商投資現状」上海恩商務諮詢有限公司 http://www.spn-biz.com/china/info.asp?ID=128
30　「外資『超国民待遇』換個活法（生き方を変える）」　東北之窓　2010年第10期
31　2009－2010年　中国エネルギー消費構造深度研究報告 http://www.hdcmr.com/35101.html
32　2007年中国農業投資戦略分析　http://ce.cn　2007年01月30日

り良い市場環境とインフラ条件を整え、外国企業が中国でより公平かつ有利に成長できるよう尽力している。

　危機の裏側にはチャンスがあると言われるように、以上で述べた問題と試練は中国発展にとってチャンスでもある。中国政府はこれらの問題を解決する過程で、国内外の企業に大きなビジネスチャンスを提供することになろう。中国の発展は世界から切り離すことはできず、世界の発展も中国なしにはあり得ない。中国は平和、発展、協力という方針を堅持し、対外的により多くの門戸を開いて互恵、優勢の相互補完を積極的に進めている。双方または複数の当事者が利益を得られる国際的な経済技術協力により、投資者にいっそう多くのビジネスチャンスを提供できるであろう。

第2節　中国五大商圏のビジネスマンと商業文化

　中国で使用されている文字は一種類だが、話し言葉には様々な方言がある。出身地が異なれば相手の言葉が外国語のように聞こえることもあり、この現象は中国国内に広く存在している。

　方言と同様に中国人の性格も一様ではない。出身地が異なれば相手に対する処し方も異なるなど、その違いは歴然としている。また、性格に類似しているのが商業文化である。中国人は出身地ごとに受けてきた影響が異なるため、商業文化もそれぞれ違う。このため中国人であろうと外国人であろうと、中国でビジネスをする場合は各地の商業文化を理解しておきたい。

　中国では、古くから土地への定着度が比較的安定している。人々が異なる地に定住することで、土地ごとの商業文化が形成される。今日すでに上海を中心とした長江デルタ商圏、広州を中心とした珠江デルタ商圏、北京・天津を中心とした渤海商圏、福州を中心とした福建商圏、済南を中心とした山東商圏の五つの商業発達地区が形成されており、これらはそれぞれの文化特色を持ち、ビジネスマンの性格も違う。以下、これらの商業圏ごとに商業文化を紹介、分析したい。

1、長江デルタ商業圏

　長江デルタ商業圏は上海を筆頭に浙江、江蘇の両省を含む、現在中国で最も経済活動が活発な地域である。上海は南北に伸びる海岸線の中心にあり、長江デルタと長江流域の広大な地区を背にしている。その後背地は広く、周囲への影響力も大きい都市である。歴史上でもアメリカのニューヨーク、イギリスのロンドン、フランスのパリ、ドイツのベルリンと並ぶ「世界5大貿易都市」と呼ばれ、

地理的な優勢を誇っている。

　新中国の成立以降、上海は中国の重要な工業基地としてだけでなく、中国最大の経済中心地となっている。エネルギー、物資および商品の集散地かつ生産本拠地でもあり、金融、保険、国内外貿易などのサービス機関もかなり集中し、発達してきた。改革開放以降、古くからある港湾の強みを一段と発揮し、中心都市としての機能を強化することによって多くの企業を呼び込み、社会経済の発展を促している。上海市街の人口密度は全国でもトップで、常住人口は2,000万人を超えるという紛れもない中国最大の都市となっている。

　上海の商業貿易は常に繁栄を極めてきた。上海には外灘金融街、大ビジネス区（CBD）、南京路、淮海路、徐家匯等の商業が発達した有名なビジネス街があるほか、水上運輸、金属、家電など専門性の高い市場が数十カ所存在する。中でも南京路の歩行者天国は「中華商業第一街」と呼ばれ、1日の集客は延べ300万人にも上り、600余りの店舗が軒を連ね、個性溢れた姿を見せている。

　淮海路商業街は100年の歴史がある。古典的レリーフの宝庫と称される古い街並みに、おとぎ話に出てくるような建物がパリの街を思わせる。ここには大型アパレル企業数十社が集まっており、淮海路を拠点に世界各地のファッションセンターと結ばれている。また、全国の独創的なアパレル文化に影響を与え、ブランド商品の小売販促センター、ファッション発表展示センター、アパレル技術取引センター、消費者向け新コンセプトデザインセンター、モデルエージェントセンターとして、パリやミラノなどの国際的なファッションセンターと並び得る独自の役割を担いつつある。徐家匯商業圏は改革開放後の出足はやや遅かったが、瞬く間に上海で最も人気のあるビジネス街となった。軒を争うように堂々とそびえ立つオフィスビル群は、国際的な大都市の姿そのものである。1960年代の上海には24時間営業の店は1軒しかなかったが、今では24時間営業のコンビニエンスストアが数百軒にまで増えている。また、改革開放以前の上海には、店舗面積が1万㎡を超える大型商店は数軒しかなかったが、現在ではあちこちに超大型デパートがある。

　発達したビジネス都市上海は、独自の商業文化を生み出した。長年にわたる伝統的な商業の影響を受けて、上海ビジネスマンは個人主義を中核とする価値観を持つようになった。日常生活でも実利を求めて政治を軽んじ、プライベートと家庭を大切にする。ビジネス界では経済的利益を重んじた実践で、商人気質を見せる[33]。

　上海人は「頭の回転が速い」ことで有名である。中国人の言う「回転が速い」

33　呂叔春『商簽（商用ビザ）：中国各地商人的性格與特徴』[M] 中国華僑出版社 2006年11月版

とは、したたか、計算高いなど、どこか貶すニュアンスを伴うが、要するに少しケチだという意味だ。上海人の抜け目なさは日常生活にも現われている。ここには私利を図る行為、さらには個人の権益、利益の保護なども含まれているが、彼らは当然得るべきものは一歩も譲ろうとしない。常にわずかな利益にもこだわるのだ。体裁と機能、見た目と実用とでは、それぞれ後者を選ぶ傾向にあり、この点はアメリカ人とよく似ている。上海人は実利を求めるため、どんな複雑な状況にあっても自分にとっての最大利益をすぐに見出す。また商業活動においてはメンツや名声などの非経済的な要素はさほど気にせず、経済的な利益を第一と考えており、この理念が上海の特色ある商業文化を生み出した。商売においては、上海商人は誰もがエキスパートで、商品の良し悪しを見極めかつ道理をよくわきまえて筋を通そうとし、これに長けている。

　上海商人は頭もよくビジネスにおいても目利きだが、多くは慎重で注意深く、細部にわたりきめ細かい注意を払う。商談前はあらかじめ市場の相場、交渉相手の状況などを調べ、充分に準備をしてから交渉に臨む。上海人と商売をする際には小さなことで延々議論することも多く、交渉も長引くため、強い忍耐力が必要である。

　上海人は合理化や平等、規範を重視するため、何に対しても道理や根拠を求める。また契約意識が高く、契約を重んじる。これらの観念が、今日の上海を理性のある都市にしたのである。さらに上海の都市管理の特徴の一つに、各種の規則制度、方法、措置の制定に熱心だという点が挙げられる。何か新しい状況に直面すると、上海人は直ちに管理規則を定め、市民もそれに従う傾向にある。法令や規則を守るという共通認識が大部分の上海ビジネスマンにあるため、上海は中国で法制度に対する意識が最も高い都市となっている。改革開放が始まったばかりの頃、多くの中国沿海地域で密輸が横行しブラックマーケットがはびこっていたが、上海人でこれに加担する者は少なかった。一部の南方出身者の間では「法を犯さなければ大金は稼げない」というのがビジネスの成功には欠かせない考え方で、偽物を作って売りさばく、税金逃れをするなどの行為が頻繁に発生していたが、上海人にはそのような行為は少なかった。大部分が契約を真摯に履行し、ひとたび契約を締結すれば不可抗力による外的要因がない限り契約を厳守し、決しておろそかにすることはない。上海ビジネスマンの事業経営は、相対的に見れば安定指向にある。したがって彼らとの付き合いは、まず時間をかけて意志の疎通を図るようにすれば、その後の展開が比較的スムーズであろう。上海人との取引でも規律を守るべきで、ルールに従わなければ彼らの信任と協力を失いかねないことに注意したい。

上海と同じ長江デルタ商業圏に属する浙江の商人は、中国でも大変名高い。浙江商人と聞くと人々はすぐに温州商人を思い浮かべる。温州人は東洋のユダヤ人と呼ばれ、世界で最も商売上手で優秀なビジネス集団の一つとして広く知られている。その温州人がヨーロッパ大陸に進出してからわずか十数年で、本物のユダヤ人を完膚なきまでに打ちのめし、「この世にユダヤ人の上を行く商人がいた」というショックを世界中に与えた。こうして温州人の商才は広く知れわたり、ユダヤ人を「ヨーロッパの温州人」と呼ぶほうが相応しいと言われるまでになった[34]。

　なぜ温州人はかくも商売上手なのであろうか。特別な秘策でもあるのだろうか。

　温州の経済が急速に発展している根本的な理由に、奥深い文化、文化伝統と現代の発展が有機的に結び付いたことが挙げられる。温州は歴史的に、発達した手工業で有名であった。700－800年前の南宋時代、温州で対外的な貿易港が開かれた。多くの個人事業者が現われ、同時に一部の温州人は海外を股にかけて生計を立てたり、移住したりしていった。これと時期を同じくして、温州の商品経済という土壌に根ざした永嘉学派が現われた。実効を唱え、家と商売を共に重んじ、義と利を併せ持つ。事業と功績は実際に役に立つべきであり、義を持って利を図るべし等の思想が代々受け継がれ、温州人の重商主義と着実さを貴ぶ精神を作り上げた。この「文化的遺伝子」は計画経済の時代に一旦は凍結されたが、改革開放によって再び日の目を見ることになり発展していった。こうして温州人は数々の中国の改革史上初めてとなる試みを実行し、その度に人々を驚愕させ、既成概念を大胆に覆してきた。「中国の改革開放以降、世界の経済が一歩進めば中国経済は二歩進み、浙江の経済は四歩、温州の経済は六歩先を行く。温州は中国で最も活力のある場所であり、温州人は最も商売上手な中国人である」と形容されたこともある。

　資金も技術も頼みの綱も一切ない状況下で、温州人はどのように短時間、低コストで高い利益を生み出すのであろうか。「小さな商品で大きな市場を生み出す」、これが温州人の金儲けの秘訣である。かつてライターを製造していたある外国企業が、温州商人との競争で惨敗し、温州ライターが低価格で作られる秘密を探るため、温州に視察団を送ったことがある。温州一有名な大虎ライター工場で周大虎社長の説明を聞いた外国企業の担当者は、驚きのあまり危うく卒倒するところだった。同じ電子着火のパーツが、自社の生産原価では一つ1元

---

[34] 龍明『温洲人為什麼能賺錢』［M］中国長安出版社 2005年4月版

であるのに対して、周大虎の仕入れ値は1毛、また大虎工場に部品を供給する家族経営会社の生産原価はたったの1分だという。視察を終えた面々は温州商人の手腕に打ちひしがれ、すっかり自信をなくしてしまったという。

　温州では、どんなに小さな商品でも専門メーカーが生産している。安くて小さな商品が、驚異的な生産量と廉価な価格巨額の利益を生み出しているのである。また分業することで、温州商人は自由に生き生きと働いていける。企業が生産で必要とする原材料は何でも揃っているため、温州企業の生産原価は大幅に引き下げられ、国際競争力は高まる一方だった。衣服、筆記用具、ボタン、ファスナー、眼鏡、鍵類、ライター、プラスチック加工品、かみそり、印刷・包装用品は、温州人が富を築き財を成した小さな商品のトップ十であり、「国」の名を冠した十大工業団地の設立を促した。これらの業界には、すでに有名商標が7つと18の全国検査免除製品がある。現在温州には約1,300社のライター製造企業があり、年間5－6億個、1日約100万個のライターを生産している。生産額は約20億に達し、温州人が1年間に製造したライターを並べると地球を2周する。また、中国にある革靴市場の85％以上が温州人の経営によるものである。

　このほか、温州人を商売上手たらしめる五つの特長が挙げられる。

　第一に、忍耐強いこと。温州人の忍耐強さは中国人の誰もが知るところである。金儲けのためには苦労も厭わず、汚くきつい仕事にも躊躇せず、自然災害をも恐れない。普通なら耐え難い苦労にも耐え、他人が避ける仕事を引受け、人が蔑むような金でもビジネスライクで割り切る。

　第二に、果敢に起業すること。温州人には弛まず努力し、決して現状に満足しない血が流れている。現状に甘んじず、不断の努力を重ね、待つ、頼る、願うといった受身の姿勢はない。あらゆる方策を講じて自ら活路を見出し、起業する。彼らの理念とはすなわち「金があれば社長になり、なければ借金をしてでも社長になる。社長になるために働き、社長になったらさらに大社長となる」である。

　第三に、団体精神。おそらく団結して天下を取ることにかけては、温州人が最も長けているだろう。彼らの団結協力精神は敬服に値する。ビジネスで常勝を誇る温州人は互いの協力提携を頼みにしており、温州には株式会社が多い。

　第四に、現実を見つめ、実務に励むこと。温州人は心から金を愛し求め、これを口にすることをはばからない。可能性や先例の有無が問題とされることはほとんどなく、「どうすれば金儲けができるか」「最も多く稼ぐにはどうすべきか」をとことん考える。また、争わず、待たず、初めに行動ありきである。彼

らは事実に基づいて話し、実践の結果で正否を判断する。根拠のない話はせず、幻想も抱かなければ、天を恨み人を責めることもない。国の投資が不足していれば、自分で作り上げる。資源がなければ眼鏡、ライター、ボタンなどの小さな商品を扱い、科学教育の水準が低ければ手工業または半手工業の工場を作る。つまるところ、彼らは事業には儲けが伴うべきだと考え、現実を見据えて手堅くことを進めるのである。

　第五に、奮励努力すること。衆目を集めている温州の経営スタイルは、まさに、敢えて人に先駆けるという温州人の進取の気性によるもので、これにより地方色豊かな発展の道を切り開いてきた。金儲けにかけて温州人の物怖じしない気質は、起業の際や危機に面したときなどに一か八かの大勝負を辞さないことにも現れる。起業に10万元を準備した場合、普通は万一に備えて5万元を残しておくが、温州人はさらに10万元を借りて事業を興す。康奈グループの鄭秀康社長もこうした人物である。彼は1980年代の初めに公職を辞し、自ら革靴工場を興す準備をしていた。この事業は当たるという自信があったため、資金集めに時計、自転車、妻の嫁入り道具をも売り払ったくらいだが、これらはまだ序の口である。ある時、彼は隣に住む老人が500元持っているのを知った。老人はこれを「葬式代」として手を付けずにいたのだが、社長は工場を作るため、大胆にもその500元を借り受けたのである。老人の虎の子を借りてまで起業しようとする一念が、鄭秀康の小さな革靴工場を年商7億元、粗利益で億クラスの製靴会社にまで成長させたのだ。

　改革開放初期には細々と営んでいた温州ビジネスマンだが、奮闘の甲斐あって今では注目を浴びる大きなビジネスグループとなった。この成果は全て、浙江商人の性格と無縁ではない。浙江の民間企業は家族経営の工場に始まる。一つの家庭が一つの作業場となり、独立した事業所となるのが普通である。家族の中で頭の回転の速い者が販売、仕入れ、事業協力関係を担当し、他の家族は家で生産に従事する。家と家、村と村、鎮と鎮、市と市という点が結び付いて線となり、線がつながって面となり、ブロック状の経済グループを形成し、経済グループ内の住民全員がビジネスに加わる。血縁同士、同郷人同士など、共同の商売の背景には家々が団結し、内部ではこれが信用と協力のもとになり、対外的には市場開拓の際の援軍となる。社会的信用の不十分な状況で、ビジネスマン同士の信頼関係を保障するものが、温州語等の方言であった。温州の「地下銀行」といった民間金融業の信用は、ビジネス上の手腕のみならずグループ間や知り合いの間での信頼関係を頼みとして維持されている。数万の露天商で成り立つかの有名な義烏雑貨卸売市場は、各家族経営と私営企業が対外販売に

おける共通の窓口となっている。また、海外での商売においても、互いに助け合い団結して事業を興した等の温州人によるサクセスストーリーが人々の話題に上っている。浙江人は、最も進取の気性に富んだビジネスマンである。この進取の気性が、ひ弱な彼らを勇猛果敢にした。浙江ビジネスマンは心の奥深くで、ビジネスとは単に糊口を凌ぐ生活の手段ではなく、勉強して役人になるより立派で優れた大事業だと考えている。この事業には彼らの人生における価値観や理想の全てが込められているため、失敗や手抜きは許されず、丁寧に細心の注意を払いビジネス上のいかなる些細なことでもおろそかにすべきでないと考えるのだ。

　浙江人の話はここまでにして、次に長江デルタのもう一つの主力である江蘇商人を紹介しよう。

　改革開放以降、江蘇は地理的な優位性と揺ぎない工業製造の基盤、そして科学技術の研究開発力により、一定水準の技術力を持つ有力な製造企業を生んだ。江蘇省の民間企業ブランドも、当初のノーブランド生産から自社のオリジナルブランド、そして多角的なブランド経営へ、小から大というように緩やかなスタートから次第に加速的な発展を遂げていった。近年では優れた民間企業でのブランド意識が強まり、オリジナルブランドが確立している。「波司登（ボストン）」のダウンジャケット、「紅豆」の洋服、「隆力奇」の化粧品、「雨潤」の肉製品などは中国では誰もが知っている。

　江蘇省は山東省と浙江省に挟まれている。このため、江蘇商人は浙江の商人からは頭の回転の速さを、山東商人からは儒学の義を重んじる気風を学んだ。江蘇人は商業界で努力奮闘する中でも穏やかに勝ちを得ることに気を配り、通常敢えて大きな危険を冒そうとはしない。江蘇商人の最大の特徴は、長所を前面に出して劣る部分はかわすことを理解している点にある。彼らは商売を営む中で、常に自らの強みと弱みをわきまえているため、いつも短所を避けるべくふるまい、自分の長所を発揮して効果的に利益を上げる。

　江蘇商人のもう一つの特徴に、独立経営がある。彼らは浙江商人のように団結して協力するという意識はなく、単独行動や完全に独立した自主的な経営権を持つことを好み、自身の状況に応じて経営展開を決めている。

　江蘇商人は薄利多売を信奉している。これこそが資金の回転を速め、限りある資金をより早く利用できる手段だと考えているのだ。つまり、安く大量に売れば不良在庫が増えず損耗もなく、資金も速く回せるために儲けが大きく確実だと考えるのである。また実務を重んじ、無茶はしない。江蘇商人が質素で飾り気がないことは商売にも表われている。彼らは流行を追わず、高望みをせず、

見掛け倒しなところがない。

　ビジネスでは礼儀正しく客に接する。これも全ての江蘇商人が従っている準則であり、多くの江蘇商人が他郷で金儲けをするためのノウハウの一つである。ただし、礼儀正しく客に接しながらも、目的が金儲けであることを片時も忘れない。巧言を弄しながらも目的は商談をまとめることにある。江蘇商人と商売をする際は、自分の長所をより効果的に発揮し、弱みを見せてはならない。このほか、彼らはリスクを軽減するビジネス手法をとる。とくにベンチャーキャピタルにおいて彼らと提携すれば、リスクを最低限におさえて着実に利益を得ることができる[35]。

2、珠江デルタ商業圏

　広州を中心とした珠江デルタ商業圏は香港とマカオに近接しており、中国で最も早くから西側先進国に門戸を開いていた。この地域は外国と足並みを揃えて歩む中で、中国の他の地区とは比べ物にならないほど地理的環境に恵まれた。

　広東では生計を立てるためや金を稼ぐために、誰もが多忙を極めている。広東人は金儲けのためなら全てを投げ出し、どんなに辛く苦しいことにも耐える。広州人は最も典型的な広東人で、中国の都市で最も忙しくしている人々である。広東商人の意識には、チャンスを逃さない「歳月人を待たず」の観念が特に強い。彼らは東奔西走し、たった1分間でこれを利益に変えてしまう。何をするにもテンポや効率がよく、機敏な行動で全てにおいて迅速であり、ビジネスチャンスがあれば他に先んじて手に入れる。これが広東商人のやり方であり、彼らの生産や販売の秘訣の一つである。

　開拓と革新の精神に富む広東商人は、金儲けの意義は「敢」と「先」の二字にあると言う。「敢」とは大胆に行動し、人が恐れてやろうとしないことをするということを、「先」とは人より一歩先を行き、トップの座を得ることを意味する。すでに広東商人は海外で長く商売をしており、近代その足跡は天下に広がり、ビジネス社会に巨大なうねりを巻き起こしている。

　例えば、民間資金を初めて導入して建設された、広州と珠海を結ぶ5カ所の道路と橋がある。これは資金問題の解決だけでなく、国・政府による資本投下がなければ道路や橋の建設はできないという硬直化した発想を変えた点でいっそう意義深い。

　ニューヨーク・ウォール街の金融センター（ウォール街ビル群の最高ポイント）で初めて星条旗を降納させ、中国の国旗を掲揚した中国企業は、広州開発総公

35　陳寇任「中国商人性格特徴」[J]『生活之友』2003年第12期

司と米国速成物業有限公司（中国系企業）であり、彼らはこの70階建ビルの新しい主人となった。

このほか、中国の知識層が数千元もの報酬を受け取り、収入が高すぎると心配されていたときに、広東珠海はすでに「科学技術者に巨額の賞金を与える」と大々的に宣伝し、かつ実際の行動をもって「科学技術は生産力」であることを説いた。これにより全国的に知識や人材を重んじる風潮が沸き起こり、各地の人材が続々と広東に集まったのである。

広東商人もまた、頭の回転が非常に速い。市場は戦場にも似ているが、イコールではない。戦場では双方が生死を賭して闘うが、市場競争のライバル同士は抜き身で渡り合うものの、多くは共に発展しウィン・ウィンの目的を達することを求めている。広東商人は、製品の生産に際して市場を重んじる。また、販売とサービスにおいては市場の開拓を重視し、市場を維持して常に新しい販売方法とサービス内容を打ち出すなど、あらゆる面で顧客を念頭に置いている。中国人は伝統的に、金をよくない物だと考える。ところが広東人は金銭感覚が強く、彼らにとっては何をするにも全てが金儲けのためとなる。商売の目的も単純明快で、金儲けに他ならない。広東商人は金儲けという目的で方向性が一致しており、この目標を見失ったり意志がぐらついたりすることはあまりなく、エネルギーに溢れて根気強い。広東人は金儲けのためには着実に事を進める。あれこれ思いをめぐらせることも、哲学や人生についての空論で時間を無駄に費やすこともなく、政治にも興味がない。広東省は政治の中心地から離れているため、彼らが政治の影響を受けることはほとんどない。広東商人が政治を軽視し遠ざかることがビジネス社会の伝統となっているのは、このためである。

広東人はメンツを大切にし、風格を重んじる。彼らはイメージを重視するため、好んでブランド品を使いもするし、次の食事のあてが無くとも悠然と構えてみせる。またビジネスでは常に、自分の実力をなるべく誇示して相手にまみえる。服装はもちろんブランド物、鞄は精巧で美しい高級ダイヤルロック式のアタッシュ・ケース、腕時計も海外高級ブランド品で、訪問先への往来には車を用い、しかもロークラスの車にはできる限り乗らない。広東商人のオフィスは豪華かつ立派で、社長のデスクはとことん大きいものを、ソファーもありったけの高級品を置く。自分に財力があり、経済的な実力も充分にあることを誇示しようとし、たとえ懐が寒くとも体裁よく取り繕って見せるのである。

広東商人は早くから広告という鋭い利器を巧みに利用して、思うままに市場を開拓してきた。例えば、1994年に広州のあるレストランがオープンした際、接客マネージャーを募る中規模の広告が新聞に掲載された。企業の接客係募集

はどこもありふれたものだが、この広告が他と違っていたのは「接客マネージャー」として、年齢性別は不問、容姿端麗であること以外に、唯一の条件として5カ国語に堪能であることが求められていたところだ。レストランの接客担当者が5カ国語に通じている必要などあるだろうか？この広告は一時、広州中で話題となり、一体どんな人が採用されるのかと皆が興味津々だった。結局はベトナム華僑の中年女性が採用されたのだが、この新規オープンのレストランは、風変わりな募集内容のおかげで数あるレストランの広告の中でも一躍有名となり、実際にくだんの「接客マネージャー」が本当に5カ国語を話せるのかを我が目で確かめるために、大勢の人が詰め掛けたのである。

広東人が広告を打つときは、早めに実行し巨費を投じる。例えば、広東三九胃泰のCMは中国の有名人を起用したCMの先駆けとなったし、広東美的集団も巨額の出演料を積んで、有名な映画女優コン・リーを起用している。広東商人はこのようにして、広告による旨みも味わっているのである。現在、広告を出す企業は増える一方であるが、広東商人はCM競争においても常に新たな趣向を次々と打ち出している。今や彼らは、広告を一種の投資と考えている。また、この投資を少ない出資で大きな利益が得られるものだと見ているために、敢えて大胆な手段を講じ、新奇な広告を打つのである。しかしながら、こうした広告に感心させられる一方で、実体の伴わない誇大表現も見られ、心もとなさを覚えることもある[36]。

広東商人はまた、非常に迷信深い一面を持つ。あるビジネスマンがインターネットで様々な新しい情報を入手したとしよう。この人はパソコンの電源を切るや、すぐに寺に駆け付けるだろう。そして、そこにはすでに多くの信者が集まっているのだ。彼らは幸せを祈り、商売が繁盛し、株で儲かり、競馬で大当たりするよう願う。これが広東商人の特色である。彼らは中国の伝統的な宗教は信じず、西洋の宗教に対する知識もほとんどない。特定の宗教思想を持たぬが故に、人相見、風水、運勢の類に拠り所を求める。そして、精神世界の隙間を埋めるかのごとく自然と迷信が生まれ、彼らの精神的な支えとなっているのである。例えば、深圳は「伝統的な神が現代の都市を司っている」といわれる。深圳は中国各地から優れた人材が集まって現代感覚に優れているが、その一方で封建的な迷信が色濃く反映されている。深圳の商店やレストランに入ると、ショーケースやレストランのテーブルの側に大きさの異なる仏像が置かれているのをよく目にする。如来像、観音像、福の神など一様ではないが、いずれも色鮮やか

---

[36] 中国各地商人徹底調査―粤商篇（広東商篇）http://business.sohu.com

で精緻な彫刻が施され、おまけに装飾ランプが煌々と輝いている。商売繁盛を求め縁起を担ぐためには、八百万の神の加護がなくてはならないのだ。深圳坂田の第一工業区を例にとっても、大きな工場には大きな神仏、小さな工場には小さな神仏といった具合で、ほぼ全ての工場に神仏の像があり、これがないのは大黒柱がないのに等しいといった印象さえ受ける。

　また、迷信深くはない最近の広東商人であっても、数字にはこだわる。「６」と「８」をよしとするのだが、これは発音がそれぞれ「順」(順調)と「発」(「発財」富を築くこと) に通じるためである。彼らの電話、携帯電話の番号、車のナンバープレートには「６」と「８」が含まれていることが多く、店の番地もこの二つが最も歓迎され、６と８の付いた日は大切な日となる。競売に「６」と「８」の付いたものがかけられることもある。さらに、広東商人の多くは出世してからも自分のルーツを忘れないため、祖先の墓を修復する。一時期、広東省全体で祖先の墓の修復が流行したこともあった。街角のあちこちには占い師の姿が見られるが、彼らは昔のように眼の不自由な人や道士ではなく、様々なスタイルの老若男女であり、コンピューターを動員している者までいる。見てもらう人も様々で、職業も多岐にわたる。これがビジネスの場となればなおさらである。出かける前には、いつ、どの方向が良いかなどを全て占い師に尋ねる。また大事な取引の前にも必ず占ってもらい、取引がうまくいくか、相手は当日どんな具合かなどを尋ねる。神様にお伺いを立てて救いを求める広東商人の気持ちもここに極まれりといった様相である。この迷信深い広東商人とビジネスをする際は、贈り物をする場合は禁忌を避け、話をするときは注意を払い、あらゆる場面で縁起を担がなければならない。広東人の頭のよさは卓越しているが、こと「迷信」に関しては聡明とは言えないようだ。

　商売を営む伝統から開放的な性格となった広東人は、新しい事物を受入れやすく、商品に対する意識が高い。他の地方の者と比べて排他性がさほど強くなく、通常は商人としての見方とやり方で各地からの客人を丁重にもてなす。しかしながら、文化的資質がやや低いために長期的な目標が欠如しており、ひとたび裕福になるとそれで満足してしまう。広東の「小老板経済」(零細企業) は、広東の発展過程での致命的な欠陥である。

　1999 年に全国の商工連合組織が一定規模を満たす民間企業を対象に行った調査によると、全国トップ十大集団に加わっている広東省の民間企業はゼロであった。一体どういうわけだろうか。商業大省、貿易大省である広東は、昔から商業が発達し消費水準が高く市場も成熟しているが、大型企業は生まれていない。改革開放以降、広東は早くから民間企業を起こし、民間の経済は活発であった。

しかし、経済総量が国民経済全体に占める比率は他省を上回っているにも関わらず、聯想、万象、新希望のような民間大企業がどうしても生まれてこない。これには広東商人が競争を恐れて規模の経済を求めないからだとか、政府が何もしなかったからだという見方がある。また、市場がだめになったら直ちに店を閉めて商売変えをしても、同様に金儲けができるからだとも考えられている。広東商人は手軽に商売ができてしまうため、金儲けに熱中して事業拡大や技術革新はあまり気にしないのである。しかし、世界の企業の発展経緯を見ると、イノベーションを続け、忍耐強く会社運営を継続していかなければ、会社を大きくすることはできない。このほか、金儲けのチャンスが転がっていることも、広東商人特有の投資理念を築く要因となっている。すなわち「卵を同じ籠に入れない」ことで、より多くの金儲けのチャンスを得るのである。広東商人は会社を金儲けの手段と考え、事業とは見ていない。そのため、何をするのかは問題ではなく、儲かるか否かが問題となる。こうして会社は資産や技術を持たず、管理経験の蓄積がないこともしばしばで、当然ながら大きく発展することが難しくなる。広東の経済が「小老板経済」（零細企業）という言葉で表わされるのも、もっともなことなのだ。

　広東の企業の大部分は貿易型で、設立登記から営業開始までが早く、撤退して商売替えをするのも早い。貿易会社の規模が小さいため、新しい分野への転換が容易なのである。発展進出の見込みがあれば、すぐにでも別の新しい会社が設立される。台湾の学者邢慕寰は、香港の工業発展の過程における数多くのケースを実地調査し、次のように指摘した。ある商品が国際市場で流行すると、香港にも２、３週間以内に同じ製品を製造する会社が数十社出現するが、こうした会社は流行が去ると２、３週間のうちに影も形もなくなってしまう。これは、香港の電子事業界の「できるのも速いが、消えるのも早い」という会社のイメージをよく表わしているという。広東の民間企業は大部分がこれらの産業部門に集中しており、この表現は広東の産業上の特徴にもほぼ一致していると言えよう。

　上で見てきたように、敢えて世の中の先を行こうとする広東人と商売をするときは、できる限り新規軸を盛り込んで協力するよう留意し、ぐずぐずしてはならない。テンポが遅れると、第一に、チャンスを逃して商売に支障をきたす。第二に、調子を合わせることができなければ「歩調が違うと、勝利は得られない」結果になる。第三に、こちらの行動がスローでぼんやりしていると、広東人に先手を打ってチャンスを手に入れられてしまい、いつも彼らの後塵を拝する羽目になるのだ。

3、渤海商業圏（北京、天津、および河北の一部地区を含む）

まず、北京から見よう。

中国の首都北京は、政治と文化の中心である。このため北京商人は、役人と密着しているという大きな特色がある。「北京派」の商人は、普通は昔からの商人のほか役人出身者が多く、商売のあり様を権力の移転と称されるされることが多い。北京の市場は大きいとは言えないが、情報が豊かなために商売のチャンスが最も多い。権力と情報は「北京派」ビジネスの特色となっている[37]。

「北京派」商人は、様々な役職にある役人とつながりを持つ者もざらで、コネが多く情報も速い。彼らはビッグビジネスに熱心で、たやすく成功をつかむ者も少なくない。北京人にとって権力と金は非常に密接な関係にあるもので、権力があれば情報が入り、莫大な経済利益が得られる。このため、北京商人はあらゆる事を政治に絡めて着手する。彼らは政治に非常に敏感で、これを論じることは生活の一部分となっているため、世間では「北京商人は主義を論じ、広東商人は商売を語る」と言われる。商売以外で北京商人の頭の中にあるのは最も新しく完全な政治情報で、彼ら自身も政治に対する己の見解を持つ。また、北京商人は商談をする際、役人のように政治カードをちらつかせることを好むが、彼らの官僚至上主義的な文化から、商売相手の身分や地位をことのほか気にする。広東のある会社が営業担当者を北京の会社に遣ったところ、先方は彼が平社員と知ってひどくぞんざいな扱いになり、当然ながら商売は成立しなかった。北京人の性格を知った広東の会社が今度は取締役を遣ったところ、商談はスムーズにまとまったという。北京商人は役職を判断の基準とする意識があまりにも強いため、市場経済の流れの中では市場情報に敏感であるとは言えず、企業は投機的な影響を受けやすい。また、見かけにとらわれすぎていて、黙々と実行する精神に欠けている。北京人と商売をするときは、こうした官僚主義的な態度をしっかりと把握して、政治がらみの話題を持ち出したり商談の際にはできるだけ上層部の人間を出したりするなど、うまく活用すべきである。

北京商人は言語表現能力に優れ、話もうまい。彼らにとって話の内容はどうでもよく、どのように話すかなども気にしない。ただしゃべるだけでよいのだ。国家レベルに始まり、取るに足りない話題まで延々と話し続けるが、やはり興味があるのは政治である。したがって、北京商人と商談に入る前には、まず相手に政治について語らせるとよい。彼らは皆が政治に独自の見解と意見を持っており、この点が上海商人と異なる。北京と上海の企業家たちが一堂に会すると、

---

37 于文「各地商人性格深度剖析」[N] 中国経済報 2006年3月27日

北京の企業家は先を争って議論を戦わせ周囲をあっと言わせるような発言をする。一方、上海の企業家で弁舌爽やかな者は少ない。典型的な上海企業家の集まりにおいては、皆がスーツを着て革靴を履き、上品で礼儀正しく謙虚な態度で、話は節度をわきまえている。

　北京商人は場を盛り上げることを好む。彼らの多くは外国企業と商談をする際、話のうまい人間を連れて行き、まずは派手にその場を盛り上げる。北京は中国で最も影響力があり、最も権威のある高等教育機関と研究機関を有し、最も優秀で傑出した人材が集まっている。北京商人は、その豊かな文化的素養で、全国の商人文化をリードしているのだ。北京に新しく設立された民間企業の社長は、多くが若い世代で学歴も高く、修士号や博士号を取得している者も少なくない。知識人からビジネスマンへ転身したため、情報には非常に敏感である。ビジネス経験こそ乏しいものの、豊かな市場経済理論の知識を武器に、ビジネス社会の浮き沈みに数年揉まれた後に成功するケースが多い。知的水準が高く、現代の管理経営知識を身に付けた彼らは、北京の役人たちと幅広い付き合いがある。このため新しい世代の北京商人の多くは、小さな工場から身を起こした私営企業や個人事業者とは一線を画する。眼鏡をかけ、スーツと革靴に身を包み、ノートパソコンを持ち歩く者、自分の発明の商品化に取り組む者、ある政府部門をターゲットとする者、ある地域または企業のために策を講じる者など、彼らは皆、北京商人の花形である。このように文化的な雰囲気に包まれた北京商人は、文人気質で振る舞いも優雅、豊かな知識に加えて芸術的素養もあり、外国語にも堪能である。さらには生活にも多様性を求め、レジャーや生活の質にもこだわる。

　北京商人と商談をするときは落ち着いて、たとえ相手の話が退屈でも、それを顔に出してはならない。彼らの一席ぶちたい気持ちを満たせば、こちらは一段と成功に近付けるからである。北京人と商談をする際、会ってすぐに本題に入ろうとしても、そうはいかない。ビジネスを含め、ある事柄についての考え方で共通点があれば、彼らはこちらを親しい友人とみなし、商談がまとまるだけでなく終生の友にもなり得る。

　北京は街全体が素朴で飾り気がないが、これはビジネスでも同様である。北京商人は一般的に誠実で、相手を騙すこともあまりなく、君子のような風情がある。北京商人は人付き合いで、相手を知っているかどうかに関わらず誠実に接するため、互いに騙したり警戒したりはしない。各地から北京に来た人は一様に同じ感覚を抱き、北京人との付き合いに安心感を覚える。生粋の北京商人は首都の人間としての優越感から地方出身者を軽視する傾向があるかもしれな

いが、騙すことはしない。彼らは誠意を重んじるのだ。例えば「同仁堂」という、中国医薬品業界のスーパーブランドがある。同仁堂は350年余りの星霜に様々な挫折を経験しつつもたゆまぬ努力を続け、各国の医薬品会社が競って中国に進出する中において経営規模を拡大し続けている。同仁堂が繁栄を保っている秘訣は「仁徳誠信」にある。彼らは薬の分量を減らしたり偽物や粗悪品を売ったりしないという商売上の原則を自らに課し、また、購入量の多寡に関わらず全ての顧客を平等に扱っている。

　北京商人の人間関係は最も「人情味」があり、中国の伝統的な観念「礼を受けたら返礼すべし」に従っている。伝統的な北京の四合院では、血縁関係のない家族複数が同じ場所で互いに面倒を見、喜びや悲しみを分かち合い、友好的で親密な人間関係を築いて生活する。このようなライフスタイルを通して育まれた人情が代々伝わることにより、安定した精神文化を形成しているのだ。現在の北京は高層ビルが四合院に取って代わってはいるが、新たな要素を加えながらも人情は引き継がれている。

　北京商人の間では彼我の境界が曖昧で、集団行動で何かを割り勘にしたり、独り占めをしたりすることはない。それぞれの利益をカッチリと分け、細かくこだわるのはケチで自分勝手だと感じているからだ。しかしそれ以上に、個人の利益にこだわりすぎて人間関係の調和を乱してしまうことを気にする。北京商人の多くは率直かつ豪放で、もてなし上手である。彼らは一方的に恩恵を受けることを良しとせず、最も親しい友人に対しても「礼を受けたら返礼すべし」という流儀を重んじる。恩に報わないのは君子とはいえず、北京人は恩知らずの人間を相手にしないからである。彼らとの商売は、上述の特徴を踏まえて人情味溢れるやりとりになるよう心がけるとよい。

次に天津商人を見よう。

　天津は東側が渤海湾に面し、北京から目と鼻の先という恵まれた地理的条件により、香港、上海に次ぐ中国沿海第三の貿易港として国際的な商業貿易都市となっている。天津には多数の民族が入り混じって住んでいる。歴史的に中国東北地方（旧満州）から華北に入る要衝となっており、人口の流動が大きい。この有利な条件のもと、天津商人は優れた商品経済意識を備えた。現実を見据え実務に励んで科学を尊び、競争力のある優れた品質を重んじるのだ。

　天津商人は伝統的に品質を重視する。「狗不理包子」は国内外に知られる店名だが、もとは無名の商人のあだ名であった。この店の包子（中華まん）は、独特のおいしさで話題になった。その名は当時の西太后の耳にも入り、彼女は家臣に買い求めるよう命じた。西太后がこれを宮中で食して絶賛したことから評

判はさらに高まり、広く世に知られるようになったという[38]。

　天津商人は柔軟な発想の持ち主である。「天津桂発祥麻花」も有名な中国菓子の一つであるが、これも創始者が試行錯誤を重ねて作り上げた。製作過程で創始者は、「麻花」（訳者注：小麦粉を油で揚げたもの、かりんとうに似ている）が時間経過につれて味が落ちてしまうため、解決策を考えていた。あるとき、小麦粉の材料が大量に余ってしまい、捨てられずにいた。翌日、小麦粉は発酵していたがとっさに閃くものがあり、これに小麦粉をまぶして油で揚げてみたところ、出来上がった麻花は思いのほか美味で、時間がたっても味が変わらなかった。以後、彼の「麻花」は誰もが知るところとなり、次第に天津の名物菓子の一つになった。

　天津は北京から非常に近いため、儒教文化の影響も色濃く残している。天津商人の多くは学者然として実利主義に走ることなく、勤勉で仲間を大切にし融通が効く。天津商人には外交家の聡明さ、実業家の執着心、芸術家の繊細さ、政治家の責任感が全て備わっている。

4、山東商業圏

　山東省は孔子生誕・儒教文化発祥の地であり、山東人は儒教文化の影響を最も強く受けている。山東人と聞いて多くの中国人が思い起こすのは、『水滸伝』に登場する梁山泊の108人の豪傑である。彼らは堂々たる体躯で牛飲馬食し、性格は豪放磊落、約束は必ず守った。事実、山東人の実直で人情深く飾り気のない性格は、『水滸伝』の英雄豪傑たちに通ずるところがある。彼らに接したり、付き合いがあったりする外地人は、山東人を「実直で寛容、質素で飾り気がない、熱意があり率直、誠実でさっぱりしている、善良で思い遣りがある」と評している。したがって、山東商人との付き合いで騙される心配は無用だろう。この実直な性格は、彼ら自身の言葉を借りれば「嘘偽りがない」ものだ。

　山東商人の商売は良心に背かないことを最優先とし、友人に申し訳の立たないことをしないことがそれに次ぐ。商談をする際は、たとえ自分が損をするとしても互いの友情を重んじる。ただし、彼らは相手の詐欺行為や「仁義」を欠く行為は決して許さない。

　山東商人の一番の特徴は酒に強いことで、その飲みっぷりはバッカスが乗り移ったかのようだ。山東省は酒の生産量と消費量がともに多く、酒の種類やブランドも多様で、テレビも酒のCMだらけといった具合に、酒を飲むことが山東人の一番の楽しみとなっている。バイジョウや強い酒を嗜むことは生きるこ

38　龍玉浩『開埠通商與近代天津商人』[M] 天津古籍出版社 2004年8月版

とそのもので、衣食住と同じく欠くべからぬものである。飲酒は山東省土着の文化的習慣であり、酒なしでは物事は成功せず、飲めば万事がうまくいくと言われる。一般の山東人の交際では酒が人々の仲を取り持つが、これはビジネスの場でも同じである。山東商人にとっての「できる人」とは、酒が飲める人であり、飲めなければビジネスはできないとさえ言われる。商談や用事で山東省を訪れると、彼らは事務室では雑談や通り一遍の話、堅苦しい挨拶をするだけで、本題は全て酒の席に持ち越される。したがって、山東商人と商談をするときには酒がなければ興ざめとなる。感情的な交流、利害関係など、全ては小さな杯の中にある。酒の席で客を酔い潰すことができなければ、山東のホストは自分のもてなしが不十分であったと感じ、申し訳ない気持ちでいっぱいになる。酔い潰れた客が多いほど主人は面目を施すのだ。戯れに、山東の経済は酒の海を漂い、山東商人は船乗りであると言われるほどである。

　義理人情に厚いのも、山東商人に典型的な特徴である。1992年に国内外の記者を集めて開かれた記者会見で、台湾から来た記者が山東省委員会の書記に、投資に乗り出した台湾企業をどのように保護するのかと尋ねたことがあった。当時の山東省委員会の書記姜春雲氏は気前よく「山東は政策、法律の面で台湾企業の投資を保護します。我々は義理人情に厚く信用を重んじるので、友人に申し訳の立たないことはいたしません」と答えた。山東省委員会の書記が山東人の性格を宣伝したことで、彼らの義理人情を重んじる気質が広く知られることとなった。

　山東商人の苦労を厭わない精神もまた、世に広く知られている。二千年以上前に、孔子は弟子を連れて各地を回り儒教を教え、定まるところのない漂泊の生活を送って常人には耐え難い苦しみを味わったが、これこそ苦労を厭わない山東人の代表である。彼らは苦をもって楽しみとする、一種の「苦行主義」者である。改革開放後、山東の経済が大きく変わったのは山東人の刻苦勉励によるところが大きい。中央の特別政策や優遇措置を受けていない山東省の唯一の強みは、自らの刻苦勉励の精神である。苦労を重ね、黙々と努力することで、一躍中国の経済大省の座に就いたのだ。また、山東商人は苦労を厭わないが、敢えて危険を冒すことは稀である。

　これらは、孔孟の故郷という地縁によるものかもしれない。山東商人は非常に伝統を重んじ、血統を大切にする。郷土愛が非常に強く、同郷のよしみで話がトントン拍子に進む。したがって彼らとビジネスをし付き合おうとするならば、立派な態度で、豪快かつ義理人情に厚く、信用が置けるようにするべきだ。友達甲斐があり、義を重んじて利には淡白、なおかつ少なくとも表向きは金や

財物を重くみていない態度を示せば、彼らはこちらを友人と見なし、協力関係を築くことができる[39]。

5、福建商業圏

福州を中心とする福建商業圏は、改革開放の最前線にあったことから中国市場で最も活発な商業圏の一つとなった。福建南部の海辺にある泉州は、千年以上前から広く知れわたった港であり、閩南人の商売もこの地から始まった。閩南地区は人口の割に土地が狭く、農業だけでは生計を立てられなかったため、閩南人は幼くして外で商売を学んだ。彼らの多くが海外を目指した結果、新中国の成立後、泉州は華僑の故郷としても有名になった。帰国した商人たちが一様に大金を携えて戻ってきたため、閩南人にとって外国へ行って商いをすることが最良の職業選択となった。閩南には昔から商売人が大変多く、商業が彼らの主要な生業である。

閩南人は、商品経済の意識と市場観念が極めて強い。

石獅は元々泉州の海辺にある目立たない小さな鎮であったが、改革開放以降、全ての中国人が石獅人の「チャンスを捉え、当たって砕けろと」いう精神に憧れの念を抱いた。現在、石獅は全国最大規模の有名な服装市場であるが、石獅人の「一着の服で天下を遍歴する」という経営戦略により、彼らの財布は大きく膨らんだ。こうして大きな成果を挙げた後、彼らは知識を重視し、技術者を高級で迎えて科学技術を発展させ、子どもを留学させることがブームになった。

商をし、会社を興して社長になるのが閩南人の価値基準であり、最初に選択する職業である。閩南人は市場の状況を把握するや、直ちに工場を立ち上げる。貯金を好まず起業を志し、守銭奴にならない。金儲けもある種の満足感が得られるが、最大の満足は起業のプロセスにある。彼らはホームグラウンドで工場を立ち上げてから外を目指す。外の世界はいっそう魅力的に映るため、今ある世界に陶酔することはない。

閩南人は「当たって砕けろ」の精神を好む。閩南には『愛拼才会瀛』（必死になれば勝てる）という閩南人なら誰もが知っている歌がある。ほとんど全ての人が歌えるため、閩南の誇らしい「国歌」とされている。「拼」（必死に頑張る）、「瀛」（勝つ）というこの二つの言葉は、閩南人の開拓精神と、危険を冒してでも敢えて突き進もうとする精神をよく表わしている[40]。

39　陳楓『水煮商人―各地商人性格経商技巧全記録』[M] 中央編訳出版社 2004 年 5 月版
40　陳楓『水煮商人―各地商人性格経商技巧全記録』[M] 中央編訳出版社 2004 年 5 月版

第3節 中国製造業の発展状況と区域分布

　製造業とは、原材料（採掘業で扱われる鉱物および農産物）を加工や再加工するものと、部品製造組み立て工業の総称で、採掘業と公共事業を除き全部で29の業種がある。世界の製造業における主要な国は第一にアメリカ、次いで日本であり、中国は2003年にドイツを抜いて第3位になった。現在、中国は工業化の真っ只中にあり、製造業がGDPに占める割合は高く、中国最大の産業で国民経済に欠かせないものとなった。統計によると、中国の製造業の増加値は工業産業の78％を占め、従業人口は82％、国内総生産の40％、財政収入の50％を製造業が占めている[41]。製造業の輸出は中国の対外輸出の91.2％を占め、製造業が外国企業から実際に受ける投資額は全外国企業による投資額の70％をカバーする[42]。

　中国がゼロから始まり、製造大国となったことは誰もが認めるところである。衣類、靴、帽子を皮切りに、様々な製品を絶えず世界中に輸出してきた。オートバイ、家電のような大型製品からライター、傘といった小型のものまで、世界のあらゆる地域に「メイドイン・チャイナ」が浸透している。競合相手は「中国プライス」に二の足を踏む。「中国人が作ったものには手を出すな」[43]という言葉は、当世の製造業の姿を浮き彫りにしている。次の表1からも、中国製造業の強さが分かる。

表1　中国大陸が世界生産量トップを誇る規模の製品製造能力

品名	生産規模	世界市場占有率	品名	生産規模	世界市場占有率
カラーテレビ	3936万台	29%	ラジカセ	2.4億台	70%
洗濯機	1443万台	24%	VCDプレーヤー	2000万台	70%
冷蔵庫	1279万台	16%	電話機	9598万台	50%以上
エアコン	1827万台	30%	モニター	4500万台	42%
扇風機	7661万台	50%以上	時計	15億個	75%
カメラ	5514万台	50%以上	モーター	30億台	60%
電子レンジ	1257万台	30%	使い捨て電池	170億個	40%
電気炊飯器	1355万台	―	構内交換機	3000万式	―
掃除機	1010万台	―			
ガス換気扇	366万台	―			
自転車	4270万台	99年約40%	ミシン	865万台強	50%
オートバイ	1153万台	44%	トラクター	210万台	83%

第4章 | 中国の商業文化、投資環境と製造業の発展

| 人造ダイヤ | 10億カラット | 60%以上 | 太陽熱温水器 | 600万㎡ | ― |
| Nd-Fe-B系永久磁石 | 5360トン | 43%以上 | コンテナ | 153万TEU | 83% |

中国機械部常務副部長陸燕蓀氏が清華大学経済管理学部にて行った講演《中国製造業の現状と未来の展望》による。http://www.jjbk.cn/qyjj/cyjj/gyjj/200406/8699.html

　経済産業省の調査によると、中国製オートバイは世界生産の43%を占め、パソコンキーボードは39%、家庭用エアコンは32%、洗濯機26%、カラーテレビ23%、化学合成繊維21%、冷蔵庫19%であった。また、日本経済新聞が16の製品について行った調査では、DVDプレーヤーをトップに8種類の中国製製品が生産量世界一であった。韓国のコリア・ヘラルド紙は、中国がすでに韓国に代わって工業製造の地域的大国となり、国際市場ではエアコンの2台に1台が中国製であること、テレビと洗濯機もそれぞれ1/3、1/4を占めること、ほどなく全ての重要な工業領域でソウルを追い越すであろうという記事を掲載している[44]。

　地域、産業、市場、企業などの観点から分析すると、中国製造業の構造には以下の主な特徴がある[45]。

　1、製造地区の発展は一定規模になったが、地区内の製造業付属施設はまだ完全とは言えず、規模の経済が十分に活用されていない。また、東西で格差が見られる。

　2、製造業が三つの部分から成る。一つは軽工業、紡績業、日用品製造を含む軽工業で、全体の1/3弱、製造業の約30.24%を占める。もう一つは資源加工分野で、これには石油化学工業、ゴム、非金属、金属精錬等が含まれ、約33%を占める。これは製造業生産量増加分の1/3である。三つめは機械や電子機器製造業を中心とした機械電子加工で、約35%を占める。上記三部門の中で、資源加工業製品は全て国内で使用され、軽工業と機械、機械電子加工製品の約半分は国外向けである[46]。

　3、市場構造の多元化。これまでは国内市場が圧倒的優位にあったが、現在では国内外の市場が足並みを揃えて発展している。国際市場の開拓が中国製造業に発展の場を与え、様々な産業および製品の国際競争力が増したことも、中国が世界の製造業の中核となる可能性を強く後押ししている。

41　中国製造業ＥＲＰ啓示録　2007.06.07
42　劉羊旸・張暁松「全国外貿出口逾九成来自制造業」(データ)[N], 国際金融報2005年3月21日
43　馮幸平「只要中国人做了其他人就不要再做了[J]『新智嚢』2007年6月
44　劉国宏「未来20年、中国経済応将如何増長?」価値中国網 http://chinavalue.net/article/35802.html
45　向杰「聚焦製造業：科技創新給"中国製造"帯来什么?」[N] 科技日報2003年3月24日
46　徐匡迪「中国製造業的現状与面臨挑戦」http://www.51report.com

4、企業形態の多様化。規模の面からは、小規模企業が数の上では絶対的優位にある。生産額では大型企業とは大差ないが、中規模企業より上回っている。所有権の面では、国有、民営、外資の三つに大きく分けられるが、民営企業と外資企業は中国の製造業発展の主要な原動力となっており、対外貿易に大きく貢献している。国有企業は経営体制と管理体制に若干の問題があり、最大限に力を発揮できていないが、規模と基盤による強みを活かして合理的な改革を実施すれば、中国製造業の発展を促す力となろう。

5、製品については、中国製造業はそれぞれの強みで互いを補い合って作る初級製品の生産、OEM製品の生産、オリジナルブランドの生産という3種類の生産方式があり、全てが一定の規模と数量を保っている。

このほか地域分布に目を向けると、現在のところ珠江デルタ、長江デルタ、環渤海湾が世界でも重要な地位を占める地域的な製造センターとなっている。中国製造業はこの三大勢力が肩を並べているが、同時に中部地区と東北地区も台頭してきている。

1．珠江デルタ地区

珠江デルタとは、広東省の深圳、東莞、広州、珠海、仏山、江門、中山の市と恵州、肇慶が管轄する主要な地区を言う。

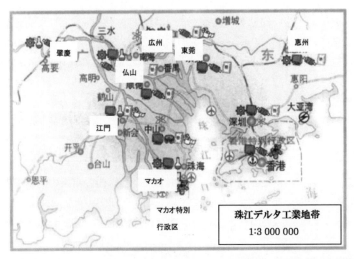

珠江デルタは最も早い時期から改革開放が進んでいたことに加え、香港、マカオからも近い。このため、外資の利用や輸出の面で他の地域に先駆けて発展した。統計によると、珠江デルタの土地面積は広東省の約23％に過ぎないが、

経済総量では広東省全体の 80％に達する[47]。世界経済の大きな構造調整と産業の大規模な移転に伴って、21世紀の初めに珠江デルタは世界の生産基地となった。2006年には当該地区の GDP（国内総生産）総額 2.2兆元、成長率は 20％に達した。また、珠江デルタは全国の土地面積の 0.43％で全国 GDP の 10％を稼ぎ出している。「珠江デルタ地区改革発展計画綱要（2008－2020年）」によると、珠江デルタ地区は 2012年にはまず全面的な小康社会（ややゆとりのある社会）を築き上げ、2020年には近代化を基本的には実現させる。そして都市と農村における収入レベルは 2012年の倍に、望まれる平均寿命は 80歳に達するという内容が、それぞれ計画に盛り込まれている。

　この区域の主要製造業は通信機器、家電製品であり、多くの地域の中核として優れた産業群を作り上げている。現在は、東莞が機電製品と IT 事業による産業群を形成しており、中でも機電製品は 60％以上を占め、市全体で 1 千億元を超える輸出額のうち IT 事業がほぼ半数を占めている。「家電の都」順徳は家電製品の生産・販売量が全国総量の 15％以上を占めており、冷蔵庫、エアコン、電子レンジ、扇風機、炊飯器、燃焼設備では、全国そして世界においても、生産・販売のトップである。企業でば、格蘭仕（ギャランツ）グループが世界最大の電子レンジ生産拠点となっており、世界の市場で 35％近いシェアを占めている。

2．長江デルタ

　長江デルタは、広くは上海、江蘇、浙江の 2 省 1 市を含む長江下流の地区を指し、上海、無錫、蘇州、揚州、南京、南通、常州、鎮江、泰州、寧波、舟山、杭州、紹興、湖州、嘉興、台州の 16 都市が含まれる。

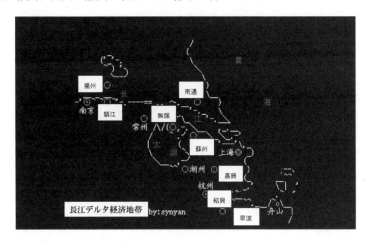

47　珠三角如何走向未来？［N］『人民日報海外版』2003年4月2日

長江デルタは位置的な競争力[48]で他をリードしており、民営経済が非常に発達している。中国最大の総合製造拠点として製造業の生産額は全国の約1/3を占め、利益では全国の約4割を占める。また経済総量では全国トップで、全国に占める陸地面積の割合は2.1％でありながら全国の21.7％に当たる国内総生産を生み出した。

上海は、長江デルタで最大の経済力を持つリーダー的存在であり、経済、産業配置の中心である[49]。上海を中心とする都市群は、いまや、自動車、機械、造船、鋳型などの製造拠点となっている。上海の経済成長の影響を真っ先に受けた地域は、蘇州、無錫、杭州および寧波である。この一帯は第三次産業の比率が高くて郷鎮企業が発達しており、当地経済の支えとなる財源、税源となっている。二番目は南京、嘉興、紹興、常州、鎮江である。この一帯は工業の発展がめざましく、主に機械、電子関係が発展している。第三の揚州、南通、湖州、舟山は郷鎮企業の発展がやや遅れて第一産業の比率が高いことから、産業構造の水準は多少低い。

現在の長江デルタは、工業化段階の中期から後期にある。経済発展の原則から見ると、今後数年間で都市化がさらに加速するものと予測される。10年以内に長江デルタは地域経済発展の重要な成長ポイントとして、また、アジア太平洋地域の経済発達地区の一つとして、国際競争力の高い輸出志向型経済のモデル地区となるであろう。

3．京津唐環渤海地区

京津唐環渤海地区は「大北京経済区」とも呼ばれ、北京、天津および河北の唐山、保定、廊坊の都市が管轄する「京津唐」と「京津保」の二つの三角地帯および近郊の承徳、秦皇島、石家庄を言う。

ここ数年、京津河北地区は良好な経済発展を見せており、2008年の総GDPは2.98兆元で全国総GDPの9.1％を占めた。スタートが遅かったため、経済発展および実力は長江デルタ、珠江デルタよりかなり劣るものの、成長を見るならば今後はこの2地域に比べて大いに伸びるであろう。現在、京津河北地区はますます活発な東北経済区の中心地であり、中国とユーラシア大陸をつなぐ東側の起点である。さらに、特色あるハイテク産業地帯を形成しており、中国

48　沿岸と沿川が交差した位置にあり、東部沿岸は大きな経済地帯で、長江沿いもまた、大きな経済地域である。長江デルタはちょうど両者が交差する場所にあり、これが地理的に有利に働いていることを指している。
49　陳維「我国三大都市圏的発展及功能定位分析」http://time.dufe.edu.cn/ 2004年4月20日

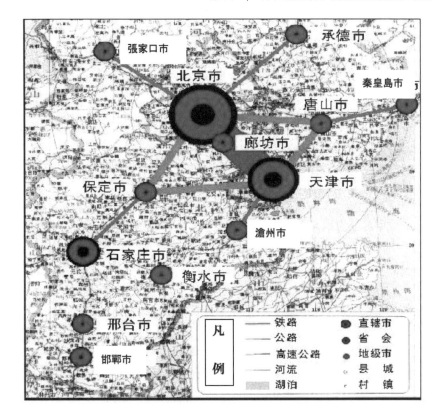

ひいては世界的にも都市、工業、港湾が最も密集した地域の一つとなっている。国際経済が一体化し、その重心が絶えずアジア太平洋に移る動向の中、近年行われた地域間の整理統合により底力を見せ付けている。

　例えば、北京や天津は中国で最も科学研究力がある地区で、北京にある重点大学の数だけで全国の1/4を占め、天津も30以上の高等教育機関と国家クラスの研究センターを保有していることがまず挙げられる。

　次に、安く質の高い労働力が産業発展の要求に応えられる点だ。天津の労働者は100％が初等教育を受けており、技術者の85％以上は大卒である。

第三に、集約された競争力の高さも顕著な特徴であること。中関村（訳者注：中国のシリコンバレーとも称される地域）やオリンピック村ができた背景には、これらの地が首都特有の政治文化を備えていたことがある。

　また、この地区は北方沿海の開放の中心、金融の中心、および在来工業基地としての優位性を見せつつあり、整備された通信インフラと在来の産業はIT事業発展の大きな支えとなっている。全国最大の電子情報産業、科学研究、貿易、

生産の基地である北京中関村地区には、ソフトウェア開発や情報技術に携わる優秀な人材が集まっている。モトローラ、HP、パナソニック、マイクロソフト、富士通などの大手多国籍企業は、いずれも北京にR&Dセンターを置き、新展開のための力を蓄えている。モトローラ、サムスンは天津開発区にも進出しており、すでに相当の生産規模を備え、影響力を拡大している。

4．中国中部地区

中国中部地区には山西、安徽、江西、河南、湖北、湖南の六つの省が含まれ、中国経済の後背地として総合的な運輸網の中心となっている。

上海などの主要経済地区が産業転換するに伴い、中部地区でサービス業が拡大したため、製造業もこれに呼応して同地区に移動しつつある。中部は農業が主軸の省が集まっており、人口も多く労働力に恵まれ、製造業への転換に適している。

5．中国西部地区

中国西部地区には四川省、雲南省、陝西省、甘粛省、青海省、貴州省、内モンゴル自治区、広西壮族自治区、寧夏回族自治区、新疆ウイグル自治区、チベット自治区、重慶市の6省5区1市があり、GDPは全国の約18％を占める。

西部の産業発展で大きな優位性を持つのは天然資源である。西部はエネルギーに大変恵まれており、天然ガスと石炭の埋蔵量はそれぞれ全国の87.6％、39.4％を占める。全国で探査される156種類の鉱物資源のうち、138種類が中、西部に存在する。また埋蔵鉱物資源の潜在価値総額は61.9兆元に達し、これは全国総額の66.1％である。さらに西部地区には広大な土地資源があり、その面積は全国の71.3％を占め、利用されていない土地は全国の80％、耕地の予備資源は全国の57％となっている。一人あたりの耕地面積は2ムー（訳注：1ムーは約6.67アール）で、これは全国平均水準の1.3倍である。西部の草地面積は全国の62％となっている。このほか、西南部は生物資源が非常に豊富であり、水資源は全国の70％を占めている。

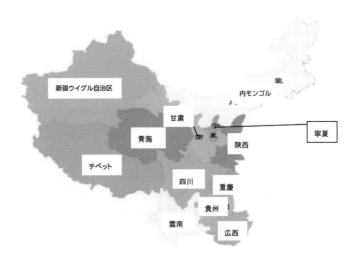

これらの条件に応じて、西部地区で比較的優勢な産業は、資源採掘型と資源加工型に集中している。一方、資本と技術が集約された産業と市場競争力では劣勢である。改革開放以降、西部各省の製造業が全国の製造業に占める比率は減少を続け、工業化の水準では東部との格差が広がる一方である。西部の産業構造は合理的とは言えず、これが主に大型、原料型の工業構造のゆがみ、未熟な所有制構造、不均衡な発展を続ける第三次産業の構造に現われている。

6．東北地区

東北地区には遼寧、吉林、黒龍江の三省が含まれる。

東北地区は、中国の重要な工作機械など資本財や大型装置の製造拠点である。改革開放以降、珠江デルタと長江デルタの工作機械などの資本財産業は相次いで中国経済で最も活力のある地区となった。一方の東北地区は、体制とメカニズムの二重の足かせのために構造調整が遅れ、企業の負担は増加、市場の競争力は低下するなど就労面での矛盾を露呈している。

産業構造の面では、東北三省は重工業に偏重しており、軽工業は二の次という大きな特徴がある。製品構造では、長年にわたり資源開発と製品の一次加工に携わってきた東北の工業経済が、複雑製品の製造と一次製品の加工を同時に重視したため、最終製品が少なく中間製品が多いという結果になっている。例えば遼寧省では最終製品が不足し、かつ製品の付加価値が低いことから経済利益の低下を招いている。また、瀋陽、ハルピン、長春、大連などの都市の工業は在来製品が多く、新製品やハイテク製品が少ないため市場競争力が弱い。

東北の資本財産業の中でも重要な大型装置を生産する製造業は、現在でも産業、科学研究、技術者などによる基礎的な技術コロニーとしての強みと産業的実力を備えている。例えば遼寧省の工作機械は全国の11％、吉林省の自動車は全国の11.5％、黒龍江省の大型火力発電設備と水力発電設備は33％と50％、東北3省の送変電設備は40％のシェアがあり、国家経済の安全を保障する重要な役割を担っている。

世界の製造業が新たな転換期を迎えるという歴史的チャンスを捉え、中国政府は東北の在来工業拠点が国の近代化建設においてより重要な役割を果たすよう、振興戦略計画を策定した。中国、ひいては世界の資本財産業と原材料生産の工業拠点とすることが目的である。これを突き詰めると、東北の振興が成功

するか否かは、在来工業拠点の強みを正しく理解することと、今後優位な発展戦略を原則として守り、東北の産業、製品、および技術構造を確立できるかどうかにかかっている。現在の優位にある産業基盤の利用、発展方向の正しい選択、全体的な競争力の強化により、東北地区は珠江デルタ、長江デルタ、環渤海地区に続く四番目の大経済区になれるであろう。

世界で最も人口が多い途上国である中国にとって、製造業は極めて重要である。中国は、地理的に有利な小国のような中継貿易や観光業による経済発展は望めず、先進国のように全面的にサービス業へ移行することもできない。製造業は情報化により工業化を活発にし、工業化により情報化を推進することを目指すべきである。また、科学技術に強くて高い経済効果を実現しつつ、資源の消費と環境汚染が少ない方向で効率的に人材を活用し、新しい工業化の道を進むべきであろう。

第4節 中国製造業の強みと弱み

中国製造業を全体的に見ると、生産段階では比較的強いと言えるが、研究開発、製造技術および販売の領域では競争力に欠ける。中でも価値の源泉とも言える研究開発、製造技術が最も弱いため、中国製造業は「両端が弱く、真ん中が強い」と言われる。また全体的には優勢だが[50]、競争においては劣勢である[51]。強い業種はアパレル産業、家電製品、オートバイなどで、やや優位なのは化学繊維、通信設備、鉄道輸送設備等の製造である[52]。

中国における製造業の競争能力には次のような特徴がある。

1、廉価な労働力と、豊富な人材を擁する。

優れた労働力と市場は、根本的な強みとして中国製造業の発展を推し進め、製造業の台頭を可能にする基礎体力となっている。中国の平均的な賃金水準はアメリカの1/50、ヨーロッパの1/40、日韓の1/35である。シリコンバレーの熟練したソフトエンジニアの年俸がおよそ20から30万米ドルで、アイルランドでは8－9万米ドル、インドは4－5万米ドル、中国は2－3万米ドルだ。肉体労働者であれ、頭脳労働者であれ、基本コストは比較的低い[53]。さらに、中国の二元的な経済構造と地域格差により、この低コストは今後10年から20年間は維持される見込みであるという。2004年にIMFがアジア国家および地

50　資源面での優位さ、労働力コスト、生産能力と市場潜在力などの指標を含む。
51　研究開発能力、製造水準、ブランドおよび付加価値構築能力などの指標を含む。
52　向杰「聚焦中国製造業：中国製造業"両頭弱中間強"」[N] 科技日報2003年3月24日
53　徐匡迪「中国製造業的現状与面臨挑戦」http://www.51report.com

域について製造業に対する労働報酬を試算したところ、1週間当たりの労働報酬は中国製造業が一番低かった。最近では中国の労働力コストは上がっているものの、普通産業の労働者雇用については、単位当たり労働コスト上昇率はさほど顕著ではない。このため、廉価な労働力資源がほぼ無限にある点で中国はまだまだ優勢である。

コストが低いことに加え、中国の労働力は質が高く、さらなる向上を続けている。義務教育の普及と大学の学生募集規模拡大に伴って、中国では毎年150万人以上の理工系大卒者が労働力市場に供給される見込みである。技術者の数という優位性により、中国は労働集約型と技術集約型を合わせた領域で強い競争力を持つ。現在のところ、労働力全体の質と製造業発展上の実際のニーズは合致している。中国は大卒者の割合はさほど高くはないが、中卒以上の学歴を有する人口は6億人を超えているため、充分な労働力が供給でき、かつ製造業が発展する際の需要にもマッチしていると言える。

2、産業体制が比較的整っている。

中国製造業は程度の差はあれ様々な製造部門が発展しており、ハイテク産業と在来産業が共に発展する良好な状態にある。中でも電子、通信、紡績などの重点産業は「点」と「面」の関係のように互いが効果的に統合されている。一部の地区には新興の産業と企業グループが出現しており、製造業は優位性のある地区に集中するという特徴が見られている。江蘇の昆山、浙江の義烏、広東の順徳などには同じ業界の企業が集積しており、中小企業は専業化と分業を進めることで、生産規模の拡大と原価の引き下げを可能にしている。

3、細かい分業でスケールメリットが高い。

中国製造業における内部分業は世界で最も細かく、規模の経済性をいっそう高めている。温州の靴製造業では、革靴1足の加工に必要なもの全てに、専門のメーカーがある。パーツ1枚、立体部分、底をそれぞれ専門に作り、これら全てを最後に1足の靴に仕立てるといった具合で規模の経済性を引き上げた [54]。

4、日を追ってインフラが整い、工業に附帯する条件も良好である。

数年に及ぶ財政拡大政策の下で大量の資金がインフラ整備に投入され、製造業の発展に必要な条件が整った。これまで製造業の発展でネックとなっていたインフラの不備がほぼ解消され、現在の中国はエネルギー、交通、通信、工事、および設備の設置などの面で製造業に充分な保障を提供できる体制が整っている。ごく一部のハイテク設備とハイエンドの電子部品を国外からの輸入に依存

---

54 馮幸平「為何中国成中心製造業競争優勢与創新模式」http://www.cbismb.com/

しているほかは、中国の製造業発展に必要な装置・設備の大部分が国内で製造されており、調達費用と生産原価を引き下げている。

5、広大な国内市場を有する。

中国は、ある特定製品の生産大国であると同時に消費大国であり、今後需要が見込まれる市場はまだまだ存在する。各種家電を例にとっても中国は生産大国であり、消費大国でもある。この点について、国際市場を拠り所としている大多数の中小の途上国とは比べものにならない。中国国内の内需レベルは今のところまだまだ低いが、拡大の余地がある。中国経済は毎年平均7％から8％の速度で成長しており、今後の国内市場も急速に拡大するものと見られる。大きな国内市場は製造業の規模の経済を形成し、さらに業界内の原価引き下げと技術の進歩を促すことが可能である。

6、中国企業は柔軟性に富む生産能力を有している。

「メイドイン・チャイナ」は柔軟で高い生産能力を持ち、臨機応変である。中小企業に代表される製造企業は、市場と顧客のニーズに応じて迅速に生産方法の改新を図り、大量受注を速やかに仕上げてしまう。優れた生産能力が生産効率を高めてコストを抑制するため、グローバル化を睨む多国籍企業のニーズをうまく満たしている。

中国製造業は以上のような強みを持っているが、同時に世界の先端レベルには程遠い部分もある。以下、そのいくつかを見てみよう。

1、労働生産性が低く、エネルギー消費が大きい。

中国製造業の労働生産性はアメリカの4.38％、日本の4％、ドイツの5％強にとどまる。これに加えてエネルギー消費が大きく、汚染が深刻である。製造業のエネルギー消費は全国の一次消費の63％を占め、特定の製品を製造するのに消費されるエネルギーは世界レベルより20％から30％多い。

2、品質競争力の伸びがアンバランスで、産業構造がいびつである。

中国製造業における各業種の、品質面での競争力は明らかにバランスを欠いている。通信、機械、石油化学、紡績、医薬品、食品、印刷など29の業種のうち、7種だけが競争に耐えうる品質を保つとともに、安定した強さと潜在能力を備えており、競争力指数も高いレベルにある。技術・資本集約型、または集中度の比較的高い産業の品質競争力は明らかに優位となっている。逆に、労働集約型産業、また集中度の低い伝統産業の品質競争力は比較的低い。国家の競争力の中心を担う工作機械・装置など生産財産業の中国における比率は26％で、先進国に比べて10％低い。製造業の付加価値率と利潤率はともに低く、付加価値率は26.23％でアメリカ、日本、ドイツに比べてそれぞれ22％、22％、11％

低い。輸出品は労働密集型か、さほど技術を必要としない製品が中心である。品質競争力を省別に見ると東部がトップで次いで中部となっており、西部は遅れをとっている[55]。11の省の経済発展が勢いよく続いているが、品質競争力で強いのは、順に江蘇、福建、上海、広東、北京、重慶、天津、浙江、遼寧、山東、四川となっている。

3、新技術、新製品の研究開発能力が不足している。

中国の製造業は研究開発能力が不足しているため、基本的な技術と重要な装置・設備は先進国に頼るところが大きく、一部の主要部品（チップ、集積回路、自動車電子部品など）では輸入依存度が極めて高い。

4、生産経営規模の格差がある。

中国は国際的ブランドを有する大企業に乏しく、2003年になってようやく製造型企業である中国一汽集団が世界の大企業500社にランクされた。

第5節 中国は「世界の工場」になれるか

ここ数年、中国が「世界の工場」になるとささやかれているが、実際はどうなるだろうか。

歴史的には、これまで「世界の工場」と称されたのはイギリスのみであり、アメリカと日本は「世界経済成長の重心」と呼ばれていた[56]。イギリスが「世界の工場」の地位にあるということは、イギリスが世界各国の工業品の主要サプライヤーであり、各国はそれぞれイギリスの原料供給地となっていることを意味する。19世紀中頃に工業革命が終わりを告げ、機械による大規模工業が普遍的になるにつれ、イギリスは紡績業、石炭採掘業、錬鉄業、機械製造、海運業で、世界の工場および貿易中心地として確固たる地位を築いた。イギリスの工業は1760－1820年に23倍の成長を遂げ、国民所得は10倍、輸出入額では7倍以上の増加を見せたが、人口増加は3.5倍にとどまった。19世紀前半の70年間は世界人口の2％程度に過ぎないイギリスが、世界の工業生産の1/3から1/2、貿易額の1/5から1/4を掌握していたのである。

また、アメリカでは空前の規模の鉄道建設が、工業と交通に飛躍的な発展をもたらした。1860年のアメリカは、製造業の総生産額がイギリスの2倍となり、欧州諸国の合計額の1/2となった。その後、アメリカの工業は長期にわたり世界トップを維持し、1913年の工業生産量はイギリス、日本、ドイツ、フランス

---

55 邱暁華「中国製造業質量競争力発展仍然不平衡」中国新聞網
56 歴史上的世界工場 http://club.china.alibaba.com

の四カ国の合計と等しく、全世界の 1/3 以上となった。

　日本の経済成長は、製造業の成長と密接に関わっている。1965 年から 1971 年の日本の主要製品の生産量が世界の生産量に占める比率は、鉄鋼 54%、造船 54%、自動車 46%、電子機械中の民生用製品 90% であった。1980 年代中期には、新興の半導体産業が技術面でアメリカを超えて世界シェアの半分以上を占め、アメリカに続く新たな世界製造業の中心としての地位を獲得した。日本が新たな世界の製造業の中心となったのは、中心的な業種と技術分野での競争においてアメリカをリードしたことを意味し、これに取って代わったのではない。

　イギリス、アメリカ、日本の歴史的な経験を見ると、「世界の工場」と称されるには具体的に次の三つの条件が不可欠である。一つは、製造業の領域で企業群と一連の製品が世界の市場で重要な地位を占めていること。二つめは、これらの企業と産業が生産能力、開発能力、技術革新能力、経営管理水準、シェアで世界の同類企業と産業のリーダーとなり、世界市場において相対して独占できる地位にあること。三つめは、これらの産業と製品の存在や発展が、世界市場の需給関係、価格の動向、および今後の発展に直接影響を及ぼし、ひいてはこれを決定付けて、その国が工業製品を主体とする輸出貿易で世界のトップとして貿易大国になっていることである。

　以上の定義に基づいて中国製造業の現状を改めて見直すと、中国が「世界の工場」となる主要な条件として、以下の四つのマクロ要素を挙げることができる。
1、中国が GDP 8% 以上の成長率と輸出成長率を維持していること。
2、製造業が急速に発展し、主要製品の生産量が世界トップとなっていること。
3、WTO 加盟後、投資環境が改善され、投資領域がいっそう拡大したこと。インフラ施設や資源開発の一部などの一般的な競争業界にも外資の参入が認められるようになっただけでなく、多国籍企業による国有企業の買収や合併が認められるようになり、大量の外資が流入するようになった。
4、中国が経済成長を促す一連のマクロ政策を実施したこと。数年間連続して積極的な財政政策が実施されたことにより、今後のマクロ経済発展の良好な基礎が築かれた。

　さて、こうして並べてみたものの、「ネクタイ王」「ライター王」「カラーテレビ王」では世界の工場になれない。中国製造業の現状と「世界工場」の間には大きな隔たりがあり、これは主に次の三点による。
1、企業の規模が小さく、全体的に弱い。例えばオートバイ産業は、生産量では世界一だが生産の集中度が低い。企業は規模、実力ともに頼りなく、国際的な競争力を備えた大型企業がほとんどない。

2、技術水準が低い。中国の基幹産業である鉄鋼、電力、機械、石油化学工業、石炭等の業界の技術水準は国際的な先進レベルに大きく遅れをとっており、中核技術の開発と応用の能力は相対的に不足、ハイテク製品と高付加価値製品の多くは現在も輸入を必要としている。鉄鋼の生産を例にとると、1990年代末期に中国の鉄鋼生産量は世界トップとなったが、建築鋼材は質の低い製品が多く、大量の良質の鋼材や特殊鋼材を輸入に依存している。

3、イノベーション力が弱い。中国の大、中型工業企業の平均的な研究開発費が売上高に占める割合は0.6％であるが、世界の大企業500社は一般的5％－10％以上であり、電信や医薬等の業界では20％以上に達している。中国は自社で知的財産権を有する技術体系が整備されておらず、多くの業界で中核技術と設備をほとんど国外に依存している。

以上三つの要因により、中国の製造企業は絶対多数が国際的な分業という産業バリューチェーンの中・低ランクにあり、位置付けとしては「世界の作業場」または「加工基地」に傾いていると見るべきである。

中国が「世界の工場」となるのを阻害している主な要因は次の二つである[57]。

まず、取引コストである。中国製品は生産コストが非常に安く、さらなる引き下げには限界があるが、総費用のもう一つの構成要素である取引コストは高い。これは、市場制度が確立していない、経済活動が規範化されていない、経済行為者に誠実さが欠けているなどの理由による。このことは、各業界の発展に制約を与えている要因、すなわち、現在の中国で立ち遅れている各種の体制と経済発展のニーズの間にある不整合性を露呈している。

次は、資源面でのボトルネックで、長年にわたる粗放型の経済成長が資源の過剰使用を招いている。現在では、中国の鉱産資源の多くが枯渇の危機に瀕しており、この状態を放置すれば、資源の枯渇が中国の製造業、ひいては中国の全体的な経済発展を妨げることは間違いない。以上のような現状では、とても「世界の工場」と呼ぶことはできないだろう。

では、将来的にはどうだろうか。

中国が今後「世界の工場」となる可能性は非常に高いが、その根拠は既に前節で述べたような中国製造業の持つ強みにある。このため実際には様々な面で立ち遅れてはいるものの、今後10年間、中国の製造業が長所は維持しつつ短所をできるだけ早く補えば、真の意味で「世界の工場」となるのも夢ではない。

57　張乃華「中国是否已成為"世界工場"」[J] 科学信息（学術版）2007年9期

第 5 章
中国人の財テク観

第1節 中国人の伝統的な消費意識

1、中国人の伝統的な消費意識

中国人の伝統的な消費意識は、「貯蓄を重んじ、勤勉に働き、倹約する」「モノの消費が先、精神的ゆとりは後」という二つの言葉で表すことができる。

まず、前者から見てみよう。中国は世界で最も貯蓄を重んじる国で、メディアではよく中国人は貯蓄率が高く、消費がGDPの伸びに追い付けないと評されている。なぜ中国人は貯蓄が好きなのだろうか。近代の中国社会は不安定な状況にあり、社会保障制度は一切なかった。このため、出産、養老、病気の治療、葬儀、子どもの教育などの全てを自ら負担しなければならず、貯金がなければ万一の場合になす術がない。人々は日々大きな不安に晒されていたため、不慮の事態に備えて現金を手許に確保することで安心を得ていた。こうした古くからの観念が与える影響を考えれば、中国人の貯蓄に対する熱心さも理解できるというものだ。中国では現在も、いかに貧しい家庭であっても幾ばくかの貯金がある。中国人は仕事を始め、収入を得るとすぐ貯金に回す。95％の家庭が銀行に預け、少なくとも通帳を持っている。誰でも多少の蓄えがあるため、中国の銀行では個人貯蓄が常に増え続けている。中国人の伝統的習慣では、生涯かけて金を貯めて最後に使う。さらに、自分で使うのが惜しまれるため、往々にして子どもに譲る。次の世代のことまで考えているのだ。こんな小噺がある。中国とアメリカの老婦人が天国で出会った。人生について話し合っているとアメリカの老婦人がこう言った。「私は30年頑張って、住宅ローンをやっと返し終えました」。すると、中国の老婦人はこう言った。「私は30年頑張って、ようやく家を買うお金が貯まりました」。アメリカの老婦人は、自分で買った家に30年間暮らし、人生の後半を借金の返済に費やした。一方、中国の老婦人は後半生を貯金に費やし、ようやく家を買える金が貯まったところで天に召されてしまったのだ。

次に、勤勉で節約するという中国人像を見てみよう。勤勉に働き、倹約するのは中国人が信奉する高尚な道徳意識の現われである。よく言われるように「勤倹持家、有銭不花（倹約に励み、家庭経済を運営する。金があっても無駄に使

わない)」のだ。中国人にとって、必要のない金を使うことは浪費であり、恥ずべき行為とされている。伝統的な勤勉節約の考えと習慣に従って、中国人は節約してつつましく生活してきた。この蓄積の結果、幾ばくかの財を成してきたことが、中国銀行の巨額の貯蓄額からも証明される。

　今度は「モノの消費が先、精神的なゆとりは後」を見てみよう。中国人は物質を重視し、精神面での充足を気にしない。「この世は食う飲むの二語」という言葉からも消費意識の特徴が伺える。伝統的な中国人は現実的で、金遣いも堅実だ。買い物は良質で安いものを選び、見た目だけで実用的でないものには見向きもしない。金があれば、まずおいしいものを食べようとするのが伝統的な考え方で、それがかなえば幸せなのだ。近代の中国は貧しく立ち遅れ、人口が非常に多い上にモノ不足で物質生活の水準は低く、人々は生きるのに必死で明日をも知れない日々を送っていた。「食べ物が手元にあれば心配ない」というのはある年齢以上の中国人なら誰もが知っている言葉であり、近代中国の庶民の生活がいかに辛いものだったかを物語っている。数千年に及ぶ農耕社会体制により、多くの農民は先祖代々田畑と家を往復するだけの生活が続いていたため、文化的教育を受けることが難しく、精神的に充実した生活を渇望することがなかった。この現実のもと、生存目的以外の消費には非常に慎重になった。衣、食、住、交通手段は従来からの消費項目だが、金があれば、まず先に良い物を食べ、次に体裁のいい服を着て快適な家に住み、便利な交通手段を利用する。当然、精神レベルの心地良さなどは物質生活の後に回されることになる。

第2節　「80後」たちの消費意識

　先に「80後」世代の特徴を詳しく見てきたように、彼らは子どものころから家庭の中心であり、独立した個性的な自我を形成している。彼らは標準化、パターン化されたものには満足せず、独自の発想と価値観を持ち、人と違う個性を誇示しようとする。彼らは自分の「お気に入り」にこだわり、自分のスタイルを大切にし、自分の縄張りを主張して、個性的で他にはないオンリーワンを好む傾向にある。インターネットは「80後」の生活に不可欠な要素で、多量の精力と金銭をインターネット上に注いでいる。インスタントメッセンジャーQQやMSNを日常的なコミュニケーションの手段とし、オンラインゲームにのめり込み、買い物はネットショッピングが主流になりつつある。またCM、ポスター、映像、インターネットなどのメディアが創り出す消費文化の影響を受け、「生活

を楽しむ」という意識が非常に強い。それまでは「物質的消費」が重んじられており、資金があれば大は住宅から小は冷蔵庫、カラーテレビといった「家庭の資産」を揃えることに費やされていたが、「80後」は「官能主義的消費」を強調し、CD、インターネット、オンラインゲーム、旅行、会食、フィットネスなどに消費する。ぜいたくな消耗品に飛び付き、ブランド意識が高く、コンピューター、MP3プレーヤー、デジタルカメラなどの電子製品やデジタル製品は必需品で、日常の娯楽や旅行への出費も増えている。彼らの多くは見栄えの良さを求め、互いに張り合い、美食を好み、ブランド品を身に付け、遊びにはグレードの高いものを求める。

　1984年生れの蘇暢を例に「80後」の生活を見てみよう。蘇暢の身の回りにあるのは最新の流行アイテムばかりである。手には新型のモバイル、ポケットにはipodに500万ピクセルのデジタルカメラ、携帯するIBMのノートパソコンはワイヤレスでネット接続ができる。蘇暢は1日10時間以上ネットサーフィンを楽しみ、本、DVD、デジタル製品もネットで購入する。暇なときには友達を誘ってカラオケに行き、休みにはネットで知り合った友達と旅行に出かける[58]。これが流行に敏感で個性的な「80後」世代である。メディアが高度に発達し、情報がスピーディに伝えられ、様々な流行要素に満ちている「80後」世代は、「今一番流行っているものを」という消費理念を持つ。彼らは新しい物事を受け入れる能力に長け、新鮮で最先端の消費トレンドを追いかける。流行しているものを持っているという誇らしさとその記号性を重視するため、多くの場合、製品そのものの機能は二の次である。彼らにとって、携帯電話は通信手段であるだけでなく、人に見せるための流行アイテムである。彼らは最新の電子製品に関心を注ぎ、誰よりも早く手に入れる。「80後」には潜在的な消費能力があり、消費欲も増加の一途を辿っていることから、企業はこのグループに注目している。

　消費意識の変化に伴って、大学生の消費スタイルも徐々に「生きること」から「楽しんでグレードアップすること」へと変化しつつある。新世代の市場モニタリングを行っている機関が2005年に作成した「21世紀における中国の大学生の消費と生活実態についての研究報告」によれば、大学生の消費生活にはハイグレードな製品に対する出費が増えているという。所有率で言うと、携帯電話が60％、コンピューターが27％、携帯情報端末20％、デジタルカメラ37％となっており、大学生の市場におけるアディダス、ナイキのシェアは10％

58　聚焦「時尚"80後"消費現状調査」http://bbs.qq.com/cgi-bin/

を超えている[59]。

　ブランドなら何でもいいわけでもなく、安さにも飛び付かない。値段は問題ではないのだ。財布の紐を解く基準はただ一つ"気に入ったかどうか"――これが多くの「80後」世代に共通する消費意識である[60]。計画性がなく、支出超過はいつものこと、クレジットカードを好んで使い、ネットショッピングに夢中になるのも「80後」の一大消費特徴である。科学技術の進歩と普及に伴って、現在の中国ではネットでのクレジットカード決済が非常に便利になった。「80後」は携帯電話、パソコン、大型家電製品などをほとんどカードで購入し、分割払いにする。カード払いや借り越しをするというのも彼らの日常的な経済行為となっており、大した経済力がなくてもローンを組んで車や家を買う。また、一部の銀行が大学キャンパスでクレジットカードを発行するようになったため、学生でもローンを利用し、明日の金を今日に投資するようになってきている。「預金残高を超えるけれど、明日のお金を使ってでも今日を楽しむのは賢い消費の考え方だと思う」のだ[61]。一生懸命に働いてつましい生活をし、収入に応じた支出をするという前世代の消費意識とは異なり、「80後」の消費には他に先んじたいという気持ちが強い。彼らの出費には節度がなく、稼いだ分だけ使ってしまう。将来に備えて貯蓄しようとは思わず、未来の金を使ってでも今の夢を実現させようという意識が強いのだ。26歳の何田田は外資系企業に勤め、収入も悪くないが、いわゆる「月光一族」（訳者注：毎月の給料を使い切ってしまう人たち）だ。彼女の1カ月の支出は、飲食費700元、家賃1400元、交通費250元、フィットネス、レジャー費400元、交際費500元、電話代250元、光熱水道費120元の合計3620元で、これにブランド品の洋服や化粧品の購入、携帯、デジタル製品の買い替え費用が加わる。何田田にとって「赤字」はごく当たり前のことである。彼女の考え方は、入った分だけ使うため貯金は少ないが、「赤字」になっても自分の生活の質は高めたいというこの世代のライフスタイルを表わしている。自分の収入では何年も貯金を続けなければ家や車が買えないのだから、目の前の毎日を楽しむほうが良いと考えているのだ。[62]

　ある研究者の分析によると、「80後」の強気の消費には二つの背景がある。一つは両親の甘やかしである。彼らの多くは就職しても生活面では両親を頼りにし、家では小遣いをもらって両親の金で物を買い、遊び、生活を楽しむとい

---

[59] 「"21世紀中国大学生消費生活形態研究（CUS21）"報告」新生代市場監測機構［N］中国経営報2005年1月24日
[60] 「買単的標準是喜歓80後刷新国人消費主張」［N］中国青年報2007年2月12日
[61] 2億8千万"80後"、悄然刷新国人消費主張 http://cache.baidu.com/c?word
[62] 中国80後消費：消費与収入不協調引発担憂 http://bbs.foodmate.net/thread-122784-1-1.html

う「すねかじり」なのである。もう一つは将来的な収入に対する自信で、自分たちは今後充分に稼げるという絶対的な自信から消費するという。

「80後」世代は約2億8千万人の潜在消費グループを擁しており、その消費能力と消費欲の成長は数年後には中国の消費市場で中堅としてのパワーを発揮することになるであろう。彼らは市場経済、グローバル化、インターネット化の洗礼を受けており、消費意識、消費行為においてこれまでの中国人とは全く異なる特徴が見られ、社会の消費構造に対する影響力も拡大しつつある。

第3節　中国人が最も気前よく金をかけるもの

1、住宅にはポンと金を投げ出す

現在、中国の不動産市場は活況を呈している。不動産価格は上昇を続けており、二級都市の中心部にある住宅でも1㎡当たり7000－8000元で、上海の平均価格はこれをさらに上回る1万元以上となっている。このような高額の住宅は、現実の中国人の平均収入に見合うものではなく、大部分の人にとっては、たとえ生涯の収入を投じ、食うや食わずの生活をしても買えるものではない。確かに今は住宅ローンがあり、一部の人は住宅を買うことができるが、それでも毎月の返済に苦しめられることから「房奴」（家に自由を奪われた奴隷）という新しい言葉も生まれている。本来、家を買うのは環境を改善し、生活の質を高めることを目的としているはずだが、実際には多くの人が住家のために衣食を節約せざるを得なくなっている。住宅価格がこれほどまで高騰していても、一般市民の住宅購入熱が少しも冷めないのは次のような理由が考えられる。

まず、中国人の伝統的な価値観には、意地を張ってでも不動産を購入する習慣があることだ。「住居者＝その家の持ち主」が家への最も伝統的な考え方で、中国では都市部での住宅保有率が多くの先進国を大きく上回っている。しかし、住宅購入者はさらに増加を続けており、全国民が不動産を所有するかの如き勢いである。都市に住む人は家を購入し、農村に住む人は家を作るように、住宅は一般的な中国人が他に優先して選ぶ支出項目となった。伝統的な価値観によれば、住宅は財産と地位の象徴であると同時に、これを具現したものである。王侯貴族であれ、庶民であれ、条件さえ整えばまず不動産購入を考える。不動産は持久性や耐用性があるため資産保有に最適で、家族の文化と栄光を伝える器として後代に残すこともできる。現代社会において財産を具現する方法は様々だが、数千年続く伝統的な価値観は今も人々の心に深く刻まれている。

次に挙げられるのは、過去から今に至るまで中国人、特に庶民には社会保障がなかったため、安心感に欠けている点だ。数千年に及ぶ文明史上には天下泰平の世もありはしたが、情勢が不安で生きるだけで精一杯という時代も多かった。このため庶民は自分で自分の身を守るしかなく、家は身を守るための保障の役割を果たし、安心感を得るためのものでもあった。こうして庶民は他を犠牲にしてでも家を購入しようとしたのである。
　また、対抗心と自慢の心理も否定できない。先に述べたように、中国人は対抗心が非常に強く、何事においても人に負けたくないという気持ちが働く。自分が借屋住まいの折に他人が新居を購入した場合、たとえ自分では金はあるが借家のほうが良いと思っていても、他人には資産がないと思われてしまう。また、人が大きな家を買ったら、自分も遅れを取ってはならないと考えてさらに大きな家を購入し、身内や友人に対してメンツを保つ。このような心理は、特に新世代の若者達に多く見られる。就職したばかりの若者は、必要性や金銭的な条件の有無にかかわらず、急いで家を買う。
　このほか、投資と投機の心理も理由の一つである。中国人は、不動産は長期的に見て価値が上昇しインフレに対抗できる最良の手段であると信じているため、遊んでいる金を投入して住宅を買い、住宅を投資手段とする傾向にある。21世紀に入る数十年前のように住宅の価格が急騰し、短期間で巨額の差益が手に入れば人々の住宅投資欲はさらに掻き立てられることになるであろう。最近では、住宅投資は新しい資金運用の概念として捉えられている。

２、自動車は買うべきもの

　生活水準の向上に伴い、自動車が多くの中国人の支出計画に加わるようになった。多くが自家用車を単に交通手段としてだけでなく、身分と地位の象徴だと考えている。いわば交換せずとも身分がひと目で示せる、金属製の名刺のようなものだ。
　2006年に中国の乗用車販売台数はすでに400万台強に達しており、自動車全体の販売台数は700万台を超えた。ここ数年における日本の年間販売台数は600万台だが、これと比べると中国は2006年に日本より100万台多く売り上げ、販売台数は安定して世界第2位で、世界の自動車販売台数の1/10を占めている。国際的な慣例では、マイカーの保有率がその国の自動車保有台数の50％を超え年間消費量が全体の70％を超えると、マイカー消費時代が到来したとみなされる。現在中国は既に世界三大自動車マーケットの一つとなり、マイカー所有台数は中国全体の半分を占める。これは中国の自動車消費マーケットにおける潜在的な需要が現実に移行し、公的予算での購入から個人による購入に変化した

ことを示している。2010年になると自動車生産量は960 － 1,000万台に達し、2020年には1,500万台前後に達するものと見られている。15年後には中国は世界一の自動車消費大国、生産大国となるであろう[63]。

　中国で自動車は住宅に次ぐものだが、住宅と違って車は生活に欠かせない大口消費財ではない。人々の消費意識において、物に対する価値観はそれぞれ異なる。朝9時から夕方5時まで働き、収入に応じて支出を考える一般的サラリーマン層が、車を購入する際に支出入と合わせて最も気にするのは価格である。月収が4,000ユーロのヨーロッパの家庭の場合、月収の2カ月半で1万ユーロ（10万元相当）の車を買うことができる。一方、月収4,000元の中国の家庭では、年収2年分以上でようやく10万元の車が買える[64]。けっして収入が多いとは言えない中国人の最大の関心事は、いかに余計な金をかけずに最も実用的な車を買うかであり、これが中国で中小型の乗用車が人気を博している大きな理由である。

　このほか、値上がりするものは買うが、値下りするものは買わない、というのも中国人の一般的な消費習慣である。現在の自動車市場は変化が激しく、今日は10万元、明日は9万元という状況では、車の購入を考える者はおいそれと動けない。

3、教育費は払うべきもの

　教育を重んじるのは中華民族の良き伝統である。中国人は条件が許す限り、子どもにできるだけ教育を受ける機会を与える。「窮すれども子どもに及ぼすな」という言葉があるように、中国はどこでも子どもの教育費が最優先である。特に都市部では教育費が家計費[65]に占める割合が60％以上となっており、親の50％以上が子どもの教育に対する投資を最優先に考えている。2005年には教育費は住宅、老後の備え、自動車購入を差し置いて中国人が最も金をかける項目となった。上海人の消費において教育支出が占める割合は、毎年45％ずつ増えている[66]。上海市民の貯蓄意向についての調査によると、子どもの教育費が貯蓄の主目的の一つという結果になっており、教育の支出が持つ大きな潜在的需要を物語っている。現在、上海市民は一人の大学生を育て上げるのに、日常の衣食住など基本的な生活消費を計上せず、教育費だけでも平均10万元以上をかけている。上海市民は子どもに大学以上の学歴をつけさせることを誇りに思っているのだ[67]。

63　2006年中国轎車市場研究報告 http://www.36021.com/Html/hyyj/e/200604/108713.html
64　中国人買車心理探秘 http://bbs.163car.com/
65　教育消費とは、俗に言う「お金を払って教育を受ける」こと。
66　尹世杰「論我国教育消費的趨勢」[N] 科技日報 2000年2月24日第2版
67　「教育消費10年増了20倍」[N] 文匯報 2000年11月28日

4、情とメンツへの出費は気前よく

　贈り物の進呈は中国において長い歴史を持つ。古文書によると、上古時代の人々は結婚する際に必ず祝いの品を贈り、しかもそれはつがいを組んだ一対でなくてはならないという習慣があった。春秋時代には、もっぱら贈答に供される物品が存在した。贈り物は社会経済と文化的生活の一部であるため、その時代が自然と反映されている。

　現在の中国では義理による出費が大変多い。年始や祝祭日、結婚、葬儀などの儀式に、引越し祝い、出産祝い、宮参りの祝い、進学祝い、旅の餞別、誕生祝いなど、中国人の習慣では金銭を送ることで相手を祝う。一生のうちに繰り返し必要となる支出項目でも、こうした付き合いに絡む出費は都市、農村を問わず盛んで、ますます大がかりになっている。ある調査によると、1997年の中国都市部住民にみる一戸当たりの冠婚葬祭費の支出は1621.5元で5年前の1.9倍になっており、年間平均で24.1％ずつ増加している。また、2003年の一般家庭における冠婚葬祭支出は1997年の2倍となっている[68]。市民の多くが、冠婚葬祭費の支出はメンツを保つための行為であると見ている。個人のメンツを保つことは、バランスの取れた関係を保ち、義理人情を重んじることでもある。つまり、ひとたびバランスが失われればメンツを失う、またはメンツを潰すことになる。「礼尚往来（礼は往来を尊ぶ、受けた礼には答礼する）」という関係においては、バランスを失わせたほうが義理を欠いた責任を負わなければならない。儀礼的なやりとりでは、義理を欠いた人間になりたいという者はいない[69]。気がかりなのは、小中学生同士、あるいは教師への贈り物がサラリーマン家庭には負担となっている点だ。大学院生の論文口頭試問にあたって教授に心づけをするだけでなく、幼稚園児さえ母親に贈り物を促すなど、この傾向は広がっている。このほか、現在も一部の中国人は「家での祝い事で大盤振る舞いでもしないと社会的地位がないと見られる」と盲目的に信じている。また、「交際費」は社会的関係を維持するだけでなく、関係を確立、拡大する働きもあるため、社会的に認められるための大切な手段となっている。

5、迷信への出費は惜しまない

　中国人は天命を信じているため、全ては天の意志であり、この世の全ては運命に支配されていると考える。特に農民は毎年幾ばくかの金で運勢を占ってもらい、護符を身に付ける。中国の寺院はいつも熱気に溢れているが、中でも中国暦の月初めの1日と15日は参拝客でいっぱいになり、境内は寄進された金

68　盧喜瑞「消費主義在中国：表現、危害及治理」［J］『湖北経済学院学報』2005年7月第3巻第4期
69　姜彩芬「人情消費難算賬」南方日報2005年8月25日

品で覆いつくされる。毎年旧正月月初の１日、上海の玉仏寺と龍華寺には高額所得者が大勢集まる。彼らは高い入場券を惜しみなく購入し、午前０時の鐘の音と同時に自分も玉仏寺の大きな鐘をつく。こうすることで今年もどこにいても仏の加護が得られ、自分も家族も無事に１年を過ごせると信じているのだ。彼らは旅先でも参拝し、線香を上げたり仏像に祈願したり、賽銭を納めるなどして無事を祈る。中国人が迷信に金を費やすのは有名である。金を命のように大切にしていたある女性が、来世は良い家に生まれることを願って、一生かかって貯めた貯金を寺に全額寄付したという話があるが、中国人は普通これを出費とはみなしていないのである。風水を信じ、弔いごとは派手に行い、立派な墓を立て、占いを頼り、滋養強壮剤を盲信するなどの類は非常に多い。

中国人の迷信好きは飲食習慣にも現われている。物を食べるときには、栄養と薬効を重視する。例えば中国人は野生の物には栄養があると考えており、野生の食物を食べるのに大金を使う。中国の四大食材とされるナマコ、ツバメの巣、アワビ、フカヒレはどれも非常に高価だが、現代の科学者が実験室で研究したところ、これらに特別な栄養価値はないという結果が出た。料理人の話では、これらの食品に特別な味はないという。例えばアワビそのものは水のように味がなく、料理は全て調味によるものであるという。中国人が四大食材を珍重するのは、野生の食物は栄養価が高いと盲信する心理から来るものである。現在、中国の富裕層はこれらを大量に消費しているが、これはある意味では自分たちの地位を誇示するためでもある。

6、流行には出費を惜しまない。

流行への出費は現代中国経済で最も注目を集めている項目だ。現在の所得水準から見れば、この比率は非常に高いと言えよう。中国人は外見から、相手が流行に敏感かどうかを判断する。このためファッションは、消費者同士が互いに流行に敏感であるかを確認するための重要な記号となっている。調査によると、ファッション関係の支出では、調査対象となった各グループで服装に対する関心が最も高い。収入の増加に従い、シンボリックな意味を持つファッション関係の消費も増加していくものと見られる。収入が上がるほど、ファッション関係の消費能力も強まる。高収入のグループは、それぞれの流行物にかける支出が他グループに比べると飛び抜けて多く、ファッション商品での出費は他のグループをはるかに上回っている。中国のある民間会社が上海市でファッションについてのサンプリング調査を行ったところ、2006年の上海市民一人当たりのファッション関係支出額は1.5万元となっており、内訳は衣服が0.7万、宝飾品が0.3万元、化粧品が0.2万元、その他が0.3万元であった。収入と支出の

いずれも高いグループでは、宝石や腕時計での支出が群を抜いて高かった。その理由として考えられるのは、これらが公の場でその人の身分や地位をはっきりと示すことができ、自らの階層を表わすシンボリックな記号になることにある。このほか、中国女性がファッション、化粧品、香水、宝石にかける支出は、男性をはるかに凌いでいるという。

現在、中国における携帯電話の普及率は驚くべきものがある。ユーザー数はすでに2.96億人に達して固定電話の加入者数を超えており、普及率も多くの先進国をはるかに上回っている[70]。中国の携帯電話消費の主力は若者である。20－30代の若者の場合、基本的にほぼ1年周期で買い換えているが、これは流行を追っているためである。ここ数年、中国の都市部住民の祝祭日が増えたことから、休日の消費が増加傾向にあり、これらも新たな消費の関心の的となっている。

第4節 中国人の金銭感覚

世界には多くの民族が存在するが、金銭に最も目がないのは中国人だろう。「恭喜発財」（新しい年にお金儲けができますように）は、新年にもっとも頻繁に交わされる挨拶だ。中国人がお金に目がないことを表わす言葉は他にも、「地獄の沙汰も金次第」「人は金のために身を滅ぼし、鳥は餌のために身を滅ぼす」「金は万能ではないが、無ければどうにもならない」などたくさんあり、いずれも中国人がいかに金銭を重視しているかがよくうかがえる。その理由として、中国人が歴史上つねに過酷な政治的圧力に苦しめられてきた背景があること、そして他人に搾取されるばかりの惨めな境涯を抜け出すためには、三つしか選択肢がなかったことが指摘できる。すなわち、権力と地位を得ること、宗教と学問により現実逃避すること、金と財産を得ることである。権力と地位についてはこれを得ること自体が非常に難しく、得られたとしても中国は長く法制度が整備されていない社会であったため相当な危険が伴う。宗教や学問により現実逃避することも、凡人にはできない。そのため、庶民にとっては金銭こそが、他人にされるがままの悲惨な境遇から逃れる唯一の手段となっているのだ。庶民は昔から貯金をするために勤労節約の習慣を身に付け、中国人特有の質素な実利主義と金銭崇拝の世界観を築いたのである。

中国語の成語に「権銭魔方」という言葉がある。これは金と権力の関係は完

70　http://www.c114.net

成できない「魔方（ルービック・キューブ）」のようなもので、両者の関係を説明するのは難しいことを指している。中国人にとって金と権力は昔から切り離せないものであり、金が話題となる場面には必ず権力が絡んでおり、権力を問題にすれば必ず金の話が持ち出される。中国人がよく口にする「升官発財」（昇進して金を儲ける）もこれを表わしている。旧中国の庶民社会の金銭感覚は、封建的な「富貴観」であった。「遠方で官職に就くのは財をなすためである」「長く役人勤めをすれば必ず富を得られる」というのは庶民の共通認識であり、役人になったら金は要らないという人はごく稀である。もちろん、こうした言葉の多くは誇張されている。

　これと同時に、中国人は金を欲しがり崇拝するものの、「農業を重んじ、商業を軽んじる」という儒教思想、および金は諸悪の根源であるとする仏教の教えの影響を受け、金の話をするのは恥ずかしいことだと考えている。人から金の亡者だと思われることを恐れるため、金銭を前にするときは聖人君子然として無関心を装うが、裏では金儲けのために極悪非道なこともする。しかし、経済改革開放が加速するにつれ、伝統的な道徳が衰退し、これに伴って数千年にわたり抑圧されてきた財力や権力に対する欲望もようやく解放された。「金は諸悪の根源」から「金は万能」へと極端な変化が生じ、金儲けは人生における唯一の目的となった。「金は万能ではないが、無いとどうにもならない」は、拝金主義が流行している中国社会の金科玉条である。

　中国人の賭博好きは世界でもトップと言われているが、これは中国人が金を人生というゲームの駒とみなしていることによる。その結果、金銭が主体となり、人はその器となった。中国人の強烈な金銭欲と博打好きな性格は、順調で早い出世を求めるという人生の理念の上に築かれている。そして、よく鬱憤晴らしや負けん気から、湯水のように金を使うきっぷの良さを見せ付けるのだ。

　このほか、中国人の多くは富める者を妬む心理があり、どうすれば合理的に金儲けができるのかを考えるのではなく、なぜ人に自分より金があるのかを気にすることが多い。多くの中国人に見られる心の動きは次のようなものである。すなわち、金の有無が重要なのではなく、財産の多寡も関係ない。そうは言っても社会は公平でなければならず、財産は均等に行き渡っていなければならない。人は完全に同じでなくても良いが、少なくも基本的には同じでなければならない……、このような具合である。さて、中国民族の財産に対する認識には大きな特徴がある。中国の民間では二人の福の神が信仰されており、一人は軍人の趙公明、もう一人も軍人で関公である。両者はいずれも財産を築いた英雄ではなく、富める者の財物を奪って貧者に施すことを実践した正義の士である。

富める者の財物を奪うのは一種の正義の行為であり、財物が正当な手段で得られたのか否かは関係ない。また、貧者に施すときは大勢がこれを受けることになるが、彼らがなぜ貧しくなったのかは問題にされない。古代中国の富める者が貧しい者とのバランスを保つためには、この二人の義士を神と崇めざるを得なかったのだ。こうして、富める者を恨むのは中国人が普通に持つ感情となった。中国人は本来負債を忌み嫌い、借金は何としてでも返そうとする。中国人が金を借りるとき、普通は担保を必要としない。中国では信用を重んじるため、借金を返済しないのは非情で不義理な行為とみなされ、大衆の責めを受けることになるからである。

このほか、金銭に対する中国人の考え方には正しい観念も多い。例えば「君子愛財　取之有道（君子でも財産は大切であるが、これを手に入れるには理に適わなければならない）」という言葉は、金が好きなら正しい方法で手に入れなければならないということを言っている。例えば温州人は財産を崇拝して追い求めるが、その目的はいずれも事業を興し、会社を立ち上げることだ。彼らは金持ちを羨まないばかりか、財があり能力を備えた人を尊敬して相手の長所に学び、追い付こうと努力するのである。

第5節 中国人の資産運用と投資習慣

ここで現在の中国一般市民による資産運用状況を見てみよう。まず客観的事実として、資産運用の必要性は高まっているが、意識がそれに伴っていない。

改革開放から30年近くの間、中国経済の発展とともに中国人の財産も急激に増加してきた。一般市民の収入が年ごとに上がるなか、中流階級の収入も増加を続けており、遊んでいる金をいかに有効的に運用するかが関心の的となっている。

資産運用への意識については、一般市民のニーズが高まっているのにもかかわらず、中国における各種財テク活動はまだ少なく科学的な運用概念も広まっていないことから、庶民の資産運用法は保守的で単純である。伝統的な考えでは、運用とは貯蓄を指し、新しいことを試みないのが特徴である。2006年に中国の預貯金はマイナス金利の時代に突入した。一般市民は、貯金だけでは大した利益が得られなくなっていたが、依然として60％以上の人は財テク＝貯めることという傾向にある。西側先進国を見てみると、アメリカの一般国民の貯蓄率は収入の1％にも満たないが、中国人のそれは40％を超える[71]。原因は、まず観念の違いにある。アメリカ人は「今日買って、明日支払う」が、中国人は収入

を考えて支出するため、借金してまで物を買うことはせず現金での一時払いを好む。

中国で最も発達している大都市でも、資産運用の観念と実践が同じ歩調で進展しているわけではない。こんな例えがある。もし100元あったら、北京人は全額銀行に預けて利息を得る。上海人は50元を貯金し、50元を投資する。広州人は全額を投資に使う[72]。無論これは各々の環境と文化の違いから形成された性格の違いによるところも大きい。しかし、つまるところ人はそれぞれ異なる資産運用の観念を持っており、それには各自のリスク受け入れ能力が関わっていると言えよう。

さて、中国の資産運用を全体的にみると、以下の誤りが指摘できる。

1、運用とは儲けること

中国人の72.9％が、資産運用とは財を生むことであり、財産の価値を高めるには金儲けが最上策であると考えている。このような理解が、中国人に功を焦り目先の利を求める心理を植え付けている。今世紀初頭頃から、生涯の貯蓄を株式市場に投じた中国人も多く見られたが、その後、市場はどん底に陥り、彼らの生活の質も大きく落ち込んだという。一般的に、現在の若い世代は運用意識が十分に育っておらず、一夜にして富豪になることを夢見ている。それに比べると高学歴、高収入の者はかなり成熟した知識を持っている。

2、銀行に預ける

貯蓄は中国人が真っ先に選ぶ資産運用法で、貯蓄率は48％にも達している。貯蓄に励むのは中国人の生活の一部であり、手許に金があれば、まず蓄えることを考える。利用する貯金は定期預金が多く、その大部分が老後や病気にかかったときの備えである。近年の経済発展に伴って中国の若者の間では消費ブームが起きているが、それでも貯蓄は依然として主流となっている。36.90％の中国人が、銀行に預けるのが一番安全だと思っており、今のところは銀行に預けるだけで、資産運用や投資がどんなものか分からないという人が多い。筆者はより深い分析を通して、年齢が上がるほど上述の考えに同意する意見が多く、保守的な価値観を持っていることに気付いた。また、高学歴高収入であるほど、これとは反対の考えが多い。つまり、高学歴高収入である人ほど資産運用の手段にいっそう高い関心を示していた。

3、節約して財を成す

これは中国人の伝統的な資産運用の考え方である。現在48.80％の人がこの見

---

71 陳少華主編『理財一家興』[M] 清華大学出版社 2006年1月版
72 陳喜瑞「狗年伊始話理財一読『理財一家興』」西安日報電子版 2006-02-10 www.xawb.com

地に賛成、38.50%は反対であった。この対立は資産運用に対する伝統的な考え方と現代の意識に大きな違いが生じていることを表わしている。調査によると、50－55歳代では半数以上が「節約して財を成すこと」こそが「資産運用のポイント」だと考えており、年齢が上がるほどそう考える人が増える傾向にあった。一方、反対の人も40%近くおり、50－55歳の年齢層でも36.90%がこの考えを否定している。これらの状況から、資産運用に対する中国人の考え方が変わってきていることが分かる。

4、資産運用とは投機的行為である

中国人は投機と投資を混同しやすい。投機とは、チャンスを狙って巧妙に利益を図り、人に損を与えて己を利する行為によって不正に富を得ることをいう。一方、投資とは「金で金を儲ける」行為をいい、両者は本質的に異なる。当然ながら、投資と投機は双子の兄弟のように相伴うため、投資には投機がつきものである。一般に、先進諸国の人々は暴騰暴落する博打的な投機を避け、長期的に安定した投資による収益を重視する。これに比べて中国人の資産運用意識はかなり未成熟な状態にあり、多くの人は投機的な意識で投資を行う。投資は決して生易しいものではなく、大変な努力を要するものだということは気にも留めず、一回の投資でいくら儲かるのかということばかりに気をとられ、どうすれば長期的に安定した収益を得られるのかを研究しようとはしない。もし中国人がもう少しキャッシュフローを念頭に入れた理性ある投資をすれば、退職の夢も早く実現し、社会全体の投資環境も理性あるものとなるだろう[73]。

資産運用法の選択では、中国人は不動産、骨董品、株に対する投資や、利息が高く収益が安定した国債の購入を好む。また、不動産による収益はリスクをはるかに上回ると考えることから、不動産ブームが中国の高い経済成長率を後押ししているとも考えられる。骨董品は中国人が好む保守的な投資対象で、中国骨董品市場の規模は2004年に100億元に達し、現在では7,000万人の骨董品愛好者がいるという[74]。国債の購入も中国人が熱を上げる資産運用法だが、これは国債が相対的に安全で投資収益が比較的安定しており、手続きも簡単だからである。2007年には株式市場が活況を呈し、猫も杓子も株式市場で利益を得ようとしたため投資ブームが起こった。株による収益の不確定性と、安定を求める中国人の理念は矛盾しているが、ここ一番に賭ける中国人の気質にはぴったりなのだ。中国人の一部はファンドを保有しているが、通常は3年を超えることはない。ファンド投資は一種の長期的投資行為であるべきだが、一般市民

73　陳少華主編『理財一家興』[M] 清華大学出版社 2006年1月版
74　「中国人的三大伝統金銭観」[N] 環球時報 2005年11月29日

は住宅、医療、教育、生活等で出費がかさむため、資金の流動性に着目する。このため、短期的なファンド商品のほうが受けがいいのである。

もう一つ、どのような中国人が資産運用をしているのかという問題であるが、典型的な現代の理財家のイメージとは「男性、年齢25－34歳、月収6,001－7,000元、大卒」となっている。このような人はまさに人生の黄金期にあり、十分な教育を受けて良い仕事に就き、新しい物事を受け入れ、財テクを楽しんでいると見られている。

第 6 章
中国人と中国経済の関係

第1節 なぜ20世紀の中国で資本主義が通用しなかったか

数千年続いた中国の閉鎖的な封建社会は、19世紀末に行き詰まった。西洋列強諸国による圧力を受け、清朝政府は門戸を開放、領土の割譲と賠償金の支払いを余儀なくされ、中国社会は半封建半殖民の時代を迎えた。当時、先進的な中国人はこれから国がどのような道を歩むのかをすでに思考し、模索していた。彼らは民族の独立と解放を勝ち取るために、国と国民を救うための真理を西洋に求め、西洋の資本主義制度に従って中国を改造し、資本主義の実行と発展を拠り所に中国の繁栄と強大化を図ろうとしたが、最終的には失敗に終わった。20世紀の初めには、孫文をリーダーとする国民党が数10年に及ぶ努力の末、ついにこれまでに比べて民主的な資本主義国家を南京に築き上げた。

しかしながら、国民党による建国初期の中国の実態は農耕を主体とする半封建社会であり、封建社会の残留勢力が依然として強く、国力はひ弱な状態で資本主義の推進は大きく阻まれていた[75]。

その実態の一つに、当時の国民経済における民族資本主義経済の比率は非常に低く、短期間に中国社会経済の主要形態とするのが困難であったということがある。また、少ない近代工業の中でも民族資本による経営は中心主体ではなく、力は非常に弱かった。

---

75 『中華人民共和国史』講義　http://www.bnulife.com/viewthread_8962.html

第二に、民族工業においては工業資本の比重が小さく、商業資本と金融資本が多くを占めていたという事情がある。中国民族資本主義の最大の弱点は、これらの不安定さが重なったことで、結果的に独立した生産基盤を持てずにいたことだ。このため技術や設備から原料に至るまで、外国の帝国主義資本や本国の封建経済、官僚資本に依存して脱却できずにいたのである。

　第三に、民族資本は主に紡績、食品工業を主体とした軽工業で、とりわけ組立工業または加工工業は重工業の基盤が不足しており、完全な工業および国民経済の体系が構築できなかったこと。

　第四に、民族資本による工業は小規模で経営が分散しており、技術設備も遅れ、労働生産性が低かったことから、民族工業製品のコストが高くなり、市場での競争力を欠いていたこと。

　第五には、民族資本家の多くが資本家と地主という二足のわらじを履いていたことと関係がある。彼らの資本は地租によるもので、商工業の経営においても確実な収益の保証がないため、商工業で得た利益で農村に土地を買い、これを農民に貸し出していた。

　第六には、数千年続いた農耕を主体とする封建社会により、多くの庶民には土地に頼って生きるという伝統的な観念が根付いており、進んで土地を離れて工場に入るまでは長い道のりがあったこと。

　第七には、当時の中国が各地で軍閥に割拠され、公然の争いや裏での闘いが絶えず、政治が混乱していたこと。このため、真の意味での統一がなされておらず、権力闘争に明け暮れていた。人々の生活は不安定で社会の各層には矛盾が山積し、資本主義の発展では最も基本的な条件となる安定が欠けていた。

　第八には、国際的な環境にある。当時の西側資本主義国家は、中国が真の意味での新興資本主義国家となることを望まず、半殖民国家となることを希望していた。

　以上の様々な理由から、当時の中国が資本主義国家となるには大きな困難が伴っていたことが分かる。

　資本主義へ進めないとすれば、どこに活路を見出せばよいのであろうか。こう憂慮していたころ、ロシアの十月革命により中国はマルクス・レーニン主義にめぐり合ったのである。中国の革新派は、ロシア十月革命の勝利に新たな活路を見出した。中国共産党はマルクス・レーニン主義と中国革命の実践を結び付け、国民のために新民主主義革命による社会主義の道を歩む決意をした。

　新民主主義革命に勝利した後の中国には、三つの選択肢があった[76]。一つは民族資本主義を発展させ資本主義の道を歩むこと、二つめは社会主義と資本主

義を平行して発展させること、三つめは社会主義経済を発展させて社会主義の道を歩むことだ。中国共産党と政権奪取の勝利は多くの無産階級に依るところが大きく、このような状況のまま資本主義の道を歩むことは新たな階級間の矛盾を生じさせてしまう。さらに、前述した問題の抜本的な解決にはならないため、第一の選択肢は無理であった。二つめの選択肢も実際は無理である。これは中国共産党が建国初期に試みたが、資本主義と社会主義の矛盾を調整できず、社会主義が資本主義に勝利するか、さもなければ資本主義が社会主義に勝利するかの二者択一以外の道はなかった。同時に、旧ソ連の社会主義は勢いがあったために生産力の水準が大きく向上し、国力も強化され、唯一アメリカに対抗できる大国となった。さらに新民主主義革命の勝利も、中国の人民がこの道を歩む基盤を築いた。政治では、中国共産党が国家の政権を掌握して労働者階級のリーダーとしての地位を確立し、労農の共同体を揺るぎないものに強化した。経済面では官僚資本を没収して、社会主義的な性質の国営企業に転化することにより、中国共産党は国家経済の要諦を掌握して生産手段の社会主義的改造を実現し、新民主主義から社会主義への転換に最も重要な条件を築き上げた。最も単純な消去法でいくと、中国の国情に合致し生産面での関係を生産力の性質に一致させるという社会発展の原則に合うのは、三つめの選択肢のみということになる。

　従って、社会主義の道を進むことは、中国の近現代社会の経済、政治発展の必然的な結果であった。

　このほか、国が社会体制を選択するに当っては、文化や伝統が果たす役割も大変重要である。五千余年に及ぶ中国の歴史変遷では度々政権が交代し、一般庶民が政府を打ち倒すこともしばしばであった。典型的な例が、明朝の開国皇帝の朱元璋である。彼は貧しい托鉢僧で、社会の最下層に属する平民であった。当時、元朝の最高統治者がユーラシア大陸を股にかけ、騎兵隊を組んで暴れ回り世界を震撼させていたが、彼の手によってその地位を引きずり下ろされた事件は後世にまで伝えられている。これからも分かるように、中国の伝統文化は平民を崇拝するところがある。伝統という観点からは、中国共産党が建国初期に社会主義を選択したことは、平民重視の文化において当然の選択なのである。少なくとも社会主義は普通の庶民を主人公とし、数千年続いた地主や貴族の階級を徹底的に崩壊させており、初歩的な「民主」という意味では確実に多くの民衆の政治的、社会的地位を大きく変えたと言えよう。

76　試全面分析中国為什么要走社会主義道路 http://www.xici.net/b15420/d32298675.htm

第2節　計画経済が中国でうまくいかない理由

　1949年に新中国が成立した時、中国には計画経済と市場経済の二つの経済体制が並存していた。国が大きな経済発展計画の策定を制御し、ミクロ経済の主体は大部分が個人だった。しかし、長く続いた戦乱のために経済は楽観視できず、国の財政は困難を極めていた。当時の経済水準は急激に低下し、解放前の最高の年と比較すると農業総生産額は20%以上減少、工業総生産額は50%以上減少した。このうち重工業は70%、軽工業は30%低下している。産業構造も遅れており、工業と農業の総生産額では農業が70%、工業が30%を占め、このうち近代工業の生産額はわずか17%であった。また、工業の立地分布も非合理的であった。70%以上の工業が沿海に集中し、内陸部には30%足らずの割り当てにとどまった。さらに、全国の近代方式の貨物の取扱量は戦前の最高水準の42.17%のみ、鉄道の総延長は212万kmにとどまり運行可能な地域は半分にも満たなかった。これと同時に、市場は需給関係が逼迫して物価も安定しなかった。この機に乗じ、資本家の多くが市場を操作して一部事業の独占を試み、私利を図ったためにインフレ率は制御不能に陥った。

　この厳しい経済情勢にあって、新しい指導者にはいかに平穏にやり過ごしつつ、発展させるかという大きな課題が突きつけられた。早急な国民経済回復のため、毛沢東をリーダーとする中国共産党は中国の経済発展に適した道を模索し、当時の政治、経済、国際環境などの条件をあらゆる面から分析した。そして、中国が短期間で発展して資本主義国に追い付くには、国による集中管理と政府の統制面での強みを活かして分散している様々な力を国家に集約して、計画的に整備するより他はないという結論に達し、単一公有制の計画経済の道を歩むことになったのである。生産手段の私有制を社会主義化して社会主義を計画的に建設し、集約統一された経済体制を確立することにより、中央政府の集中管理が強化された。このときから中国は単一公有制の計画経済へと舵を切り、前後約5年間での変化の激しさ、参加人数の多さ、影響力の大きさは、世界の経済体制変遷史上まれに見るものとなった。

　1956年になると社会主義経済制度がほぼ確立された。これと同時に高度集中を特徴とし、行政管理を主要機構とする計画経済体制が徐々に整備された。この体制は旧ソ連から導入したものであるが、中国はその後全面的に人員の訓練と組織の設置を行い、とくに第一次五カ年計画（1953－1957）の実施により50年代中期から後期には全体が整った。これが中国の建国から1978年の改革開始までの20数年間に及ぶ主要な経済体制となったのである。

伝統的な計画経済は新中国の経済発展を大きく促し、基本的には当時の生産力の発展状況に適したものであった。しかし、中国の経済と社会を取り巻く環境の変化に伴って、長期にわたる計画経済体制の実践により発生した弊害と、内在する欠陥が顕在化した。それは次の三つの面に見られた。

　第一に、原動力の欠如。計画経済体制の重要な出発点は、私有制に代わるものとして完全に公有制にしたことにある。これは全ての生産手段を社会に帰属させ、社会全体が利益面で矛盾のない一つの共同体とするものである。財産の所有権を人々が平等に有し、個人による単独の利益を持たず、資産の分配は平均主義と「大鍋飯」（同一待遇）に基づき行う。資産の移転は個人と個人の間ではなく、個人と社会の間で行われ、個人の利益と集団の利益、個人の短期的利益と集団の長期的利益の間の変更は、共同体内部で調整する。企業は単なる経済組織ではなく、政治と経済の両方に配慮する準経済組織であり、より政治組織に近い存在である。政治的環境と政治行為の影響を強く受けているため、労働者や消費者との関係は比較的穏やかである。計画経済体制では人々が直接利益を追求することは抑制され、または目立たないが様相を変えて、あるいは歪曲された形で間接的に現われる。個人では何らかの貢献があっても自分の取り分が増えることはないが、逆に貢献がなくとも減りはしない。権利の要求は義務や責任に釣り合うものではなく、各個人における仕事上の義務では他人と張り合うことはないが、権利をめぐる対抗心が強くなる。結果として仕事をサボったり、ただ乗りしたりする状況が蔓延する。企業の場合は行政的な運営が企業運営の一般的な特徴となっている。国が全ての権力を集約し、企業は管理された受動的な執行組織となるため、非通貨的な行政的利益、つまり企業のトップとしての地位や企業レベルの昇格などが唯一の目標となる。レベルの高い企業は低い企業に比べて資金やその他の投入が多くなり、より良い労働環境と福利厚生が受けられるからである。企業運営の原動力は内生的な富と利益の追求によるものではなく、国からの激励という精神的なものとなる。具体的には、企業やその責任者の責任感、義務感、栄誉感などを鼓舞することだが、これがかえって極端かつ必然的な結果を生み出した。つまり、政治キャンペーンを絶え間なく繰り広げるなど外部から企業の生産に向ける情熱を高め、政治的な圧力をいっそう強くかけていたのだ。「革命を徹底し、生産を促す」ように、これは実によく使われる手法である。

　第二に、情報面での欠陥である。計画経済体制には二つの基本的な要求がある。一つは社会が社会の需要、社会の資源、生産者の生産関数、および労働者一人一人の労働による貢献を正しく理解すること。二つめは、中央当局が経済

に関する様々な情報を収集し、適時に処理する並外れた能力を持つことである。これにより、社会経済活動においては市場または個人による意思決定行為がなくとも、価格または価値のメカニズムに頼らずに中央当局が完全な計画を立てて資源を合理的に配置することができ得る。しかしながら、このような資源配置方式の有効性については大きな懸念がある。社会の需要は種類も多く、移ろいゆくものだ。経済発展では客観的に、蓄積と消費、工業と農業、基幹産業と非基幹産業、様々な製品の間に一定の比率関係が求められるが、これらは互いに関わっており、それぞれの比率は瞬時に変化すると同時に、消費財、生産財、資源を他のもので代替するなど様々な可能性がある。中央当局が完全な計画を策定する前提は、情報が充分あることだが、複雑な近代経済環境では経済情報の発生、構成、および伝播の状況は非常に入り組んでおり、計画部門は多彩で変化に富んだ新しい経済情報を正確かつ有効に把握することが困難である。たとえ計画が情報を完全に把握した上で練られたものであっても、その計画決定の過程では、審議、承認、公布という中間の過程に一定のタイムラグが生じる。このため、計画の公布を受けて企業がこれを実行する時点で、市場の実状には変化が生じているのである。

　第三に、効率面での欠陥である。計画経済体制下では物事が常に非効率的だが、これは上述の二つの欠陥による必然的な結果であり、社会経済体制の実質的に高すぎる運営コストを反映している。計画経済体制の下では、社会経済体制の運営効率は計画の科学性によって決まるが、この体制で科学性を実現するのはそもそも不可能である。なぜなら、第一に計画経済体制の下では、中央から企業に到るまで巨額の費用を支払う必要が生じるということがある。計画が具体的で広範囲になるほど費用もかさむのである。次に、計画は各方面の情報を総括したものに従う必要が生じるが、一方で、情報を総括する前の伝達の過程で情報が徐々に簡略化されるため、真実味に欠けて時間的にも遅れた情報が山来上がる。真実味を欠いた情報はそれぞれの経済主体が自身の利益を考え、自分に有利な情報のみを選択して不利な情報はできる限り隠蔽してしまう。また、情報の遅れは中間段階が多すぎること、伝達技術が遅れていることからくる。このように現実にそぐわずアップデートされていない情報は計画の策定に何の価値もなく、逆に大きなマイナスとなる。さらに、たとえ計画が科学的であっても、段階を踏んで実施される過程で「一律に処理せよ」という指令はそれぞれの部門の実状から乖離したものとなり、最終的には計画目標を達成できなくなってしまう。三つめとしては、社会経済生活は変化が激しく不確定であるということがある。こうした不確定要素が存在するため、永久に計画的な方

法で社会経済を事前に制御することは不可能、または全てを網羅した計画を立てることはできないのである。全てを網羅して余裕を持たせない計画は、いたずらに形式化して労力と資源を浪費するだけで、「虚構」的になってしまう。計画経済体制の直接的な結果は、経済運営が低効率を持続してマイナスに転じることすらある。これは、具体的には資源配置の効率低下、需給の不均衡や製品の質の低下、官僚主義の深刻化や経済主体（企業と労働者）の意欲の低下不足、全体的な原動力の不足とイノベーション意識の欠如という面に現われる。

　上述の分析から分かるとおり、計画体制ではすでに経済社会発展の客観的要求に適応できず、その幕を閉じようとしている。中国は容赦なく計画経済体制を切り捨て、これに代わる近代的な市場経済体制を選択した。

　中国における計画経済の形成から消滅までは、大きく次の4段階に分けることができる[77]。まず1949－1952年の計画経済における条件構築の段階、次に1953－1957年の計画経済形成段階、そして1958－1978年の計画経済の完成段階、最後に1979年から現在の計画経済が徐々に消滅し、市場経済が確立しつつある段階である。

　1949－1957年は計画経済の条件が整い形成された段階であり、計画と市場が結び付いた経済が計画経済へと転換を遂げた段階である。この転換は国営企業の急速な発展と社会主義的改造を基礎として、まず国の経済と国民の生活に関わる重要な業界と重要な製品から開始されてから徐々に拡大していった。1949－1952年で国はまず金融業界と対外貿易に対して計画管理を実行し、さらに重要でありながら不足している綿糸、綿布などの製品は国による統一的な買い付けと販売を実施した。1953－1956年には国が主要な農業副産品の統一的な買い付けと販売、私営企業の社会主義的改造を実施したことに伴い、計画管理が基本的に製品市場を広くカバーするようになった。同時に、社会主義的改造がほぼ完成したのに伴って、労働力市場が消失した。中国の労働力過剰の問題が深刻であったため、労働力の流動と職業選択に対する制限がソ連や東ヨーロッパをはるかに上回った。1956年に農業が合作化されてからは、「高級農業生産合作社」（訳注：地域協同組合）が未だ真の集団経済組織であり、国の計画はこの組織に対して生産と経営に指導的な役割しか果たさなかったが、1958年には政社合一の人民公社が設立され、政府は直接農村の経済運営をコントロールした。ここにおいて計画経済が完成した。

　1958－1978年は完成期であり、この時期に計画経済は絶対的な主体として

77　武力「中国計画経済的重新審視評価」[J]『新華文摘』2003年第11期

の地位を得た。この時期は国民経済計画に対する管理水準が極めて低く、経済の変化が大きかったため年度計画のない年もあった。ただし、計画経済の基礎について単一の公有制は全民所有制と集団所有制に分かれたものの、農村の人民公社にしろ都市の集団企業にしろ、国としてはその損失を負担したり作業者を引き受けたりこそしなかったが、実際の経営管理は全て各級政府部門の手中にあった。

　1979－1991年は、市場経済への転換期である。1978年以降、改革開放が進むにつれ農村では政社合一の人民公社が解体され、農民とその郷鎮企業は政府による直接的な計画管理を離れて自主的な経営権を獲得した。都市では個人企業、私営企業、「三資」企業が急速に発展し、国有企業の「簡政放権」（政権の簡素化と権力の下部への移譲）が進んだ。特に政府が市場統制を緩和し、指令的な計画の範囲を自主的に縮小したのに伴い、企業経営は一段と政府の直接的な干渉を逃れ、市場による調節の範囲はますます拡大した。1992年の中国共産党第14回大会において、正式に市場経済改革の目標が打ち出され、市場による調節という基本的な役割が強調されてからというもの、非国有企業は市場による調節を拠り所にし、政府はその経営に直接干渉しなくなった。また国有企業も市場経済に適応する体制改革と構造調整の段階を迎えた。こうしたことから、1992年以降の中国は計画経済ではない市場経済の改革目標を確立しただけではなく、計画経済から市場経済への転換が徐々に完了に向かったのである。

　1949－1979年は、中国が集権的計画経済を実行した30年であった。この期間には成功もあったが、全国的な大飢饉にも見舞われた。統計によれば、この30年間の中国経済の成長速度は決して遅くはなく、国民経済の年平均成長率は8.2％、工業成長率11.5％、農業成長率は3.1％となっている。この速度はインドやインドネシアなど、他のアジアの大国を上回っている。ただし、計画経済国家の統計体系は西洋の市場経済国家とは異なる。ここで計算されているのは最終的な消費財ではなく全て新規に増えた製品であるため、多くの重複が避け難く、よく指摘されるように水増し分が非常に多い。従って、実際の感覚と統計データは一致していない。鄧小平も「1958年から1978年までの20年間で、農民と労働者の収入はほとんど増加しておらず、生活水準は極めて低く、生産力はあまり発展していない」と率直に語っている。中国人を豊かにし生活水準を高めるために、鄧小平は計画経済の弊害を認識し、これに当時の国際発展の状況を盛り込んだものを改革開放の戦略として打ち出したのである。

　中国の現在の経済状況から見れば、改革開放戦略は紛れもなく成功であり、中国の現状と歴史の流れに適うものであった。

第3節 文化大革命が中国の改革開放に与えた影響

　中国人と中国経済を語るには、30年前の文化大革命に触れる必要がある。文化大革命は歴史上前例のない、空前の規模の全国民参加による政治運動であった。それは同時に中国人に重大な災難をもたらした内乱であり、経済体系全体を破壊して近代化を人為的に中断したものでもあったため、中国は大きく発展するチャンスを逃したほか、当時働き盛りの壮年期にあった中国人たちに深い影響を及ぼした。伝統的な文化に対する価値観が破壊され、経験豊富な知識層は批判に晒され、否定され、人格的な汚辱や肉体的な苦しみを味わわされた。政府官僚のほとんどが時と場所を選ばずに打倒され、背の高い帽子を被らされて街中を引き回され、殴打されることすらあった。社会的に名望のある者や知識層は文革により尊厳を失い、仕事や生活の環境を奪われた。全国の全ての学校は授業が中断され、大学入学試験もなくなった。出身家庭が身分を判断する唯一の基準となり、高等教育機関に進むための唯一の判断基準ともなった。生まれが貧しいほど優れているというのが、人を判断する上での最も基本的な価値観となったのである。「批林批孔」運動（訳者注：周恩来打倒を狙う江青ら「四人組」が展開した政治運動）は、中国文化に大きな影響を与えている儒教文化をターゲットとしていたため、中国の伝統的な文化価値において優れた評価を得ていたものは全て破壊された一方で、よからぬ物が大いに発揚され、悪性の発展を遂げた。

　文革の過程では毛沢東思想が国内で唯一の政治理論となり、毛沢東に対する極端な個人崇拝が全国に蔓延して完全に神格化された。毛沢東への如何なる評価も批判の対象となり、投獄され斬首刑に処せられることすらあった。全国に「造反有理」のスローガンが響き渡り、国全体が混乱した無法状態に陥り、国の法律は単なる空文と化した。「紅衛兵」の間でも同士討ちが盛んになり、武力闘争中には自分の家族、目上の人にまで攻撃の手を加え、政治的な立場に一線を画した。「上山下郷」運動は大勢の中国青年を中国の農村地区に送り、肉体労働教育を受けさせるものであったが、これによりこの世代は皆が教育を続けて受ける機会を失った。頻繁に起こる政治運動は中国経済を停滞させると共に、大量の資源を消耗させた。文革初期の紅衛兵の「経験交流」による全国の鉄道輸送利用はのべ1,100万人に達し、破壊活動により破壊された家屋、道路、文物古跡は数え切れないほどであった。

　文化大革命が中国経済にマイナスの影響を与えたことは、火を見るより明ら

かである。だが、何事も表と裏の両面を備えている。別の角度から見ると、文化大革命は中国人に苦痛と災難をもたらしたと同時に、教訓と知恵を与えたとも言える。文革中の多くの運動は官僚層に向けられており、労働者や無産階級などは幅広く尊重された。個人崇拝と同時に、これまでになかった民主経済と、民主政治を目指す「大民主」という風潮も出現したのである。政府官僚のほとんどが時と場所を選ばずに打倒され得たし、ほぼ全ての民衆が政治参加への強い願望を示した。群集による官僚監督はかなりの力があり、文革によって中国の伝統的な政治権威が叩きのめされた。客観的には中国の伝統的な政府権力に対する庶民の監督が促され、中国は現代民主と法治による新しい歴史をスタートさせたと言える。社会主義民主政治建設のための社会心理の基盤のみならず、政府公務員は人民の公僕であるという意識確立のための社会心理の基盤までも打ち立てたのである。これは同時に、庶民の官僚に対する崇拝と恐れの心理を打ち破り、自身の合法的な権利を守り、近代公民意識を真に形成することになった。中国官僚の公僕意識は公民意識とともに成長してきており、国民に強い公民意識がなければ、官僚にも真の意味での公僕意識を形成することはできない。文革終了後、人々は中国の政治と文化にはこれまでになかった新たな現象が起きていることに気付いた。庶民は役人を恐れなくなり、政府の官僚も役人風を吹かすことがなくなった。中国人は文革において、官僚主義と旧態依然としたお上の商売、上流階級とその価値観を捨て去り、政府権力により一切を圧倒する伝統的なやり方を改めた。中国を真の意味での平民社会に向かわせ、庶民に精神的にも真の平等と自由を与え、今後の中国の改革開放のための確固たる社会基盤を築いたのである。こう見ると文化大革命が悪しきを善き方向へと導き、中国の平民社会構築のための基盤を築いたことは間違いない。

　このほか、永久に打倒されることはないと思われていた権威と偶像を倒しているが、その中では数千年にわたって崇拝されてきた孔子ですら徹底的な批判に晒された。文革では偶像を盲目的に崇拝する造神運動は徹底的に打倒され、妖怪、悪魔の類や、権威、偶像といったものはことごとく姿を消した。また、権力者のほとんどが容赦なくその座を追われ、大部分は前進の道を歩んでいた中国で演じていた自らの役割を反省せざるを得なくなった。革命は中国人が五千年かけて築いてきた権力崇拝を一時的に解放し、その心理的な解放が人々を一新させ、中国人は精神的にも完全に束縛から解き放たれたのである。

　旧ソ連の社会主義改革では、しばしば改革派と保守派の大きな対立が起こり、改革のスピードを鈍らせ、内容を不明確にしていた。このような状況に至る原因は三つある。一つは、党と国の指導者層に大きなイデオロギー的障害があり、

極めて保守的な党内勢力が形成されていたことである。彼らは古いしきたりにしがみついて改善を行わず、教条主義にとらわれ、常に思想行動の基準となる著作を引き合いに出すばかりで、改革を現実に合った正しい方向へ導こうとはしなかった。二つめは、党と国の内部には既得権益者の集団が形成されており、旧体制に問題があることを知りながら、利益のために敢えて手を下そうとはせず、自分の既得権益を死守しようとして改革を阻むところとなったこと。三つめは改革勢力そのものが地位が低い人間の集まりであったため、言論は見くびられ、勢力も貧弱だったことから、強大なイデオロギーからの圧力と既得権益者の集団に抵抗できなかったということがある。このため、改革は体制面での大きなイデオロギー進展が図れず、旧態依然とした枠の中で堂々巡りするのみで、大きな実を結ぶことはなかった。

　旧ソ連と明らかに異なるのは、中国共産党は文革の悲痛な教訓により、計画経済の旧体制による弊害をいっそう深刻に受け止め、自らの歴史的な過ちを正すとともに新たな活路を求めた点である。改革開放を「第二次革命」として、旧ソ連が50、60、70年代に旧体制に対して行ってきたギクシャクとした修正とは異なっていた。文革の過程では共産党の老幹部は濡れ衣を着せられ虐待されたが、彼らは逆境に置かれることで中国の前途と運命を深く考えるようになった。文革終了後、これらの共和国創設者たちは中国の改革開放を推し進めることで、新時代の改革開放に対する抵抗勢力を最少に抑え、改革開放の順調な実施を保証した。

　さらに重要なのは、中国は革命に成功してからの時間が短く、既得権益者の集団が深くは根付いていないため、仮にこうした勢力が現われても文革において徹底的に破壊された点だ[78]。また、文革中に形成された二大政治集団である林彪のグループと四人組も、文革中期から終わりにかけて徹底的に粉砕された。こうしたことから、革命終了後には、共和国の創設者達はそれぞれのリーダーとしての道を新たに歩み始め、新たな時代の創設者となり、改革開放のリーダーとなった。彼らは文革では迫害を受け、庶民と同様に旧体制の被害者であった。このため政治指導者層には、改革の過程で見解の相違も若干見られたが、総体的には特に強力な保守勢力は形成されず、既得権益集団による巨大な圧力もなかった。党内の「保守派」「改革派」のいずれもが改革を歓迎し、意見が分かれたのは、どのように改革を進めるのかということのみであった。こうしたことが中国改革開放の代価を最大限に引き下げ、改革開放の進展を加速したのであ

78　呉鵬森「文化大革命的潜功能分析」[J]『経済与社会観察』2006年第6期

る。

　重要な点は他にもある。文革においては、党の初代指導者層の重要メンバーと革命家第一世代が旧体制を深く反省し、今後の中国が向かうべき方向、発展の道をいかに選択するかなどの重要な問題についての認識を今までになく深めたが、この点では鄧小平のパフォーマンスが最も際立っていた。文革中、鄧小平は全局面を統括して極力妨害を排除し、大鉈を振るって整理を進めた。文革が終わると、傑出した指導力と並外れた戦略的意思決定能力を発揮し、中国の改革開放と社会主義の近代化建設に一連の路線や方針、政策を打ち出し、改革開放における重大な問題と社会主義近代化建設の戦略的な布石を固め、未来への構想について深思熟慮した意見を自らが提示した。中国の改革は漸進的に歩みを進めたが、その改革は始めから正しい方向を目指しており、これが改革を最終的な成功に導いた大きな理由だと言うべきなのである。

　制度のライフサイクル理論に照らせば、ある社会制度または体制は、その生命力が完全に尽きるまでは固有の弊害が知らされることはなく、放棄されたり、新たな制度や体制にとって代わられたりすることはない[79]。旧ソ連体制は70余年もの年月を経て、突然音を立てて崩壊したが、これはある意味で上述の事実を示している。中国革命はソ連の「十月革命」の成功から30年遅れたが、体制面での弊害に対する認識がソ連より深かったのは「文化大革命」という歴史的な大事件に起因すると言わざるを得ない。これにより中国は東欧の社会主義国家に少なくとも10年先んじて伝統的な社会主義の誤りから抜け出せたのである。文革を客観的に称して、社会を加速的に前進させる触媒の役割を果たしたと言われるのはこのためである。文革は、旧体制による様々な弊害を濃縮してより極端な方向へと向かわせ、革命の最中には全面的かつ集中してこれを露呈させ、中国共産党と全ての中国人を震撼させることで世の中に警鐘を鳴らし、反省を促した。加速的に伝統的な社会主義の旧スタイル、旧体制を衰退させて解体し、中国をいち早く改革開放の新たな時代に向かわせ、特有の「歴史的時間効果」を生み出した。こうして中国の改革開放は、ゆとりある国際環境と良好な国内環境を得ることに成功したのである。

　客観的には、文革はこのほか中国の近代的な社会階層と伝統的な社会階層の融合に歴史的なチャンスを提供しただけでなく[80]、中国の今後の改革開放と社会主義近代化建設に思いがけない効果を生み出した。文革の期間に、多くの幹部と知識人が農村と地方の末端組織に送られ、インテリ青年は農村で肉体労働

79　呉鵬森「文化大革命的潜功能分析」[J]『経済与社会観察』2006年第6期
80　呉鵬森「文化大革命的潜功能分析」[J]『経済与社会観察』2006年第6期

に従事した。事柄の性質としては、都市の人口を農村や辺境の山間部に移転させたことになるが、これは近代化の過程で見られる人口の都市化という傾向に反しており、家庭や個人に大きな損失と苦痛を与えたばかりでなく、歴史的な反動となった。しかしながらこの期間はさほど長くない。文革終了後は国全体がすぐに大規模な近代化建設の段階に至り、全てが経済建設を中心として進められた。このように一つの世代で二つの完全に異なる生活体験をし、教育を受けるということは世界のどの国の歴史にも見られない。このことは、中国の近代化の過程で思わぬ効果を生んだ。都市に住む知識人とインテリ青年が偏境の地にある遅れた農村に下放されたことで、都市の文明観と科学文化の知識が農村にもたらされたばかりでなく、一部のインテリ青年がその地にとどまって農村の経済建設に従事し、農村の発展加速に貢献したという側面もあった。さらに重要なのは、幹部と知識人の下放、インテリ青年の農村労働は、都市間、異なる社会階層間での交流と融合を促し、共和国の次世代を鍛え上げ、政治的に成熟した強い意志を持たせ、新時代の中国の改革開放と社会主義近代化建設を支える中堅的パワーにしたことである。この世代は独特な人生経験により、中国の国情および歴史が自らに課したチャンスと使命を深く認識していた。彼らは異なる社会階層や地域発展で生じる格差を真の意味で理解し、階層の違いによる利益のギャップを超えることができた。そして、そこから正確に時代の発展と民族の盛衰といった流れをつかむことで、中国が大規模な近代化建設を進める中で独特の歴史的な影響を及ぼした。

　以上の角度から中国の文化大革命を考えると、文革が中国の改革開放と経済の発展に与えた影響と破壊は、決して根本的なものではなく、これを災難と呼ぶべきではない[81]。反対に、文革期を通じてイデオロギーをあまりにも強調した結果、中国とソ連の関係は疎遠から敵対へと転じたため、中国の発展および資本主義強国アメリカとの戦略的パートナーシップにとっては絶好のチャンスを与えた。文革時代の極度の混乱と破壊は、鄧小平等その後の中国の指導者に共産主義理論とその実践、国家の前途と運命を深く考えさせることになった。過酷な現実は多くの人に非現実的な理想を捨てさせ、思想の深層にある束縛を解き放った。この意味において、文革がなければ78年から始まった思想解放運動はなく、中国はゆとりある国際環境の中で改革開放の時代を迎えることができず、改革開放もこれほど順調には進展しなかっただろう。

　これらは文革が中国人と中国経済に残したものと言えようが、「失うものあれ

81　李松晨等編「文化大革命対中国経済的影響」原文は『文革档案』上巻に所蔵。北京［M］当代中国出版社 1999 年

ば必ず得るところもある」という中国の古い言い伝えがぴったり当てはまる。

第4節 中国の改革開放が石橋を叩くようにして進められた理由

　旧ソ連と中国は、同じ社会主義国家として前後して改革を進めてきたが、それぞれが選んだ道は全く異なり、改革の成果にも明らかな違いがある。
　広く知られているように、中国の経済体制改革は政府の強力な指導の下で段階ごとに実施され、市場経済に向かう過渡期には漸進的な方法が採られた。この漸進式の改革は実状から発し、易から難へという原則に従って表面から深層へと順に進められ、改革の力加減、発展の速度、社会の許容度に応じて協調や統一を図ることで、社会の大きな動揺を避けてきた。経済改革は1978年末から、まず改革のコストが低くて著しい収益が見込める領域から着手され、絶え間なく進められた。最初に農村の改革を行い、さらに都市部へと拡大していった。また、市場経済に適応する非国有企業を発展させてから、国有企業の改革が進められている。商品についてはまず一般商品市場を発展させてから、生産要素市場を拡大させた。価格改革は「調整してから開放する」「調整と開放を同時に進める」などの方法により、徐々に国際市場の価格基準に合わせていった。都市の開放については経済特区、沿海都市を先行し、それから内地へと拡大することで全面的な開放を進めた。このようにして中国の改革は手探りで慎重に進められ、試行錯誤が繰り返されている。経験を積み上げて徐々に拡大し、容易なことから困難なものへ、より深層に向かって発展していったのである。漸進式の改革推進と弛まぬ発展を通して、新体制における要素が徐々に成長・成熟し、最終的に社会主義市場経済の創造に向けて過渡的な条件を築いていった。改革から20余年を経て、中国の市場は快調に発展した。1993年に社会主義市場経済体制の確立が打ち出されたことは、まさに経済改革発展への客観的な需要を反映している。こうした改革の実践により、漸進式のやり方が中国の国情に合致していたことが証明された。
　一方のロシアが採用したのは急進的な改革であった。まず社会を「ショック」状態にしてから大手術を施すことにより、改革を資本主義から逆行させないようにするもので、体制転換のプロセスに必要な継承性と過渡性は考慮されていなかった。ロシアの急進式改革、すなわち「ショック療法」の具体的な中身とは、物価統制の全面開放、通貨の自由両替、迅速な私有化、対外貿易の自由化などであった。このうち、物価の全面的な自由化はロシアの急進式改革が最も顕著に現れた項目であろう。周知のように、旧ソ連の経済は計画と統制のレベ

ルが極めて高く、国が直接管理している商品(生産と流通の段階を含む)は実に25万種類に及び、国が実行している統一計画価格がカバーしていないものはないといってもよいほどであった。しかしながら、ロシアが独立してから1週間前後で物価が慌しく自由化され、1992年1月2日以降、一部の重要産品(石炭、石油、天然ガス、貴金属など)と国民の基本的な生活必需品(パン、牛乳、砂糖、塩、植物油など)について政府が最高限度額を定めたほかは、商品の80－90%の価格が一度で完全に自由化された。ロシアはこの一回性の物価自由化を経済転換における「先導的措置」としており、国の価格独占を打破し、企業競争と市場経済のための道を切り開くことを目的としていた。ところが、この措置は極度に商品が不足する中で実施されたため、全国の物価全体の水準が瞬く間に跳ね上がり、全国的な悪性インフレを引き起こして大きな経済混乱が生じた。国民が長年蓄えてきた貯金が水泡に帰し、購買力が極度に落ちたことから国民の生活水準が一気に低下し、企業の生産および再生産の能力も大きな打撃を受けた。

　なぜ、この二つの社会主義国家は計画経済から市場経済への転換プロセスで、全く異なる方式を選択したのであろうか。なぜ中国の改革開放が石橋を叩くようにして進められたのか。その理由を求めるには、当時の社会、経済、文化的背景を見ていくしかないであろう。

　1、両国の計画体制にみる形式上の違い

　体制が転換される前まで、中・旧ソ連は両国とも中央集権式の計画経済体制を探っていたが、中国には旧ソ連に比べて特殊な点、すなわち統一計画、級別管理という計画体制があった。国有企業は規模が小さくて経済に完全な影響を与えることができないため、中央は計画を完全に定めることはできなかった。このため、計画はまず中央が主導し、それぞれが協議に参加することで、ある程度の柔軟さを持ち得た。また、旧ソ連は統制物資が25万種類もあったが、中国では対象が少なく、計画配給物資は1,200種類程度しかなかったということがある。もう一つに、中国の地方政府は経済計画策定にあたってかなり大きな自主権があったが、旧ソ連の地方共和国の計画権は中央集権により厳しく制約されたということがある。中国は地方政府が一定の自主権を有していたことから、資源の計画的配置に一定の市場要素を盛り込むことができ、地方企業の計画外の生産も価格設定メカニズムの面、取引対象の選択の面のいずれにおいても準市場という性質を持つことになった。中国の計画経済運営メカニズムに事実上存在するこの二重構造により、経済改革の漸進方式には既成の条件と構想が与えられた。中国の計画は相対的に緩やかなものとなっており、国が国有企

業に対して権力の委譲と利益の還元という改革の実施を決定したことで、市場関係の急速な発展を可能にした。一方、旧ソ連の経済は計画による制約が非常に厳しくて全てが中央に集約され、地方は締め付けが厳しく、融通性のある権利は一切認められていなかった（計画は経済領域の90%以上を統括していた）。中央、地方経済はいずれも資源の計画的配置に慣れており、これにより「硬化症候群」が形成された。経済体制全体を徹底的に変革しない限り、改革に突破口はなく、必然的に急進式の改革方法が選択されることになったのである。

2、両国の経済発展水準の違い

体制が転換されるまでに、旧ソ連の国家経済はすでに工業化が進んでおり、労働人口の大多数が国有企業で働き、国による福利厚生を受けていた。一方、改革前の中国は立ち遅れた農業経済大国で、特に農民の多くは生活水準が低く、旧ソ連の事情とは根本的な違いがあった。旧ソ連の民衆は旧体制下で比較的高い既得権益を得ており、旧体制の束縛からの脱却は容易ではなく改革に対する抵抗も大きかったことから、改革は所期の効果を挙げることができなかった。一方の中国は改革の実施も総体的に容易であり、抵抗も少なかった。

3、両国の改革時期の違い

中国は十年に及ぶ文化大革命があったものの、政治は基本的に安定を維持し、人民は変わることなく中国共産党の指導者を擁護していた。つまり、前提として政治的安定が保たれる中で経済改革が行われたといえよう。一方の旧ソ連は、ゴルバチョフが打ち出した政治の自由化に伴い多数の党派が生まれ、旧ソ連が解体して政治に混乱をきたした。ロシアの改革は政治体制改革を前提として行われた経済改革であり、このような改革には急進的な手段をとるしかなかったのである。経済面では、中国は国民経済が全面的な停滞状態には陥っておらず、潜在的な成長力があったため、ゼロ成長やマイナス成長に陥る前に改革が始まった。ロシアは1991年の改革までに国民の収入はゼロ成長やマイナス成長という局面を迎えており、経済は全面的な危機に陥っていた。しかしながら、計画経済体制は集権性と統一性が高く、資産総額では国有資産が90%以上を占めていたことから、ロシアは厳しい経済状況の中で中央計画経済体制を抜本的に変革し、急進型の改革を採らざるを得なかった。さらに旧ソ連式の計画経済は、中国が改革に至るまでの30年間というもの、その役割を充分に果たしていない。旧ソが長い時間をかけて押し通した経済発展のプランも、中国はその通りには実施していない。第一次五カ年計画は終了の前に「大躍進」によって中断されたのである。「3年間の自然災害」以降、経済は回復に向かったが、十年に及ぶ文化大革命が始まり、経済発展の目標は政治闘争による干渉を受け続けた。

4、両国の伝統文化の違い

　中国は悠久の歴史を有する東洋の文明国であり、文化伝統は西洋のそれとは大きく異なる。この長く深く根付いた東洋の文化伝統は、非西洋的な政治様式にも確固たる基盤を与えることとなった。この歴史的遺産は市場経済に向かう中で、見えない手のように時代を変革の方向へ導いた。とりわけ、家族を基本とする自然経済、集権政治、集団的価値観は、漸進式改革に大きな影響を与えている。伝統文化は封建的な自然経済を基礎として確立されており、市場経済発展とは根本的に矛盾するものだ。例えば契約意識の低さ、平均主義、官僚本位、保守的で硬直化している思想などは、全て市場化の妨げとなる伝統文化の遅れた観念である。このため、市場改革は漸進的に進めなければ一般庶民に受け入れられず、推進もままならなかった。また別の面から見れば、伝統文化が改革と発展により積極的な要素に変化し、市場化と現代化を促すこともあった。例えば伝統文化には節約や個人主義、そして享楽主義への反対などの積極的な要素もあり、これが経済の発展に有利に働いた。また、伝統文化における秩序と権威の観念は、社会の安定と政治の集中に有利に働いただけでなく、政府の管理コスト引き下げを可能にした。さらに中国文化が教育を重視していることが、国民の資質を高めて人材資源の改善を図る大きな原動力ともなった。このように中国の文化的伝統は消極的な面（家族主義、契約観念の欠如など）からも、積極的な面（教育、権威、集団を重んじる）からも漸進式の改革には有利だが、急進式の改革を成功させようとする場合には不利に働く。つまり漸進式改革を進める文化的な前提条件を備えていたのだ。

　ロシアはユーラシア大陸に跨っており、その地理的な特殊性により、文化の源も東方と西方の二つを持つ。したがってロシア文化には東西の二重性があり、ロシア民族の精神にもこうした二重性が浸透している。張樹華は自著『ロシア経済改革透視』の中で、ロシア人を次のように説明している。「ロシアには広大な平原がある。ロシア人がこの広い空間を把握し、形を定めることは難しい。ロシア民族はほとんどが決定論を主張せず、思考の傾向も無限であるために、問題を分類して理解しようとする人はいない。」特に近代のロシアでは、封建的な農業生産方式を単純に繰り返し、村落共同体の生活は極めて閉鎖的だった。また、村落共同体とツァーリ（帝政ロシアにおける皇帝の公式称号）による専制統治が農民個人に対して絶対的な権限を持っていたため、農民は思弁、模索、真理追究という理性的精神とは逆となる、因襲にとらわれ従順であるという心理的な特徴を持つに至り、結果的に近代ロシア民族は理性的な精神を失った。つまり、ロシアの民族精神の矛盾と理性的な精神の欠如が、民族を極端な

方向へと向かわせたのである。これがロシア文化と民族の個性上の特徴として、ロシアの政治経済発展に影響を与えることとなった。ロシア民族と民族文化の形成はヨーロッパ文明より遅く、封建的な農奴制による生産方式は資本主義的なものに遅れを取ったため、競争では力が及ばなかった。そして西欧文化へ突進しようとするたびに、東方の文化伝統に束縛されていたのである。このため、ロシアは西欧化を進める中で政治上層部に危害が及びそうになるたびに、封建的な専制制度でこれを阻止していた。その一方で、ロシア国内では西欧文化の要素が拡大を続け、革命または改革というやり方で再び西欧化を迫られた。ロシアの文化には二つの源泉があり、その文化は理性的な精神が欠如し、民族の個性も極端だったため、社会の発展という点では基本的に西欧化と東方化の間で揺れ動いていたことが分かる。だからこそ急進的な転換を行い、転換には強制的な力を必要としたのである。ピョートル大帝は、保守的な射撃軍の軍人からその親族に至るまで、全てを鎮圧してロシアにヨーロッパ化の道を歩ませようとした。スターリンにいたっては「富農」を残酷な手段で駆逐し、反対派を粛清することで全体的な集団化を実現し、工業化を加速した。スターリン方式を打ち立てた歴史的転換には、エリツィンが採用したショック療法、大砲と総統制など、ロシアを市場の軌道に乗せた拠り所が認められよう。

　以上の分析のように、ロシア人と中国人に見られる文化伝統と性格の違いが、両国の辿ってきた転換と発展に明らかな違いをもたらした大きな原因となっている。

　中国改革開放の「総設計師」である鄧小平は、中国が資本主義と社会主義のいずれを選ぶかという議論の中で、「資本主義の道を歩めば、中国人の数％が豊かになるだろうが、90％の人の生活を豊かにするという問題は絶対に解決できない」と語っている。以上から、中国の当時の指導者は改革開放を前提として、改革の方向を明らかにしていたことが分かる。この方針は鄧小平が後に打ち出した「社会主義の特色を持つ市場経済という路線」の構想と一致している。

　このほか、中国が改革を迎えた時期に世界はまだ冷戦の影響を払拭しておらず、世界全体に冷戦の思想が蔓延していた。中国の改革は、西側においては旧ソ連をリーダーとする社会主義勢力の弱体化を実現する歴史的なチャンスであるとみなされており、スタートからゆとりある望ましい国際環境を得た。例えば、アメリカは中国との関係が正常化してから間もなく、中国に貿易最恵国の待遇を与えるとともに、技術移転の制限を大きく緩和した。また日本は大量の対中国ODAを行い、世界銀行と国際通貨基金は80年代初めには中国を加盟国とした。興味深いのは、こうした有利な国際環境の背景には、中国の政策調整のほ

か、冷戦状態にあった国際秩序、米中ソの大きな三角関係の存在も関係していた。これらの国際情勢は改革成功の主因ではないが、中国改革前期の順調な進展に重要な役割を果たしたことは間違いない。

第5節 改革開放が中国人と中国経済にもたらしたもの

　改革開放は大きな成果を収めた。さまざまな誤った社会思潮による衝撃を鎮めるため、とりわけ90年代の旧ソビエト連邦の激変におけるドミノ効果を防ぐために、確固たる物質基盤と社会基盤を築いた。物質基盤では、改革開放が発展を主導方針としたため、改革の中で発展しつつ発展の中で改革していくという、改革開放と経済発展が相互に展開する好ましい循環を作り出した。世界の専門家の多くは、改革はいかなる方法を採った場合もその代価として初期段階には経済成長が犠牲になるという見解を示している。しかしながら中国は、社会改革において生産力の破壊や生活水準の低下を招かなかったばかりではなく、改革と発展を同時に進めることで、改革中もずっと経済の高速成長を持続させた。国民総生産の平均成長率は30年間にわたって毎年平均9％以上に達し、国民の生活水準も大幅に改善されたのである。

　1978年に改革開放が打ち出されてから30年に及ぶ努力により、中国の政治、経済、文化、外交などのあらゆる面に大きな変化が生じ、人々の意識も大きく変わった。まず、衣食住と交通手段に見られる変化を例に、改革開放が中国人と中国経済にもたらしたものを見ていこう。

　改革開放前は経済の発展レベルも低く、商品供給の不足が深刻であった。衣服を買うには「布票」が必要で、数量は限られ、色やスタイルも単調であった。皆が同じグレーの「中山服」か青い「解放服」を着用していたために、「青い海」のようだと言われた。開放後は物資が豊かになり、思想も解放されて人々の衣服もカラフルになり、ブランドファッションや流行デザインの服が店に溢れるようになった。衣服は防寒のためだけではなく、ライフスタイルや個性を表現する手段となったのだ。

　改革開放までは食物も不足して変化に乏しく、人々は深刻な栄養不足に陥っており、農村によっては最低限の衣食生活すらままならず餓死する者さえいた。改革開放後は、中国人十数億人の食生活上の問題はほぼ解決された。「充分に食べる」だけでなく、「（栄養を考えて）しっかり食べる」ことが必要だとされ、栄養のバランスを考える、食材の組合せに気を配る、有機食品を取り入れるなどの科学的な衛生概念が、人々の暮らしに浸透しつつある。

居住条件も改革開放前はみすぼらしく、農村住民の多くは日の当たらないじめじめした環境で暮らし、都市部では家族数世代が一つの家に住むといいう現象も多かった。改革開放により、一人当たりの居住面積が拡大したばかりでなく、室内装修や居住環境も大きく改善され、人々は住宅環境の快適さや健康、安全面に注目するようになった。

　改革開放までの中国人の外出は、まるで登山でもするかのような困難が付き物だったが、現在では乗用車が多くの中国人の足代わりとなっており、列車、自動車、飛行機などのいずれを利用するかが自在に選択できるようになった。

　生活水準を代表する四大商品は、以前はミシン、自転車、腕時計、ラジオであったが、開放後はカラーテレビ、冷蔵庫、洗濯機、エアコン、電話、パソコン、携帯電話なども日用品に過ぎなくなった。

　改革開放までは人々はめったに出歩かず、たまに出かけたとしても党や国の利益のためであったが、いまでは旅行に行くことなどがレジャーの一つとなっている。

　以上述べてきたように、30年余りの模索によって中国の改革開放と近代化建設の過程では特色ある社会主義発展の道が徐々に構築され、人々がそこに新たな希望を見出したことは間違いないと言えよう。

第 7 章
中国経済の三大立役者、国有企業・民間企業・外資系企業

　中国国内の企業は、外国資本参入の有無により、内資企業と外資系企業に分けられる。内資企業には通常、国有企業と民営企業が含まれる。中国経済体制改革が深まるに伴い、経済改革における最大の課題であった国有企業改革が計画に盛り込まれた。政府は社会主義市場経済の制度を整備するために一部の国有企業を民営化したが、国家経済の根幹に関わり国家経済の安全を維持するための要となる業界と領域については、国が株式を保有しており民営企業はほとんど参入していない。経済規模については、国有企業は一般的に規模が大きく、その多くがグループ企業による持株を実施している。これに呼応して民営企業は規模が小さく、中小企業が一般的である。外資系企業は出資持分の比率によって外国独資企業、中外合弁企業、中外共同経営企業に分かれる。

第1節　中国の国有企業改革

　計画経済から市場経済体制へと方向転換をした中国が国有企業改革で歩むプロセスは中国経済改革の中核として注目を集め、国内外の学者たちに研究されてきており、現在も続いている。手法や観点の差異こそあれ、ここ30年に国有企業が改革を通して経験したことと教訓として導き出された結論には共通点がある。すなわち、中国国有企業の改革が段階的に行われている点だ。下から上へ、実験的に、実情に合わせて方向を探り調整していくところが主な特徴である。目標とするモデルは市場経済のメカニズムに適応した公企業で、「市場の失敗」を補う機能が発揮できることが求められている。さらに、経験や教訓に基づいて、財産権の改革についての方法と道筋を常に探っていくべきである。

1　中国国有企業の改革過程

　1978年の改革開放以来、国有企業改革は紆余曲折を経てきた。その過程は、企業の経営自主権の拡大、両権分立（所有権と経営権の分離）の実行、現代企業制度の確立のための株式制への改組という三つの段階に大きく分けられる。
　第1段階：企業自主権の拡大段階（1978－1984）
　中国国有企業が政府に細部まで管理されてきた弊害は、改革開放が実施され

る前からすでに見え始めていた。50年代の後期に中国は国有企業の改革を進めていたが、当時の改革の目的は主に中央と地方の権限を明らかにする点にあった。

1978年末から1984年における国有企業改革の中核的な内容は「放権譲利」（権力の委譲と利益の還元）の四文字で表わすことができる[82]。改革は国家と企業の関係を調整する点に移行し、企業と労働者の積極性と自主性を活気付けることに重点を置いている。この段階を通して企業には一定範囲での自主権が付与され、独立した利益主体としての一歩を踏み出した。企業と労働者はともに活力を高め、伝統的な計画経済に突破口を切り開いた。改革は、一部の企業に明らかに前向きに作用した。例えば、首都鋼鉄公司は1979年から1981年までの改革を経て、以前に比べ純利益は毎年平均45.32％増加しており、上納する利潤額と税金の平均も毎年27.91％の成長、企業の内部留保と労働者の収入はともに大幅に増加している[83]。改革により企業の自主権獲得、内部留保の増加、管理手法の改善、経営効率が成長したことの証明である。

しかし、この段階での改革目標は企業の自主経営ではなく、計画経済体制の下で企業の自主権を適切に拡大することにあったため、国有企業は製品生産者にとどまり商品生産者ではなかった。改革は計画経済体制を改善するもので、これを完全に変えてしまうものではなかったのである。

第2段階：両権分離の実行段階（1985－1993）

いわゆる両権分離とは、企業による生産経営請負制によって国家の所有権と企業の経営権を分離させることを言う。国が経営権を完全に国有企業に引き渡すことで活力が生まれ、市場と連動した効率のよい経営が可能になる。この段階はさらに次の二つの時期に分けられる。

第一段階は1983年から1987年までで、改革の主な内容は「利改税」の三文字[84]で表わすことができる。「利改税」は過去において企業が利潤を上納した上に、税金の納付を義務付けられていたものから、利益と税金を一つにして一定の比率に従い納税するよう改めることを言う。1983年と1984年の二段構えで実施されたこの改正により、国と企業間における利益分配関係の調整が図られた。「利改税」と同時に、企業の資金調達方式についても改革が実施された。政府が国有企業の固定資産に資金注入していたこれまでの方式は改められ、国有企業の固定資産投資については無償で政府の資金を受けることができなくなり、

82　沈英俊「関於国有企業改革的思考」[N] 光明日報 1999年9月15日
83　『経済発展与経済改革』[M] 経済管理出版社版 p.472
84　沈英俊「関於国有企業改革的思考」[N] 光明日報 1999年9月15日

銀行の融資を受けることになった。この二つの措置は政府と企業の利益分配関係を改めて規範化し、同時に政府と企業の投資および融資の関係を調整したものである。

1987年から1993年までに行われた改革の中核は「承包制」、すなわち請負制の実施で[85]、この期間は国有企業請負制のピークとなった。1987年から全国の工業企業は相次いで請負を開始し、1992年には国有の大中規模工業企業の98%がそれぞれの程度に応じて請負制を採用した。企業は政府に対して事業を請け負い、地方政府も中央政府に対して請負、すなわち定額納税を実施し、それぞれが残り金を自由に支出することで全国規模での大請負時代が到来した。

両権分立の第二段階を全体的に見ると、確かにある程度の成果を収めてはいるものの、問題も起こっている。例えば国有企業は設備面にかかりきりで長期的計画を立てず、技術開発も行わなかった。その上、帳簿を偽装し、企業は粉飾利益をでっちあげて収入を多く申告し、掛け買いでまかなっていた。さらに経営者や労働者はより多くの賃金と賞与を求め、国有企業の実質利益は脇に追いやって企業が前進するための努力を怠ったため、発展してからのはずみを維持できなかった。こうして国有企業がもたらす効用はさして改善されず、改革で定めた目標を十分に達成できなかった。

Xiao-Yuan DongとLouis Putterman[86]は1,000社近くの中国国有企業をサンプリング抽出し、1980年から1990年の間に国有企業の就職および賃金の実態調査を行い、国有部門に余剰人員が多いことを指摘した。買い手市場であるために、労働者の限界生産性が賃金総額を上回っていたのである。そして労働者への奨励金を増やした結果、企業の出した利益が奨励金のコストを上回ってしまった。この段階の改革で、企業は見境なく短期的にインセンティブを出したり、効率を考えない投資を行ったりしていたのである。

Gary H.Jeffersonの研究[87]によると、1980年から1993年の間に中国国営企業の全ての生産財を含む生産率は年平均で2.5%成長した一方で、労働生産率はほぼゼロにまで落ち込んでいる。このような悪循環に陥った主な原因は「公有地の悲劇」だとして、国有企業は中国企業の養魚池だとも例えられた。利潤は絶え間なく要求されるが、労働者が消極的でサボタージュをしたり、管理層は国有財産を着服したりし、政府の役人は上前をはねるなど、上げた利益は絶え間なく吸い取られていた。

85　沈英俊「関於国有企業改革的思考」[N] 光明日報 1999年9月15日
86　Louis Putterman; Xiao-Yuan Dong, 2000, China's State-Owned Enterprises: Their Role,Job Creatopn, amd Efficiency in Long-Term Perspective, Modern China, Vol.26,No.4.,pp.403-447.
87　Gray H. Jefferspm; Thomas G. Rawski, 1994, Enterprise Reform in Chinese Industry, The Journal of Economic Perspectoves, Vol.8, No.2, pp.47-70.

第3段階：現代企業制度の確立と株式制への改編段階（1994 －）

　この段階での国有企業改革は、これまで蓄積してきた経験に基づいて現代企業制度を確立することを任務とした。実質的には国有企業に対して財産権のあり方と所有制の構造を調整していたが、その理論の拠り所は社会主義市場経済体制に求めたものだった。

　現代企業制度は19世紀中頃に萌芽し、20世紀50－60年代まで先進国において有力な企業制度となった。現在、西側社会ではすでにこれが市場経済発展に対応し、社会的な大量生産による需要が最も望ましい企業組織の形態であることが実践的に証明されている。国有企業が近代的な企業制度を確立するということは、会社制度への改組を意味する。これまで工場制を実施していた国有企業は状況に応じて改組され、股份有限公司（株式会社）と有限責任公司（有限責任会社）となった。中国的な国有株式企業の特徴が現れているのは以下の点である。（1）国有株と法人株が主体となる（西側では個人株が主体）。一般的な国有株式企業では国家株と法人株が70－80％の権利を占める。（2）個人株の発行は規範化していない。対象は国有企業内部で働く労働者に限りインセンティブとして発行するものとし、その基準は規制されない。（3）株式の譲渡は多くの制限を受ける。上場企業の国家株、法人株は流通譲渡してはならず、内部の労働者は一定の期間が過ぎた後に譲渡が許される。店頭取引、私的取引が許される個人株もある。（4）株主の利益配当権は平等ではない。国家株、法人株、個人株は同一視されてはならず、社会公衆株の持ち株（個人株）には現金の配当を支払うが、国家株、法人株には現金配当しないなど。（5）国家公務員は国の代表としての身分で取締役会に参加し、これをコントロールする。

　1994年から1998年にかけての改革の主な内容は、社会主義市場経済の発展という要請に応じて、国有企業に近代的な企業制度を確立したことである。しかし、中国がまさに市場経済の道を進んでいる中、市場システムと法律法規は全て不健全であり、近代企業制度が当時の中国では確立されにくかったことから、中国が一部の都市と企業の中で試験的に行った近代企業制度の成果は決して顕著ではなかった。中国株式制国有企業の実際の運営には多くの問題があった。つまり、（1）国家が所有者としてのリスクを有効に分散していない。（2）所有者としての国家の利益が経営者と労働者に侵害される。（3）公平の原則に違反する。（4）政企分離（政府行政機関と国有企業管理の職能の分離）に不利である。（5）委託―代理コストが高い。（6）企業内部者の恣意的なインサイダー・コントロールがはびこり、国有株式企業の企業統治がバランスを欠き、集団で結託してレントシーキングする。1996年には、国有企業に対する「抓大放小」（大

をつかみ、小を放つ)の改革構想が打ち出された。政府は大型の国有企業を集約して重点的に発展させ、中小企業は自力で経営させるとした。これはマクロ的に国有経済を活性化するもので、個々の国有企業を活性化させるものではなく、またそれは不可能でもあった[88]。1999年から現在までは、マクロ的な視野に立って戦略的に国有企業の配置を調整し改組を進めることで、近代的企業制度の整備が続けられており、国有企業改革と国民経済構造の戦略的な調整を統合した上で、国有経済の全体的な質の向上に一段と重きが置かれている。

　これまで述べてきたように、国有企業改革が経験してきた経営自主権の拡大、請負制と株式制の促進という三段階は、全て国有企業の効率の問題と政府の職能移行を解決するためであった。この三つの改革段階については、中国の経済学者が何度も議論を繰り返してきており、企業家が繰り返し実践した基礎に基づいて少しずつ実施してきた。2004年の中国共産党第16期中央委員会第3回全体会議では、国有企業の所有権改革を明確に定義する決議が行われ、所有権改革の基礎を踏まえて混合所有制を打ち立てた。これは中国が30年近くもの時間を費やし、巨大な改革コストをかけて至ったコンセンサスである[89]。国有企業改革発展の基本的な目標は次の三つである。一つは、国有経済の配置調整で、一般的な競争産業からは撤退し、重要な業種に集約させること。二つめは、国際的な競争力を有する大型企業グループに改組し、WTO加盟により直面している挑戦に対峙する能力を備え、国民経済の安全を保証すること。三つめは、株主の多元化を推進し、近代的な企業制度を確立することにより企業の管理水準を高めること。2003年から2006年に中国の国有および持ち株国有工業企業数は3.66万から2.61万に減少したが、資産総額は9.54兆から13.4兆元に増加した[90]。また、2006年の国有企業が実際に達成した利潤は、9,047億元であった[91]。

2　中国国営企業が直面している苦境

　今日まで30年近くにわたる改革は、未だ中国国有企業の効率を徹底的に改善するには至っていない。国有企業は商業、サービス業などの領域で多くの業界に分布しており、数も多い。独占的地位にある業界のほかにも、効率低下、競争力不足、発展を維持する勢いの欠如などの問題がある。さらに、第三段階の所有権改革において国有資産の大量流失が、一部の学者に国有企業の財産権改

88　沈英俊「関於国有企業改革的思考」[N]　光明日報 1999年9月15日
89　華民「国退民進有什么錯?」[J]『上海企業』2004年第11期
90　李栄融「関於国有企業改革的幾個問題」[J]『宏観経済研究』2007年第7期
91　2006年の国有企業全体利潤は赤字にあらず―利潤25%増　http://niufengrui.blog.china.com.cn

革の必要性に疑問を抱かせることとなった。

　国有企業改革が直面している苦境は次の通りである。

1、　所有者不在による委託・代理コストが高いこと。国有企業の委託・代理関係は重層的になっているため、所有権者による直接の監督を欠く。さらに、受託代理人の目標と委託託人が一致しないために国有資産の流出を招き、企業のパフォーマンスが低下する。所有者不在のため、近代企業制度の株主総会、取締役会、監査役会が形骸化し、各々が有効に働いていない。一部の企業管理者はひたすら任命権を持つ者だけに従い、企業の所有者の存在を脇に追いやっているなど、企業経営の管理層と政府の間には一筋ならぬ関係が存在し、株主価値の最大化という企業経営目標を忘れている。このほか、国有企業には代理者のモラルハザードと経営管理能力の欠乏がよく見出だされ、これも国有資産を危険にさらしている原因の一つとなっている。

2、　政府と企業の分離。政府は国有企業の単独出資者であり、政府と企業の間には行政的な従属関係が依然として存在する。その一部は計画経済が持つ強い惰性によるものや、政府役員の業績査定で必要となるため、各政府機構は一度も管轄下にある国営企業の行政管理権を手放したことがない。国家経済貿易委員会の調査によると、国有企業の投資策の55.6％は政府が直接制定、21.2％は政府の意向暗示に従い、自主的な決定は23.2％のみであった。

3、　国有企業が担う社会的職能が多すぎること。例えば196社ある中央直属の企業の下に置かれる三級以下の中小企業は11,598社に達して全体の78％を占めているが、多くは競争力が低下しており損失も深刻である。これは大型国有企業の負担を増やすことにもつながり、国有企業全体でのパフォーマンスを低下させた。国有企業の改革は外部社会に与える影響も考えなければならないのは当然のことである。国有企業が効率を上げるために減員すれば職工の大量失業につながり、社会的な就業負担が増加するばかりか、大勢の失業者の生活の質も大幅に低下し、客観的にも政府の行政難度を引き上げ、ひいては社会の安定にも影響しかねない。さらに、職を失った者の消費レベルはそれ以前に比べて大幅に低下するため、社会全体での消費需要が減少して大量の経済活動を収縮させることになる。これは生産量を減らすことにつながり、企業は生き残りのかかったいっそう大きなプレッシャーと戦うことになる。

4、　国有企業の改革プロセスで発覚した国有資産の流失問題。すでに廃止された管理者による自社株買占めモデル[92]が大量の国有資産の流失を招き、広く社会の注目を集めるところとなり、国有企業の所有権改革を中止するよう提案した学者が学界において激しい論争を引き起こしたほどである。実際のところ、

国有企業の所有権改革の中で国有資産流失が起こった主な原因は、その方法が不適当だったことにある。中国は当初よりロシア式の国有企業の所有権改革には反対してきているが、現在はまだ公開市場に国有資産を売り出す社会的、法律的、経済的条件が整っておらず、結果として自社株買占めという株式譲渡を非公開で行うやり方が現れた。社内の管理層らが情報的な強みを利用して、元来は国家所有であった株を安く買い取り、そこから国有資産が垂れ流されたのである[93]。

3　中国国有企業改革の中心となる問題：その位置付け

　中国国有企業改革は30年近くにわたって行われたが、未だに成功していない原因は改革の基本となるべき出発点が必ずしも全て正確でなかっただけでなく、国有企業の役割についても正確な位置付けがなされていなかった点にある。改革に携わった人々は国有企業のことを利潤を生み出す一つの主体とみなしたため、延々と援助を注ぎ続けた。しかし、実際に世界中の国有企業を見渡してみても、利益を上げているところは存在しない。

　社会主義の計画経済体制の下、国有企業は国家計画を成し遂げる基礎的な組織であるため、経営内容と範囲はあらゆる面をカバーする。20世紀の50年代から70年代末に至るまで、中国の工業化は高度に国家の蓄積に頼ってきた。客観的にも国有企業が工業化の中心となって力を発揮することが要求され、国家が工業化の初期にすでに直接参入したことによって、国有企業は抜きん出た地位を占めることになっていた。

　中国は70年代末から対外的に開放を始め、徐々に市場経済の道を歩んだ。このため、国有企業の中国経済における地位と働きも必然的に変化した。市場経済体制下の国有企業は、政府がこれを用いて市場の欠陥を補い、また社会政策の目標を実現する手段として使うものであり、主に「市場の失敗」を解決するものである。例えば、市場と営利性企業が生産し得ない公共財の提供、または市場競争が不完全か不十分、自然的独占に産業の経営、さらに、投資周期が特に長く不確定要素が大きい大型インフラの建設などが挙げられる。

　こうした社会主義市場経済体制の下、中国国有企業は社会または国家がある

92　MBOとはManagementBuy-outの短縮形で、経営陣による買収を意味し、主に会社の経営陣が金融機関などから調達した資金や、株式権利の取引などをもって当該社を買収する行為を指す。買収により企業経営者は企業の所有者となる。経営陣による買収は内部人員を奮い立たせたり、代理コストを抑えて経営状況の改善に導いたりするなどプラスに働くため、20世紀の70－80年代に欧米で流行した企業買収手段である。中国企業にとってMBOの最大の魅力は、企業財産権がはっきりして所有者が浮き上がり、長期的なインセンティブ制度が打ち立てられることである。これが中国MBOの最も際立った特色である。
93　華民「我们应该如何保護国有資産」[J]『滙港経済』2004年

社会目標を実現する手段として産業において特殊な職能を発揮し、その任務を遂行したり、特殊な利益の需要を満たしたりするはずのものである。国有企業は主に三つの役割、すなわち国の安全と安定、コントロールと統率、そして維持とサービスの働きを担うべきである。したがって、国有企業は戦略的な競争産業、資源産業、ハイテク産業、規制による独占産業、自然的独占産業、公共事業、非営利事業などはそれぞれの範囲で確保しておき、数も多い一般的な競争産業からはきっぱりと撤退するべきなのだ。つまり、中国国有企業の改革路線は市場経済の法則に則って一般的な競争産業からは徐々に撤退し、国有企業の持つ資源的な強みを統合する。それと同時に中小企業を改編し、ここからは資本を撤退していくことが望ましい。

4　国有企業改革における外資導入の影響について

　中国のWTO加盟により国有企業改革は厳しい変革に迫られている。その過程ではチャンスと同時にリスクにも直面しており、特に金融業、保険業、小売業、インフラ整備事業などではほとんど強みがないと言ってよく、多国籍企業による大きな競争の圧力にさらされている。こうした状況を背景に、ウィン・ウィンを目的とする国際的なM&Aが、国有企業が外国の戦略的投資家を招き入れ、制度の刷新と戦略的再編を図る上での重要な手段となっている。

　2002年に一部の大型国有企業が実際に外資導入を始めてから1年で、重大な企業再編が3件あった。一つは、8月に中国の一汽集団と日本のトヨタ自動車が事業提携を行ったことで、これは中国の大型国有企業の外資導入の歴史におけるシンボルともいうべき出来事となった。さらに9月には、中国二汽集団と日本の日産自動車の事業提携により、それぞれが新しい「東風汽車」の持分50%を取得した。もう一つは深圳市政府で、深圳のエネルギー、水道、ガス、公共交通、食品の五大国有集団の持分25%から70%を国際公開入札により譲渡した[94]。これらの三大国有企業再編の事例は、中国側の資産額がいずれも100億元以上であり中国国有企業改革の歴史において重大事件となった。その後、中国商務部は2004年2月10日に楽凱とコダックの提携枠組契約書と関係付属書を正式に承認し[95]、コダックは現金とその他の資産によって楽凱膠片股份有限公司の持分20%を取得した。2006年には、中国国有銀行の改革により国外の戦略的投資家を呼び込むことで、外資を利用した国有企業改革がいっそう期待されている。こうして中国政府はWTO加盟以降、外資導入による国有

94　江小涓「外商在華投資新特点及展望」[N]経済参考報2002年12月31日
95　「楽凱与柯達合資獲得商務部批准　合作項目啓動（楽凱とコダックの合資、商務部に批准される提携項目の開始）」[N]北京娯楽信報2004年2月17日

企業の再編成を排斥せず、むしろ積極的に推進している。ただし、統計によると、中国国有企業の改革におけるＭ＆Ａはほとんどが国内企業の間で行われており、2006年度の外資参入の比率はわずか６％に過ぎず[96]、この数値は高いとは言えない。国有企業改革への外資参入は、中国の国有企業改革、外資系企業のいずれにとっても有益で、真の意味で双方に利するウィン・ウィンの目的を達成できるのである。

まず国有企業にとってのメリットを分析すると、外国資本の導入は国有企業改革を促進し深めるという点が挙げられるが、具体的には次のとおりである[97]。

第一に、国有企業改革資金の不足を補填できる点。中国の大中型国有企業改革を進める上で、有力な非国有投資家の不足が問題の一つとなっている。国内の非国有投資家にはまだ、戦略的投資家として国有企業改革に参加できるだけの能力が伴っていないため、短期間に大量の非国有資本を呼び込んで国有企業に注入することは困難である。また、現在のところは政府主導のベンチャーキャピタル投資に限りがあるため、大量の外資を導入することで国内の資本不足という圧力が緩和される。

第二に、国有企業の経営管理水準を引き上げることができる点。国外資本の参入は、実際に利益を上げられる高成長型の企業を目標とする。外国資本が企業の経営管理水準と効率の向上を助け、市場を開拓するために資金を注入するため、国際基準と軌を一にした近代企業が育成されることになる。これと同時に、外資側は資本価値を増加させるべく上場の条件を整えるため、企業に対して規則を遵守した経営、国際的に通用する会計基準、管理制度に従うことを求めるであろう。これらは真の近代的企業家を育成し、企業全体の質を向上するために資するものとなる。

第三に、国営企業による国際化戦略の発展を推進する点。大型国有企業改革、再編に導入される外国の投資主体は、多くが国際的に知名度の高い多国籍企業である。これらの企業は国際経済、金融、貿易知識に精通しており、世界的なマーケティングネットワークや情報ルートなど様々な資源を持っている。このため、国有企業改革を進める上で重要な戦略的投資家となり、中国国有企業による国際市場への進出が促され、国際的な地位も高まる。

第四に、外国企業による投資がもたらす技術のスピルオーバー効果がある点。大型国有企業と提携する大手多国籍企業は、世界的な先進技術の研究開発者であり、またユーザー、伝達者でもある。これらの企業は技術を直接管理し、最

96　沈衍琪・王劉芳「中国利用外資額居全球第四」［Ｎ］北京日報 2007 年 12 月 18 日
97　江小涓「世紀之交：国有企業改革回顧与展望」［Ｊ］『国家行政学院学報』2000 年第３期

新の技術を世界の支社組織に移転する傾向にある。一方、大型国有企業の多くは国内の業界のリーディングカンパニーであることから、外国企業の投資は同時に国有企業の遅れた技術を淘汰、更新し、中国の同類産業の技術向上を促すことになる。

　第五に、国有企業改革への外資参入が、競争市場構造の形成に有利に働く点。中国の一部の独占事業でまずまずの収益を上げている企業は、その多くが国有企業であり、これらの企業は主に独占的な収益に依存している。こうした状況をWTO加盟後も維持していくことは難しく、これらの企業は効率向上という急迫の任務に直面することになるであろう。国有企業は自身の改革を急ぐこと、競争を導入することがどちらも極めて重要であり、外資の参入は国有企業を通じて業界間における競争関係を築くのに資するものとなる。

　国有企業改革に外資を呼び込むことは、外国の戦略的投資家にとって実に多くのメリットがある。中国は外資企業が国有企業の株を取得することを認めたため、業種、地域などの面で外資系企業により多く、より良い投資のチャンスを提供している。1978年の対外開放当時、外資系企業の投資には中国の国内企業との提携という方法しかなかった。その後、改革開放の進展に伴い、合弁、独資などにより中国で投資が行えるようになったが、地域や業種は未だ大きく規制されていた。中国が外資を導入する当初の目的は、「市場を提供し技術を提供してもらう」という方法を実行することにあったが、対外開放の領域は極めて限られていた。現在では、中国政府は国有企業改革への外資の参入を奨励しており、外資に対してこれまで制限されていた領域への参入を認めている。その典型的な例が金融業界で、商業銀行改革に外国の戦略的投資家を呼び込むことで、中国銀行業界への外資参入により良いルートを提供することが可能となっている。

第2節　中国民営経済の発展

1．中国民営経済発展の経過

　中国の民営企業発展が、ある程度において国有企業の改革プロセスに等しいことは先に述べた。

　共産党による富民政策の下、中国民営経済は「資本主義のどん尻」などと言われた私営経済体から社会主義公有制経済の「補充」へ、さらに「社会主義市場経済の重要な構成部分」にまで徐々に力を付けていった。2008年末にはすでに中国で登記した私営企業は660万社近くあるが、これらは国民経済発展を担

うのに欠かせない存在となり、新規就業の 85%をカバーしている。以下、民営経済の発展について節目を追って見ていこう。

　1949 年の共産党による建国後、経済の早期回復に向けて様々な所有制の企業の共存が認められた。このときまで民営企業は国民経済の多くを占めていたが、社会主義改造の進展につれて大部分が国有化された。

　1978 年の改革初期、安徽省鳳陽の農民による耕地の分配を皮切りに民営経済の発展が各地で始まり、農村から都市へと徐々に広がった。この段階では、民営経済の多くは個人経営による商工業で投資額が少なく、投資家自身の教養も高いとは言えず、度胸と勤勉さが頼りの原始的な資本の蓄積が行われていた。

　1983 年には北京華夏新技術開発研究所が誕生し、中関村の民営科学技術企業は急速に発展した。このほか、別の場所で同時期に希望集団や南徳集団などの民営企業が相次いで設立されている。しかしながら、国の関係政策では民営企業の存在を認めていなかったため、この頃に創設された企業の多くは地方政府に依存するか一部の国有企業の下部組織となっていた。これが俗に言う「紅帽子」をかぶった企業である[98]。この時期の民営企業は最低の状態にあった。このため、政策が変わり財産が保有できなくなるのではないかという不安から、民営経済に関わっていた多くの人々は様子を伺い本心を見せないようになった。1987 年になって、関係部門はようやく個人経営者の法的地位を正式に認めた。

　1992 年の初めに鄧小平が行った南巡講話により、民営企業は鎮静剤でも飲んだように落ち着いた。民営経済は短い低調期を経て一気に拡大し、国を挙げての商売ブームが沸き起こり、公務員を辞してビジネス界に身を投じる「下海」および全人民が商売をするという「全民経商」が流行語となった[99]。1998 年と 1999 年における私営企業の数は 1997 年の 96 万社から 120.1 万社と 150.9 万社に増加し、私営企業の従業員数は 1997 年の 1349 万人から 1709 万人と 2021 万人に増加した[100]。工業付加価値では 1990 年における個人経営、私営等の非公有制企業の割合は 10%程度であったが、2002 年にはすでに 1/3 を超えた[101]。ところが、急すぎる発展はバブル経済につながりかねず、国は調整を図るためにマクロ政策を打ち出し、民営経済は開始当初の急成長から徐々に安定的な発展の段階に向かった。

　市場経済が発展し市場メカニズムが整備される動きに伴って、民営経済は市場における過酷な優勝劣敗に直面した。この期間、比較的規模の大きい民営企

98　楊朝英「民営企業家：新階層、新使命」[N] 人民政協報　2007 年 10 月 16 日
99　楊朝英「民営企業家：新階層、新使命」[N] 人民政協報　2007 年 10 月 16 日
100　邵偉生「党対市営経済政策的歴史発展」[J]『中国統一戦線』2002 年第 12 期
101　華言「私営経済政策的歴史発展」[N] 中華工商時報 2002 年 10 月 29 日

業と民営企業グループが急成長し、資産規模数 10 億元、生産額 100 億元クラスの大型民営企業と企業グループが出現、地方の主要な経済成長源となった。またインターネットの急成長に伴い、知識と資本を有する民営企業が急速に市場の注目を浴びるようになった。十数年の発展を経て民営経済の生き残りをめぐる問題はほぼ解決され、現在ではいかに発展を持続させるかが課題となっている。こうして会社のコーポレートガバナンスを改善し、株式を発行し上場することが第一の選択肢となった。

2. 中国民営経済発展の現状

　30 年近くにわたる改革開放を経て、中国の経済および社会はハイスピードで発展し、民営経済の急成長と拡大発展という大きな成果を得た。民営企業はいまや国民経済の成長を支える大きな力となり、国民経済総量の半分を占めるに至っている。2007 年 6 月末には全国の実有私営企業数 520.5 万社、登録資本金 8.3 兆元、従業員数 6,927.5 万人であった[102]。民営経済はもはや脇役にとどまらず、壮大な発展を遂げようとする中国経済の大黒柱となった。

　統計によると、1979 年から 2002 年における民営経済の年平均成長率は 20% 以上に達している。また、2005 年に発表された中国企業 500 ランキング中 74 社が私営企業で、民営企業の比率は 2002 年の 3.1％と 2003 年の 13.18％から、2005 年には 15.8％にまで増加した[103]。民営企業の急速な発展に伴って、その規模も急激に拡大し、実力も大幅に強化された。中国の民営企業はこれまでの「小商い」の束縛から抜け出し、投資を増やして規模を拡大する近代企業への道を歩み始めている。

　業界の構成についても、近年では大きな変化が見られる。1990 年代の初期には、第二次産業に従事している民営企業が総数の 70％を超えていたが[104]、商業、飲食業、教育、科学技術、不動産、広告、情報、仲介サービス、文化芸術、観光等の業界にある民営企業が急増した。第三次産業は徐々にトップの地位を獲得しつつあり、第三次産業の比率はすでに第二次産業を上回って上昇傾向にある。全国工商連が大規模な民営企業に対して行った調査研究によると、現在大規模な民営企業は主に第二次産業（79％）と第三次産業（20％）に集中している。第二次産業でも民営企業は製造業（74％）、建築業（3％）に集中、第三次産業

102　2007 年、全国企業は持続的に穏やかな発展を続け、企業構造がさらに進化。中華人民共和国工商行政管理総局辦公庁統計処　2007 年 8 月 10 日 www.saic.gov.cn
103　孫紅湘、満春怡「抓住机遇　大力発展民営経済」[J]『集団経済研究』2006 年第 11 期
104　西部非公有制経済発展現状及与其東部比較 [J]『発展研究』2001 年第 12 期

では主に商業、飲食業、総合、不動産に集中している[105]。

地域分布別に見ると、民営経済は中国東部沿海地区に集まっており、中でも広東、江蘇、浙江、上海などに多い。各省の私営企業の実有社数では、2007年6月時点で江蘇が最も多く63.9万社、次いで広東が58万社、上海48.5万社、浙江43.1万社、山東37.1万社の順であった。以上5省の実有私営企業は合計251.6万社で、全国私営企業総数の48.4％を占める[106]。これら地域の経済発展が全国トップにランクしているのは、民営経済の高度な発展と密接に関わっている。

地域ごとの構成を見ると、東部、中部、西部地区の民営企業が全国の総数に占める比率は順に低くなり、民営企業の数が最も多い五つの省・市は、全て東南の沿海都市に集中している。東部地区の民営企業の実力と規模は西部地区をはるかに上回っている。東部地区の民営企業は従来から第三次産業が広く分布していたが、さらに第二次産業も拡大発展を図っている。事業範囲は電子、機械、化学工業、農業副産物加工、およびハイテク開発等にとどまらず、教育、コンサルティング、情報、リーガルサービス、医療などの領域にもわたっている。一方、中・西部地区の民営企業はかなりの部分が小規模の加工業、小売商業、飲食サービス業に限られている。産業構造と製品構造の単一性は、民営経済の活力を押さえ込んでおり、東部と西部の民営経済発展の格差を拡大している。

ここで発展モデルを見てみよう。著名な経済学者、徐滇慶によると中国の民営経済発展は大きく次の三つに分けることができる。まず、郷・鎮・村の経営する郷鎮企業の発展を軸とする「蘇南モデル」、次に、個別の私営経済発展を軸とする「温州モデル」、そして、外資との合弁による企業を軸とする「珠江デルタモデル」である[107]。

このほかにも資料から明らかになった点がある。中国民営企業の発展は20世紀80年代中頃から起こり、創業に関わる男性の年齢は18－34歳に集中していた。これは世界的に見た25－44歳よりもひと足早く、一方、女性の創業年齢は24－44歳に集中している。家族企業は中国の国民経営企業の主体であり、90％以上の民営企業が家族企業で、大部分は家族による管理方式を採っている[108]。

105　解読『中国民営企業発展報告』［N］深圳商報 2005年7月1日
106　2007年全国企業は持続的に穏やかな発展を続け、企業構造がさらに進化。中華人民共和国工商行政管理総局辦公庁統計処　2007年8月10日 www.saic.gov.cn
107　中国民営経済発展回顧与展望 http://www.mflw.cn/html_data/77/0506/524.htm
108　解読《中国民営企業発展報告》［N］深圳商報 2005年7月1日

民営経済がＧＤＰ総数にしめる割合は６割強　　　個人経営戸数は約４千万戸
　　　　　　　　　　　　　　　　　　　　　　　　2004 年末経済一斉調査より

民営経済がＧＤＰに占める割合　66％
国有・国有株以外の民営経済税収益率は　71％
社会全体の投資で民企業が占める割合　45％
（社会全体の就業人口で民企業が占める割合90％近く）
民営企業社数　1989年9万戸に到らず　現在365万戸
（2004年　中国の企業500傑中、民営企業は150社）

個人経営戸数全 3921.6 万戸の内訳
卸売・零細企業　1831.1 戸　46.7％
交通・運輸業　621.7 戸　15.9％
工業　532.3 戸　13.6％
住民サービスその他のサービス　413.8 戸　10.6％
住宅・飲食業　293.9 戸　7.5％

　現在、中国の民営経済には三つの大きな変化が起こっている[109]。
　第一に、中国の民営経済は、数量拡大型から質と量を同時に追求する重要な局面を迎えている。民営経済は数的にもまだ増加を辿っており、現在は３万元あれば会社を興せるが、すでに質の向上という重要な段階にきている。民営企業は重化学工業、機械製造、資本の集中する業種に向かって発展している。
　第二に、過去における民営経済は政策の主導に頼っていたが、現在では制度保障の段階にある。市場参入、金融、法律、法規などあらゆる面において組み合わされた制度保障のセットが民営経済の発展を保証しており、この変化は非常に大きいと言える。
　第三に、民営の企業家または官職以外の人々の政治における地位が明らかに変わった。以前は政治的地位などなかった者が、現在では社会主義の建設者であると憲法と公文書で明確に規定されている。
　中国民営企業はありとあらゆる企業が自社史を書いており、ここから中国経済の発展が見て取れる。以下、中でも優れた例をいくつか挙げてみよう。
　　＊中国民族飼料工業のリーダー企業「新希望グループ」は、農村の養殖経済
　　　の発展を弛まず追及し、民営中小企業の発展における融資問題の手助けを

109　唐海浜「中国民営経済発展的現状問題与対策」［N］赤峰日報 2007年3月26日

すべく民生銀行を興業。
* 中国きっての民営自動車グループである吉利グループは中国民族自動車工業に新しい息吹を与えただけでなく、北京の昌平に 8 億元を投資して吉利大学を創立。現在では毎年、資格を持ったエキスパートを数千名輩出している。
* 中国最大のバッテリー製造商、比亜迪股份公司は、現在世界で三洋電機に続く大型電池生産商。また、秦川自動車の株式も 77％取得。
* 中国太陽エネルギー業の創業者「世界太陽王　皇明グループ」は、世界規模の太陽エネルギー温水器の生産基地となっている。
* 中国のピエール・カルダン「雅戈尓グループ」は、中国最大のアパレル生産基地を所有。
* 中国中央エアコン市場でトップをゆく「遠大中央エアコン公司」は 15 年の努力をへて欧米市場でも No.1 の占有率を占め、世界最大規模の吸収式エアコンの基地となっている。
* 中国企業中のときわ木、自動車部品生産の「万向グループ」は米国最大のブレーキ生産商 UAI を買収。海外上場会社を買収したのは民営企業で初めて。
* 世界の事業手法を変えた馬雲は世界で最も優秀な E コマース・サイトを立ち上げ、世界の電子ビジネスのハイレベルな領域へ参入、GE やウォルマート・ストアーズ社など世界のトップと提携。

このほか、蒙牛乳業、用友ソフト社、長城自動車グループ、遠東グループなど優秀な企業は枚挙にいとまがない。

3. 中国民営経済の貢献

　安徽省小崗村の農民らが誓いの血判状を押していた時、そして、温州の小商人が暗いうちから起き出して物々交換による商売をしていた時、また、胡成中氏の電気コンポネントを中国初の有人宇宙飛行船「神舟 5 号」の精密な機体に装着させた時、歴史にはすでに中国民営経済の功績が刻まれていた[110]。（訳者注：安徽省小崗村は大干ばつで餓死に慄いていた時期があり、農民は密かに世帯別の生産請負制度を実行する誓いを立てていた）具体的には以下のとおりである[111]。

110　楊朝英「民営企業家：新階層、新使命」[N] 人民政協報 2007 年 10 月 16 日
111　呉暁磊「我国民営経済発展現状及対策研究」[J]『辺疆経済与文化』2006 年第 11 期

(1) 民営経済が中国経済発展を推し進める立役者となったこと。国からの投資を1円たりとも必要としない状況で、2008年末までのGDPに占める民営企業の付加価値の割合は60％を超え、国家税収の50％以上を占めた。また、輸出入額では70％を叩き出しており、中国の経済発展に大きく貢献している[112]。
(2) 民営経済の発展が中国産業構造の向上につながったこと。80年代には中国の民営企業はローエンドの製品しか生産できず、当時の民営経済は低級品や初級経済などの代名詞にまで成り下がっていたが、20世紀末には民営企業が先を争って各地のサイエンスパークに進出し、思いも及ばないような先端の製品を生産し始めた。国家知的財産権事務局によると、自主的イノベーションでは特許の66％、技術革新の74％、そして新製品開発の82％が中小企業によるものとなっており、国家科学技術省による情報からもこのことが証明されている。過去20年における民営企業による特許申請数は中国全体の66％を占め、同時に82％の新製品が民営企業によるものである[113]。
(3) 民営経済が中国の労働力が就業する際の主要な受け皿となっていること。現在、民営経済は中国経済の就業問題を一手に引き受け、解消している。最近では中国社会に新しい就職ポジションを提供する壮大なプロジェクトにおいて民営企業が中心的役割を果たしており、1998年以来、毎年1,000万人を超える就業者を受け入れている。こうすることで民営経済は失業から生ずる圧力を解決する主力になり、さらには安定した社会を造り出す土台ともなった。民営企業は2008年末までに城鎮における就業ポスト約80％を提供し、国有企業をレイオフされた者の50％以上、新規就業者の70％以上、農村から転じた労働力の70％以上を引き受けたのである。
(4) 中国政府が頭を痛めてきた国有企業改革に、民営経済が益々介入していること。
中国全国工商連盟の調査によると、民営企業はM&A、投資による資本参加、委託経営、リースなどにより、国有企業改革に介入して著しい成果を収めている。
(5) 民営経済の成長発展が、市場経済体制へ転換する過渡期の道標となったこと。民営経済は機敏な経営が可能なため市場経済と連動しやすく、政府への依頼度も低いことから、中国市場経済改革の広がりや深まりを直接反映できる。また、民営企業家の政治的地位が日に日に高まっており、これらの人々の社会における地位が上がっていることを物語っている。現在の全国人民代表には非公有制経済界の代表が50人以上、中国人民政治協商会議の委員には非公有制経

112 　探析我国民営経済発展的現状、問題及対策［J］『消費導刊』2009年第14期
113 　楊朝英「民営企業家：新階層、新使命」［N］人民政協報2007年10月16日

済界から65人が入っている。民営企業の現在の発展状況と動向の規模からすると、この数字は今後も上昇すると思われる。これらの人々による政治や関連委員などへの参入は、民営企業の発展のみならず中国全体の繁栄に寄与するものだ。

総じて、民営経済は中国の国家経済発展に並ならぬ貢献をすると同時に、自らも大きな成長を遂げている。優秀な企業の中には、すでに国内の関連業種で重要な地位を勝ち取っているだけでなく、国際舞台における力も軽視できないところがある。

4. 中国民営経済の発展におけるボトルネック

中国では、毎年15万もの民営企業が新しく創業する一方で10万が消えており、60％が5年以内に破産、85％が10年以内に倒産しているという報告がある。また、平均寿命は2.9年で、消えては現われ[114]、またそれぞれが3－5年しかもたないといった具合で、企業が立派に育たないことが中国経済のさらなる発展を阻んでいる。民営企業は経営方策において行政部門の干渉を受けず完全に市場に基づく市場メカニズムに従うことができるが、実際に花形企業や大グループになれる企業は決して多くはない。これについて筆者らが分析を行ったところ、民営経済発展のネックとして以下の原因があることが分かった。

第一に、民営企業が融資を受けるのは難しく、資金コストが高いこと。サンプリング調査によると、民営企業の自己融資率は90.5％で銀行融資は4.0％のみ、非金融機構から2.6％、その他のルートからが2.9％であった。これは中国民営企業の発展が基本的に自己資金に頼るものであることを示している[115]。2006年の民営企業による銀行借入額は前年より0.43％上昇、短期借り入れは社会全体の12.43％と非常に低い[116]。中国の民営企業が融資を受ける際に直面する問題には、主に二つの理由がある。その一つは、金融体制内部に存在する問題であり、もう一つは民営企業自身が原因である[117]。金融体制内部を見ると、現在の国有銀行は不良債権問題が深刻であり、これを解消することが当面の急務となっている。ハイリスク・ハイリターンのプロジェクトには興味を示さず、貸し渋りと言われる行為に出ることもあり、さらに国有商業銀行は、観念の上で未だに計画経済時代の束縛から逃れられずにいる。国有銀行と国有企業はいずれも国の所有であることから融資の際の安全性が高く、たとえ不良債権が発生しても政府がこれを保証してくれると考えられている。このため銀行は国有

114　解読《中国民営企業発展報告》[N] 深圳商報 2005年7月1日
115　解読《中国民営企業発展報告》[N] 深圳商報 2005年7月1日
116　唐海浜「中国民営経済発展的現状問題与対策」[N] 赤峰日報 2007年3月26日
117　尼尔．格雷戈里「中国民営企業的融資問題」[J]『経済社会体制比較 2001年第1期』

企業に傾斜する政策を採って「国有化」融資を偏重し、その結果、民営企業に対する融資を困難にしているのである。次に、民営企業自身について見てみると、民営企業はまず所有権が単一であるため外部の資金を排斥し、融資手段の開拓を阻害している。これと同時に民営企業そのものの質があまり高くなく、信用度も低く、財務状況が不透明で管理制度が整備されていないという問題があり、中には偽りの報告もあるなど金融機関の審査を困難にしている。さらに、民営企業の多くは競争の激しい業種で、リスクが高く配置が分散している。借入をする場合は、金額は少ないが回数が多く、手続きが煩雑になるために金融機関のリスクと管理コストがかさむという問題がある。

　第二に、家族的企業管理モデルが民営企業の発展を阻害していること。

　民営経済の発展が初期段階にある場合、家族による経営が特色となる。ほとんどの企業では投資者と経営者が同じで、家族関係が財産継承を決定する。重要な職位は家族の成員によって占められ、独断専行で集権化された引率方式が展開される。また企業管理では、通常は倫理的基準が行為規範に取って代わる[118]。

　中国の私営企業研究チームによるサンプリング調査の結果、民営企業では家族経営が広く行われていることが分かった。企業主が既婚者の場合、配偶者の50.5％が企業で管理業務に携わっており、9.8％が仕入販売を担当していた。また、成人に達した子どもの20.3％が企業で管理業務に携わっており、13.8％が仕入販売を担当していた。全ての管理者のうち26.7％が出資者であり、16.8％が企業主または出資者の親族、5％はその友人であった[119]。民営企業の創業資金は一般的に家庭の貯蓄やごく狭い範囲での資金調達によるものであることから、創業初期では安定とコスト節約を考えて、経営者が企業の所有権、意思決定権、経営管理権を一手に掌握し、家族が従業員の大部分を占めるということになる。ところが、基本的な資本が蓄積されて規模が拡大し、企業が近代化、国際化、グループ化に向かう中では、家族経営による弊害が次々と露呈し、最終的には民営企業の発展を阻害するボトルネックとなる。家族経営による企業管理の構造上の特徴は、所有権と経営権が一つになり、管理者イコール経営者となっていることである。こうした形態は企業の規模が小さい場合は管理と効率の向上に都合がいいが、企業規模が拡大するにつれ管理者は自己を超越することも制約することもできなくなる。民営企業の大部分は改革開放初期に小規模な農業経営から発展したもので、管理者の大部分は小規模な農家経営者の意識が強く、資質が低い、考え方が古い、知識が乏しい、または少しでも成果が

118　中国民営経済発展民回顧与展望，http://www.mflw.cn/html_data/77/0506/524.htm
119　李新春，家族化企業的"管理革命"［J］『学術研究』2001年第5期

あれば舞い上がって独断専行してしまうという傾向にある。当然ながらこれらは誤った判断を導き、経営方針の正確さは大幅に割り引かれる。また家族経営は義理人情、肉親の情が制度に取って代わることもしばしばで、管理面の欠陥や企業の損失といった代価を支払うことになる。さらに人を基本とする管理理念に欠け、潜在意識の中で家族以外の者を排除するため、外から来た者は企業の家族の輪に溶け込むことができず、信用面での危機を生じる。民営企業主の中には、事業主と従業員の関係を売買関係とみなして、従業員の人格を尊重せず人材を重視しないため、結果として多くの優秀な人材の流失を招いている者もいる。

　上述のように、民営経済は改革が求められている。現代企業制度の確立、社会からの積極的な人材導入、科学的な管理制度と整備機構の構築、家族企業の現代企業への移行を実現することで、初めて経済発展の中でさらなる進展が望めるのだ。

　第三に、製品の品質と社会的信用の軽視がある。

　中国の民営企業は多くが初期段階にあるため急速な発展を見せるが、これは自身の実力や科学的な経営管理によるものではなく、大きなチャンスに恵まれたことが大きい。改革開放の初期段階では市場経済体制が充分に成熟しておらず、付帯する政策も完全ではなく、国有企業は開放されておらず、近代的な企業制度改造も実現していなかったために、真っ白な状態の市場が必然的に存在し、政策にも不備があった。多くの民営企業は市場の空白というチャンスに乗じ、また体制と政策の不備という抜け道を利用して企業の財力を拡張し、大きな資金を蓄えた者もあった。こうした「チャンスボール」や「エッジボール」を狙った成功に対して、多くの民営企業はこれをはっきりと認識しておらず、むしろミス・リードされて投機心を育み、射幸心を持つようになった。民営企業の発展の中で、業者の一部にはいかに製品の質を向上するか、いかに構造と体制を改善し経営管理を強化するかを考えようとせず、コネ作りに熱心で近道を探し、チャンスを利用して巧妙に利益を図る者や、企業の信用を失うことを恐れぬ偽物や粗悪品の製造販売、価格詐欺、お粗末なアフターサービスに走る者まであった。その結果、民営企業に対する社会の信用は低下し、最終的に損をしたのは民営企業という結果となった。経済利益と社会利益をどのように考えるかという問題についても、多くの民営企業は見識が浅い。民営企業の一部は発展理念が不健全で、企業のことだけを考えて社会的な責任感がなく、企業と社会の関係においては常に個人の利益という範囲を超えようとしない。どうすれば最大の利益が得られるかばかりを考え、社会に危害を与えることを知りながらやめ

ない。すなわち、資源を浪費し、環境を破壊し、人に害を与えることをものともせず、結果的に企業生存の基盤を失っているのだ。多くの民営企業が現れては消えてゆくのは、突き詰めればこれらの原因による。

　第四に、民営企業で人材の流出が深刻であること。

　民営企業の体制は融通が利き、自主権が強いのは周知の通りである。このため人材の雇用、賃金制度、従業員の解雇などの面が柔軟で、優秀な人的資源の確保という面では国有企業に比べて大きな強みがある。ところが、まさにこの柔軟な体制により、民営企業は深刻な人材流失を招いている。民営企業はレベルの高い有能な人材の雇用が難しく、確保できても長く留めておくのは難しい。25%にも及ぶ高い流失率は企業の人件費に影響を与え[120]、業務の連続性と質に影響を与え、さらには従業員の安定性と結集力にも支障をきたしている。こうした状況をもたらす原因として、まず、職責の設計が合理的でないことが挙げられる。一部従業員の負担が過重になり、耐えられなくなるのだ。多くの企業に、過剰な長時間労働、極端な重労働という問題が存在している。経済的な面で一定の補償があるものの、このような状態がいつまでも続けば従業員は心身ともに耐えられなくなり、退社を選ぶのは時間の問題となる。次に、企業の将来設計が不明確、または内部の管理が混乱している点である。企業に明確な発展目標がなく基本的な管理制度がない、または経済環境が不安定で企業自身に技術、資金、人材など多くの要素が不足している。その結果、従業員は企業の将来に見通しが立たず、別の職を求めるしかないと考えるようになる。さらに従業員は職業面で生涯設計の実現が難しく、自己の価値を充分に発揮することができない。民営企業に就職する当初の目的は豊かな収入を得ることだが、仕事が安定してくれば、次にはもっと上を目指すようになる。彼らは常に個人としての将来性、企業における地位を考え、おのずと自身の前途の計画を立て、そして自分の価値観が実現されないと思えば、転職を考えるようになる。

　第五に、民営企業が外資系企業との競合で大きな圧力を受けている点。中国の社会世論では、国有企業はますます独占的になっており、行政的独占や業種独占するなど高額の利潤を稼ぎ出している。国有企業が独占しない業種は、業績の良い民営企業とすでに合弁している分野も含め、ほとんどが外資に押さえられてコントロールされている。外資系企業はそのブランド、販売ルート、巨額の資本を武器に、中国の民営企業発展の前に立ちはだかっている[121]。

120　「我国人才缺口究竟有多大」［N］中国人事報 2005 年 3 月 8 日
121　唐海浜「中国民営経済発展的現状問題与対策」［N］赤峰日報 2007 年 3 月 26 日

第3節　中国の外資利用状況

　1978年に鄧小平が改革開放政策を打ち出してから、中国の開放は一部の沿海地区から全国規模へ、また一部の業種から大部分の業種へと進められた。当初は共同経営しか許可されていなかったが、合弁経営から独資経営までが続いて認められるようになり、単純な「三来一補」[122]から先進的な技術、そして管理の導入へと発展している。こうして開放は紆余曲折を経つつもすでに30年近くが過ぎ、中国の経済発展に向けて積極的な役割を発揮し、生活水準は遍く向上、国家経済の実力強化に疑いのない貢献を果たしている。外国資本の導入は対外開放における重要な措置の一つで、経済発展に不可欠な推進力をもたらす外資が、中国経済においてすでに重要な位置を占めていることは理解に難くない。

　中国が外国資本を利用する経路および形式は様々だが、大きく次の三つに分かつことができる。一つは対外借款で、これには外国政府、国際金融組織や外国商業銀行による貸付、輸出与信、対外債券発行などが含まれる。もう一つは外資系企業による直接投資で、中国と外国企業の合資企業、中国と外資の提携企業、外商による単独出資企業と提携開発企業などが含まれる。もう一つは外国企業その他からの投資で、インターナショナルリース、補償貿易、加工組立および対外発行株式などが含まれる[123]。このほか、M&Aが中国の外資利用における主な手段となっているが、いくつかの案件が幅広い物議を醸している。例えば、有名な国際プライベート・プレースメントである凱雷グループは、国内の機械業トップの徐工グループを買い取るや否や注目を集めた。これについて中国商務部が調査を進めたところ、一部の人が想像するような国家経済に影響を及ぼすものでないことが判明した[124]。2009年6月末現在、中国は累計67.01万社の外国投資企業を設立し、実際に利用した外国からの投資は8,830.8億米ドルであった。2008年には全国の企業総数に占める外資企業は約3％で、工業生産額は全国の29.7％、納税による収入は全国の21％、輸出額55.3％、輸入額54.7％を占め、直接受け入れた就業者数は4,500万人であった。このように、外国投資の受け入れは対外開放のみに止まらず、国家財政収入や人民の就業、さらには技術進歩と産業の向上や拡大というように多方面に影響を及ぼすのだ。

　80年代初頭より中国はマンパワーと物資、財力を注ぎ込み、相次いでインフラを整えることで、外国企業が中国で投資を行い、工場を設立するのに理想的な環境をつくった。これと同時に、全国人民代表大会と国務院が相次いで対外

122　具体的には、材料委託加工、部品委託組立、見本委託加工、および補償貿易を指す。
123　「利用外資」《中国2007》中国網 http://www.china.com.cn
124　沈衍琪・王劉芳「中国利用外資額居全球第四」[N] 北京日報 2007年12月18日

経済に関する500以上の法律法規を公布、外国資本を投資する際の依拠と保障を整備した。1997年末には外商投資産業指導目録を改定して公布、農業の総合開発やエネルギー、交通、重要な原材料、ハイテク技術、資源総合利用、環境保護などの分野での投資を積極的に奨励・サポートした。WTOの規則とそれに対する中国の承諾に基づいて、渉外経済法律法規を見直し、改定を大方完成させて「中外合資経営企業法」「中外合作経営企業法」「外商独資企業法」の三大基本法律とその細則を主体とした基本的な外商投資法律体系が完備された。ＪＰモルガン・パートナーズ・アジア中国地区総裁の羅逸強氏は中国の投資環境を評して「中国はインフラが大変整っており、巨大な国内市場を有する。政府の仕事は着実で人々も勤労であり、起業精神に富んでいる」と言った。現在は200を超える国および地域の外国企業が中国に投資、国際的規模の財団や多国籍企業も中国市場の将来に対して明るい見通しを持っており、世界トップ500社にはいる大多国籍企業のうち、450社がすでに投資を行っている。中国は世界の投資者、そして金融界に投資環境が最も優れた国家の一つだと認められたのである[125]。

1、中国における外国投資の発展

1979年、アメリカのクーダー・ブラザース（Coudert Brothers）法律事務所の協力により、『合資経営企業法』公布後に初めて中外合弁企業である北京長城飯店が設立されてから、海外資本の中国参入の歴史はすでに30数年を数えている。外資は中国の発展の中で様々な段階を経ており、これに対する中国人の認識にも何度かの変化があった。新世紀を迎えて、中国の経済と社会の発展は外国資本によりよい環境を提供している。中国市場と国際市場の関係もいっそう深まり、外資は中国において新たな歴史を刻もうとしている。

改革開放政策が実施されてから、このチャンスをいち早くつかんだのは中国に近い日本である。当時の日本は本国の経済がまさにスピード発展している段階で、日立、松下、SONY、三洋などのブランド名を付けた日本の家電製品と電子製品が、当時の中国では到底及ばない技術と品質を携えて次々と押し寄せてきた。その後、香港と台湾も徐々に投資による共同事業を増やし、とりわけ急成長を遂げた香港は内地に海外資本をもたらす最大の地区となった。しかしながら、早くから進出したこれら外資系企業は揃って規模が小さく、遠方の欧米企業が進出するようになってから、ようやく中国企業は多国籍大企業にお目見えする機会を得たのである。これらの企業は、中国を単なる消費市場ととらえていた日本の企業とは違い、技術や企業の経営、管理の実績経験を持ち込んだ。

現在の中国企業の改革と発展の大部分は、中国市場における欧米企業の「オープン・スタイル」のおかげであると言ってもよい。日本経済が失速していくにつれ韓国経済が急速に発展しており、韓国資本の中国参入も加速しつつある[126]。

世界銀行が発表した、中国における外貨導入の見通しおよび戦略に関する研究報告によると、中国の良好な投資環境と安価な人件費に加えて、ここ数年に見る中国国内市場の目覚しい成長もあり、外資による過去10年の直接投資は発展途上国の外国直接投資総額の25％を占めている[127]。

2　中国における外国投資のしくみ

中国における外国投資を地域別に見てみると、「東重西軽」という特徴がある。具体的には、外資の大部分が中国東部に集中しており、中西部での利用は少ない[128]。資産規模の差は次の4タイプで顕著である[129]。第一は広東、上海、江蘇、北京の4都市で、外資資産規模は全国の外資資産総規模の54.37％である。第二は浙江、福建、山東、遼寧、天津などの5省および市で、平均が各々外資資産総規模の4％を占める。東部沿海地区は外資経済が真っ先に選ぶ場所であることを物語っている。これら九つの東部の省および市は、全国の外資企業機関数を比べたランキングのトップ9で、外資系企業機関数はすでに全国外資系企業数の88％を占めており、中西部地区を大きく引き離している[130]。第三は河北、河南、湖南、湖北など中部にある省で、各1％前後を占める。最後は西部の省および市だが、四川、重慶の外資資産合計が全体の1％を占め、これ以外の省および市は微々たるものである。現在、地域的に外資の構成が合理でない原因は多岐にわたっており、自然資源や地理的環境のみならず、国の政策や社会文化も含まれている[131]。

外資が投下される産業の構造をみると[132]第二次産業がほとんどであり、第三次産業はそれを補うにとどまる。外資系企業は第二次産業で19.5万社、全体の69.7％を占めるのに対し、第三次産業は7.9万社で全体の28.2％、第一次産業

125　「利用外資」《中国2007》中国網 http://www.china.com.cn
126　朱秀亮「外資融入症－境外資本新歴程」http://www.daokan.com/printpage.asp?ArticleID=415
127　世界銀行発布《中国利用外資的前景和戦略研究》報告 2007年09月28日、中央政府ポータルサイト www.gov.cn
128　魏后凱「外資与中国区域経済」[J]『中国外資』2004年第6期
129　王丹丹「中国外資経済区域分布状況」[J]『財経界』2007年第7期
130　王丹丹「中国外資経済区域分布状況」[J]『財経界』2007年第7期
131　郭秀君「WTO入世与中国利用外資新戦略」[M] 経済日報出版社、2002年版
132　外資が投下される産業の構造とは、外資が一国の国民経済における産業と業種の構造に入り込むことを意味する。理に適った外資は構造の本質として産業構造の適正化とレベルアップに役立つ。

では 5,810 社で 2.1％となっている [133]。中でも中部地区における外資経済投資の傾向は、第二次産業の比重が最も大きく 71.71％である。西部では第二次産業に占める割合が最も低くて 60.08％であるが、それでも第三次産業が占める割合より高い [134]。しかし、中国の WTO 加盟における承諾事項が実現するにつれて、外資系企業の産業構造調整も大きく加速している。個人消費者向けサービス、公共事業管理などの近代的なサービス業と科学研究、通信、ソフトウェアなどの高い技術力を有する業種が外国企業の人気を集めている。

　『中国における外資系企業の投資環境研究報告』によると、外国からの対中国直接投資はアジア 10 カ国（地区）が中心となってきた。アジア 10 カ国（地区）による外国投資項目は 2009 年現在で 52.5 万項目に達し、これまでに中国が認めた外国投資項目総数の 76.9％を占めている。また、実際に行われた外国投資額は 5,630.9 億米ドルで、外国投資累計総額の 63.0％がアジア 10 カ国（地区）によるものとなっている。その中でも、香港からの投資額はトップで、3,956.4 億米ドルと 40％を占めている。また、日本からの投資額は 694.8 億米ドルとなっており、これは 7.02％を占めて 3 番目に多い数値である。このほか、台湾は 495.4 億米ドルで 5.01％を占めて第 5 位、韓国は 446.1 億米ドルで 4.51％を占めて第 6 位、シンガポールは 414.3 億米ドルで 4.19％、第 7 位となっている。これと同時に、中国が取り込んでいる外資としてはフリーポートも重要な源である。2009 年末現在、英領バージン諸島からの実際投資額は 1,014.0 億米ドルで、中国における累計実際投資総額の 10.25％を占め、第 2 位に入っている [135]。

3　外資利用における未来的戦略と重点

　現在中国が外資を吸収する目的は、当初の資金と外貨の二重の不足を補填するという戦略を主としたものから、資本配置により技術進歩と市場経済体制の完成を図る戦略へとシフトしている。このため、新しい投資促進戦略では外資を指導して規模・速度から質重視に移行させ、外資構造のグレードアップと調整を行うべきである。2006 年より中国の関係機関は「外国投資者による国内企業のM＆Aに関する規定」「外資利用 11.5（第十一次五カ年計画）企画規則」を公布、敵対的M＆Aを審査監督する規定を定めている。2007 年の独占禁止法、外商投資産業目録も同様である [136]。第十一次五カ年計画の期間中 [137]、中国が利用した外資の重点は先進技術の導入、管理経験と優秀な人材の確保へと変わり、量から質への変革の実現を目指している。今後は投資内容を、簡単な加工や組み立てなどの単純作業から一歩抜け出した研究開発、ハイエンド設計、近代的な流通などの新しい分野を開拓し、中国を世界で付加価値の高い製品を製造す

る基地に押し上げる努力が必要である。また、サービス業に対する制限のさらなる緩和も要求される。国外の先進技術と管理経験の導入を通して外資系企業が指導的役割を発揮し、その波及作用によって国内企業自身がイノベーション能力を高めることになる[138]。今後、中国はサービス業の分野で地域や株権、業務範囲などの外資系企業に課せられている制限を徐々に取り払っていく。2008年1月1日から新しい企業所得法が施行されたが、これは外資系、国内資本の両方の企業に同等の税収待遇をするものである。また、同日施行された「中華人民共和国耕地占用税暫定条例」で、現行条例が外資系企業には適用されないという規定が削除された[139]。

　全体として、中国は今なおリスクが存在するものの、世界で最有力視されている市場の一つであり、この勢いは続くものと思われる。コスト増となるかもしれないが、中国には市場が存在するため、今後も外国投資は中国に向うであろう。中国は、これらに対してどのように対応するべきであろうか。中国人は本来実用主義的であり、技術、ビジネス様式、管理方式などを考えると「今後中国にとって価値がある」外国資本を歓迎するであろう[140]。中国側の受け入れ姿勢の変化は、ますます多くの外資系企業に認められるようになってきている。また、ほとんどの外国企業投資者が中国市場に確信を持っており、外資によるM&Aに関する法規が徐々に完備してくるにつれ、今後中国の長期的経済発展の展望も望ましいと感じている。在中国米国商工会議所が、中国に拠点を構える米国企業に対して行った調査によると、90％以上の米国企業が中国における今後5年の業務に楽観的であった。

4　中国人から見た外資系企業

　近代史において中国は外国から虐げられてきており、海外との接触に不安と警戒感を抱かずにはいられなくなった。しかし、経済面ではこの手の過敏とも

133　「2007年全国企業持続穏定発展，企業結構進一歩優化」中華人民共和国工商行政管理 総局辦公庁統計処、2007年8月10日 www.saic.gov.cn
134　王丹旭「中国外資経済区域分布状況」[J]『財経界』2007年第7期
135　中国における外資系企業の投資環境研究報告によると、先進経済諸国による対中投資は低下傾向にある。http://www.daynews.com.cn/sxjjrb/wuban/1018890.html
136　姜雷「利用外資：由量向質的転化」[N] 国際商報 2007年12月7日
137　第十一次五カ年計画を指す。具体的な時間は2006－2010年に跨る。
138　劉錚、李興文「"十一五" 中国利用外資主要目的将発生変化」2006年11月09日新華網 http://news.xinhuanet.com/fortune/2006-11/09/content_5310268.htm
139　呉齊「中国利用外資的大転変：従重"量"到重"質"」2007年12月26日新華網 http://news.xinhuanet.com
140　日新月異的中国経済 三篇連載之一――対"引進外資"看法的転変（之一）http://cache.baidu.com/

言える感情は徐々に癒えている。これは、鄧小平という卓越したリーダーが年齢をものともせず、断固として「改革開放」を行い、揺ぎない国策としたからであると同時に、改革が順調に進んで国民生活の向上が顕著となったからである。ことに2001年のWTO加盟後は経済が大幅に発展を遂げ、グローバリゼーションは中国に幸福をもたらすということを人々に再度確認させた[141]。開放からすでに30年の年月が経った今日、模索の時期を経て発展期にある外資系企業の中国経済における役割とは何であろうか。当初、多くの人材が求職のため平身低頭して殺到した外資系企業は、現在どう思われているのだろうか。

実際のところ、外資系企業が中国に進出したその日から、双方による相互理解と融合が始まっている。80年代の初め、人々の外資系企業に対する基本的な概念は「めったにない珍しいもの」だった。

外資導入は中国が貧しさから抜け出す最速の方法だと考え、当時は経済も当然のように誰もが「外国」のものを良しとした。このため、「外資」と聞くと反射的に「歓迎」したのである[142]。80年代末期から90年代の初めにかけて、外資系企業の地位は一気に向上し「外資系企業とはハイレベルで社会的地位が高いもの」となった。90年代、外資系企業は相対的に競争力が強く、中国との国際関係を日々拡大していると理解されるようになった。今世紀に入ってからは、外資系企業は人々の日常生活の一部となっている。例えば、多くの子どもたちは「マクドナルド」は中国の企業と思っているが、それは今の子どもたちの物心がついたとき、すでにマクドナルドはアメリカではなく近所にあったからである[143]。しかし、最近になって中国企業に対するM&Aでも特に大型国有企業式の外国による投資は、徐々に世論の批判を受けるようになっており、中国の変化を象徴する出来事の一つと言える[144]。

中国人の外資系企業に対する見解は層によって異なるが、就業面だけを考えるならば、やはり大多数が外資系企業を目指す傾向にある。例えば2006年に北京世紀藍図市場調査公司が北京大学、清華大学、中国人民大学、北京師範大学、北京航空航天大学、北京対外経済貿易大学の六つの大学の313人の学生を対象に、外資系企業に対する意識調査を行った[145]。その結果、改革開放が進み、経済安定が定着するにつれて中国国有企業と民営企業への就業希望も上昇してはいるものの、調査対象者のうち63.9%が卒業後は外資系企業に入ることを希望していた。なぜ大学生はここまで外資系企業への就職を強く望むのだろうか。彼らは何に惹かれるのだろうか。調査によると、外資系企業は効率が高く、賃金が良く、管理が規範化されており、個性とアイデアがより発揮できる場であるため受けが良く、その選択率はいずれも70%以上であった。中でも大学生が

最も支持していたのは、仕事の環境と待遇であった。つまり、高収入、高級オフィスビル、高い職位からのスタートという「三高」に向って人々は押しかけていったのである[146]。外資系企業の利点は給与に反映されるだけではない。無闇にリストラを行わず、福利や人事管理に始まってスキルアップ・サポートなどの各種制度が完備されているといった魅力もある。このため多くの若者が、大学卒業後はまず多国籍企業に入って先進的な管理方法を身に付け、その後に民営に入るか起業をしたがるのである。中国の個人企業、民営企業はあまりに早く成長したために、上層部の管理経験が不十分であり、外資系企業での管理経験がある人材はおおいに歓迎される。したがって人材の流れを見ると、中国にはこうした上級管理職が外資系企業から民営企業に戻る風潮が認められる。一方、外国企業内に見られる人の動きでは、主に通信業、ネット業界など欧米の最新ハイテク企業に流れるという特徴がある[147]。

そうは言っても、今や中国の大学生の数は非常に多く、外資系企業の雇用人数には限りがある。このため「僧多粥少」（買い手市場）となっており、外資系企業に就職するには際立った能力が必要とされ、学生間の競争は熾烈化している。外資系企業に入り、目標を実現するためには、あらゆる面で自分の価値を高めなければならない。調査によると、中国の大学生が最も入念に鍛えておくものは外国語94％と、ＰＣ能力80％であった。その次が処理能力79.5％で、外国企業の内部を理解しておくこと49.5％、国外の文化風俗などの理解39.5％と続いている。注目に値するのは、「学業成績の向上」という答えが最下位にあったことである。

外資系企業と中国国内企業を比較した場合、最も異なり、また企業の経営能力に最も大きな影響を与えるのは管理水準、あるいは管理スタイルであるが、これも企業の経営能力を決める最も重要な要素の一つである。外資系企業は、国籍によって管理スタイルにも大きな違いがある。調査によれば、異なる国および地域の企業管理スタイルについての中国の大学生の受け入れ方にも大きな差が認められる。最も高い評価を得ているのはアメリカの企業であり、他国の会社との開きも大きい。次いで日本、ドイツ、香港、イギリス、フランスと続

141　対"引進外資"看法的転変 http://www.tsugami-workshop.jp
142　日新月異的中国経済 三篇連載之一――対"引進外資"看法的転変（之一）http://cache.baidu.com/
143　零点研究集団「中国人眼中的境外資本」［Ｊ］大経貿、2004年07期
144　日新月異的中国経済 三篇連載之一――対"引進外資"看法的転変（之一）http://cache.baidu.com/
145　外企為何吸引大学生？http://article.zhaopin.com/pub/print.jsp?id=9285
146　「職業吸引力調査：外企是求職者的香餑餑」中国青年報、2004年9月21日
147　崔紅楠「外企薪酬是否依然具有吸引力？」［Ｎ］北京青年報、2001年4月16日

き、最後が韓国と台湾である[148]。米企業が最も歓迎されており、業界別に見るとIT企業が抜群の人気を誇っている。

以上の調査結果から分かるとおり、中国の大学生にとっての外資系企業の地位は自国内の国有企業や民営企業よりも高い。

中国人が外資系企業をどう見て、どう評価しているかをより分かりやすく説明するために、ここで2004年に中国発展研究基金会とコンサルティング会社「零点研究集団」が合同で発表した『国外資本の中国社会への浸透度についての研究報告書』を引くことにする。これは主に外来資本の企業が中国の営業環境において、どの程度現地社会に受け入れられているかを調査したもので、ある意味で、外来資本が現地社会で持たれているイメージと社会的な影響力を全面的に評価している。報告書では外資系企業が受ける賞賛の程度、親近感の程度など外部評価と、さらに企業文化、管理体制など内部評価を行っており客観的なものとなっている。

まず、異なる資本の出処別に分けた外資系企業に対する総合的な評価を見よう。

(表7-1) 外資系企業への総合評価(%)

順位	総合評価	人気	親近感	将来性	イメージ	仕事	製品
1	米国企業 29.4	米国企業 32.9	米国企業 25.48	欧州企業 29.1	米国企業 32.67	米国企業 34.67	日本企業 32.70
2	欧州企業 26.6	欧州企業 29.4	欧州企業 23.97	米国企業 28.84	欧州企業 30.51	欧州企業 30.16	欧州企業 22.27
3	日本企業 16.6	日本企業 14.23	香港企業 13.68	日本企業 13.26	日本企業 15.57	日本企業 11.48	米国企業 22.07
4	香港企業 9.0	香港企業 8.2	日本企業 12.27	香港企業 9.25	香港企業 6.83	香港企業 10.24	韓国企業 6.85
5	韓国企業 6.0	台湾企業 6.20	台湾企業 8.66	韓国企業 6.64	韓国企業 5.09	台湾企業 4.47	香港企業 6.01
6	台湾企業 5.4	韓国企業 5.4	韓国企業 7.43	台湾企業 6.32	台湾企業 3.73	韓国企業 4.37	台湾企業 3.23

甘源、「国外資本の中国社会への浸透度についての研究報告書」『大経貿』2004年第8期より

---

148 外企為何吸引大学生？ http://article.zhaopin.com/pub/print.jsp?id=9285

多くの項目で米国系企業がトップにランクしており、将来性と製品については第2位、第3位となっている。同報告の分析では、欧米系資本への外部による評価は総じて上位を占め、あらゆる面でトップ、台湾・韓国系企業は全て最下位であった（表7-1）。日系企業は総合で第3位であるが、製品の選択では日系企業が他国資本企業に勝っている。日本の企業は製品面では社会的な評価が非常に高いが、それ以外の社会的な努力における評価は欧米企業より相対的に低いということが分かる（表7-4）。他の要素を顧みず製品のみを重視しているのでは、中国社会から全面的に認められないのである[149]。

（表7-2） 外資系企業の内部による総合評価

順位	項目別評価総合	企業文化	内部環境	管理システム	PR
1	米国企業 10.35	米国企業 8.44	米国企業 13.37	米国企業 9.66	欧州企業 10.43
2	欧州企業 9.40	欧州企業 8.18	欧州企業 10.48	欧州企業 8.51	米国企業 10.08
3	日本企業 4.91	香港企業 3.44	日本企業 5.52	日本企業 7.02	香港企業 5.96
4	香港企業 4.37	日本企業 2.58	香港企業 2.14	香港企業 5.93	日本企業 4.51
5	韓国企業 1.72	韓国企業 1.24	韓国企業 1.73	台湾企業 3.18	韓国企業 2.25
6	台湾企業 1.67	台湾企業 0.57	台湾企業 0.95	韓国企業 1.69	台湾企業 2.00

甘源、「中国人がどのように国外資本を評価するか」『企業文化』2004年第5期より

　従業員と管理者による内部人員評価は表7-2の通りである。米国系企業は依然として絶対的優位を保っており、PRを除けば全てでトップである。ヨーロッパ系企業はPRでは最も評価が高いが、その他で全て米国系企業の次にランクされている。このため、全体的にみると欧米企業の内部評価は明らかに他地域のそれよりも高い。日系企業と香港系企業はそれぞれ第3位、台湾・韓国系企業は最下位であった。
　次に、中国人による具体的な外資系企業のブランドに対する評価を見てみよう。

149　甘源「境外資本在中国的融入度分析報告」[J]『大経貿』2004年8期

（表7-3）【外資系企業ブランドの浸透度】

順位	ブランド	(%)	順位	ブランド	(%)
1	松下 (Panasonic)	25.3	16	ケンタッキー	9.7
2	ソニー	23.5	17	フィリップス	8.6
3	ノキア	22.1	18	LG	8.1
4	フォルクスワーゲン	20.3	19	統一	6.9
5	サムスン	20.1	20	BMW	5.5
6	P＆G	18.9	21	日立	5.4
7	シーメンス	18	22	ナイキ	4.9
8	マクドナルド	16.5	23	カルフール	4.8
9	ゼネラル	14.9	24	東芝	4.7
10	マイクロソフト	14.8	25	ロレアル	4.6
11	モトローラ	14.2	26	トヨタ	4.2
12	アムウェイ	13.4	27	三菱	3.8
13	コカ・コーラ	12	28	シトロエン	3
14	ホンダ	11.3	29	康師傅	2.4
15	IBM	9.8	30	アディダス	2.3

甘源、「中国における国外資本の浸透度分析」『大経貿』2004年第8期　より転載

　上表から分かるとおり、具体的な企業ブランドに対する中国の民衆の人気度では、国際的に有名な企業はいずれも高い評価を得ている。上位30社にはアメリカ企業12社がランクされている。企業ブランドの浸透度はヨーロッパより下位であるが、日本製品は主に日常生活で使用される電子製品であり、中国人が日常生活で目にする機会が多いため日本の企業は上位30社中7社が入っている。ヨーロッパも7社がランクされており、韓国もサムスンとLGが中国人の生活に密接な関わりを持っているため中国人にもよく知られている。また、台湾は食品関係が2社ランクインしている。意外にも、香港の企業名は一つもなかったが、これは香港の外資系企業の構造と関係があるものと思われる。ランクの上位にあるのはいずれもIT、日用品、小売の関係であり、香港の外資系企業には明らかにこれらが抜けているからである。（表7-3）

　また、同報告によると、好み、親近感、将来性などの外部的な指標について

は松下、フォルクスワーゲン、ソニーが総合的で最高の評価であった。企業文化、内部環境、管理システムなどの内部レベルの話になるとノキア、松下 (Panasonic)、P&G、マクドナルドなどが中国人の好評を博している。

(表7-4) 【外資系企業の総合評価ランキング】

1	2	3	4	5	6
欧州企業 29.1%	米国企業 28.8%	日本企業 13.26%	香港企業 9.25%	韓国企業 6.6%	台湾企業 6.32%

甘源、「中国における国外資本の浸透度分析」『大経貿』2004年第8期より転載

　外資系企業の浸透度を総合的に評価したものを見ると、欧米系企業が際立って中国社会に溶け込んでおり、大部分の指標で社会から高く評価されている（表7-4）。日系および韓国系企業が資本源の企業は全体的に浸透度が低くランクされ、韓国系に至っては最下位から2番目となっている。しかしこの二つの系統の企業には松下（Panasonic）、ソニー、本田、サムスン、ＬＧなど比較的高い評価を得ている企業が含まれており、優秀かつ中国社会で支持されているブランドがないわけではない。また、香港系企業はトップ30に入るような代表的企業ブランドがない一方で、ランキングの上位に入る企業は社会の注目を受けるようなIT、日用品、小売業などの業種に属している。このため、香港企業と中国の民衆間の距離がかけ離れてしまい、心に留めたり連想ができたりする身近な商品のない香港企業を中国人は認識しようがないのである。

　ところで、香港と台湾は文化の面で大陸に極めて近い投資主体であるが、社会への浸透度という面では全体的な評価は低いということに注意しておかなければならない。また、距離が比較的近いアジア資本や在外中国人資本の企業と比較すると、欧米系企業は遠方にありながらも消費者の研究とPRでの努力により、現地の消費者のニーズをつかんで新しい社会のトレンドを築き、中国の現地社会に近付くよう努力しているため、社会的な評価も高くなっている[150]。

　最後に、再び『新経済導刊』(2004年第9期) に掲載されたレポートに基づいて欧米、日、韓、香港、台湾といった異なる地域の企業に見る、中国での現状と経験を考察する。

①米国系企業[151]
　アメリカの発達した市場経済は多くの大型多国籍企業を育て上げ、これら企

150　甘源「境外資本在中国的融入度分析報告」［J］『大経貿』2004年8期
151　王海林「美資 警惕被"内部"瓦解」［J］『新経済導刊』2004年第9期

業は中国の米国系企業のけん引役となっている。「米国籍」多国籍企業は規模が巨大で、充分な実力があり、先進的な近代企業管理制度が整備されており、国際的な事業の経験も豊富である。さらにアメリカはパブリックリレーションズ理論発祥の地であり、米国系企業はコミュニケーションと宣伝を非常に重視しているため、一般的には良いイメージがある。これに加えて、相対的に自由でオープンかつ平等な米国企業文化の特徴があるため、多くの従業員にとって理想的な雇用主となっている。

　一つ例を挙げよう。斉氏は中国に進出したばかりのあるアメリカの保険会社の社員である。彼女は自分が勤める企業の管理制度、労働環境、企業文化を誇りに思っているという。会社は新入社員に対して1カ月間無料でトレーニングを行う。このほかにも昇進させる際には2、3日間の職位別トレーニングをすることで、社員の業務面での素養向上を図り、目覚しい効果を上げている。また、会社は毎週月曜日に定例会議を開き、皆で成果を分かち合う。社員の賃金待遇は勤務成績と直接リンクしているが、会社が達成困難なノルマを課すことはなく、業務量は所定の範囲内で社員自身の裁量に任せている。会社は管理者の職務を管理するのではなく、部下にサービスを提供することと位置付けている。部下の業績の良し悪しは上司の収入に直接響くので、上司には部下の管理はサポートという意識が非常に強い。会社には優れた経営理念があり、社員の質への要求も非常に高く、トレーニングも徹底している。このため彼女は外で仕事をしているときに、米国系の保険会社に対する信頼と評価は他国の保険会社を上回っていると感じている。今のところ、彼女の家族を含む多くの人が保険という仕事にあまり期待感を持っていないが、本人は、仕事は毎日とても楽しいと言って現在の仕事に非常に満足しており、保険を一生の仕事にしようと決めているという。彼女は今までこれほど一生懸命働いたことはなかったし、この会社に入るまでは自分の能力がこんなに早く向上したと感じたこともなかったと言う。

　しかしながら、様々な要素の変化により米国系企業の従業員の評価は低下し始めている。別の例を見てみよう。李氏はある有名な米国系通信企業に6年間勤務しており、この数年間はプロジェクトの責任者を務めてきた。入社当初は、先進的な管理理念、一流の労働環境、手厚い賃金待遇、シンプルな人間関係など一生懸命働くための環境が整っており、非常に良い印象を持った。ところが、ここ数年は国内企業が全体的に水準を上げ、これまで米国系企業にあった労働環境、賃金待遇の面での優位性は徐々に消失しているという。さらに管理層の本土化が進むにつれて、外国籍社員による管理の先進的な理念も薄れつつあり、

本土の管理者は従業員を重視せず上下関係も複雑になった。また、ここ何年かはリストラが続く一方で、仕事は増えても減らず、日々の負荷は重く残業も増えるばかりである。これまで彼らが最も期待していたトレーニングの計画すら実施する時間がなくなり、かと言って賃金はさほど上がらないという状況なのだ。さらに、会社は勤務評定で下位の者を解雇する「末位淘汰制」を導入した。この制度がうまくいけば社員の仕事に対する積極性が引き出され、企業は活性化するであろうが、評価の際に妥当でない不公正な現象も認められるため、社員の帰属意識は却って低下している。

これまで見てきたように、評価低下に直面している米国系企業は、中国人従業員を引き付ける力を維持できるよう、内部の不合理な制度を改革する必要に迫られている。

②ヨーロッパ系企業[152]

紳士の国イギリス、ロマンの国フランス、謹厳実直なドイツ、情熱的なイタリア……ヨーロッパには豊かな文化があり、その多様な文化と同じように、ヨーロッパ系企業の中国投資にも多様性が見られる。中国に進出しているヨーロッパ系企業は、現在世界の携帯電話市場でトップのシェアを誇るノキア、ヨーロッパ最大のメディア企業ベルテルスマン、世界的に有名な自動車ブランドのベンツやBMWなど誰もがよく知っている大企業のほか、中小企業も多数進出している。これらの中小企業は、より親しみがある人間本位のサービスに努めている。

ヨーロッパ勢の強みはその多様性にある。「現実的なドイツ人」や「創造力に富んだイタリア人」などの言い古された表現では、ヨーロッパ式の管理文化の特徴を充分に表すことができなくなっている。ヨーロッパの多くの国が大きく変わりつつあり、彼らは文化の違いを縮小させる方向へ向かうのではなく、互いに協力し合うという立場に着眼しているからである。フランスのマネージャーの場合、一生の事業を成就させるチャンスがあるかどうかは、その人が就職前に有名大学で学んだかどうかで決まるという。しかしドイツ系企業では、社員は様々な業務経験を積み、長く勤めなければ最高の職位を得ることはできない。また、イギリス系企業のマネージャーでは良好な社会関係が上層部に昇進できるかどうかを決定する要因になり、イタリアの企業の場合は、社員にリーダーとしての魅力と専門的な能力があるかが重視されている。

世界の市場では、地域間、国家間の競争が日々激しさを増しており、中国のように最も有望な市場にもそれは充分に現われている。アメリカ、ヨーロッパ、

152　戈晶晶「欧資 多様性的穏歩推進」[J]『新経済導刊』2004年第9期

日本などは対中投資を拡大しており、型にはまっていないこの市場で有利なポジションを占めようと努力している。こうした状況の中、ヨーロッパ系企業はその多面的な管理スタイルにより、アメリカや日系企業の管理で概念が一致する部分に向き合っている。

③日系企業 [153]

松下幸之助が他に先駆けて中国を訪問、投資を始めたのを皮切りに、日本企業は最も早くから中国開拓を展開した外来兵団となっている。1980年代は日本の電子産業が中国市場で幅を利かせた時代で、ソニー、松下 (Panasonic)、三洋、東芝、富士通などは全て有名ブランドと言える。しかしながら1990年代に入ってからは形勢逆転の様相を呈するようになった。ソニーや他の日本企業は相変わらず中国で並々ならぬ実績を上げていたが、欧米や韓国の企業と比較して、日本の企業界はこの10年間を自ら「失われた10年」と称した。この期間、日本経済は低迷を続け、日本企業は軒並み赤字となったために中国市場を顧みる余裕がなかった。この機に乗じてサムスンを代表とする韓国企業が進出し、日本企業に残されたのは果てしない没落のみであった。

中国市場において、日系企業は消費財の生産を主体としてきた。彼らは一流の製品は国内に確保し、二流の製品は欧米へ輸出し、三流の製品を中国へ売り付けたのである。日系企業の中核技術は中国へ輸出されることはなく、技術機密が保持された。その後、数々の市場競争を経て中国の家電企業は成熟し、優れた製品を生産できるようになった。アメリカやヨーロッパは中国のテクニカルセンターとなり、彼らは実用的な技術を大量に輸出した。中国マーケットの巨大さからしても、日系企業の脱落は当然であると言えよう。

また、日系企業は欧米の外資系企業と比べると「ケチケチしている」という印象がある。こんな例がある。劉氏は、ある日系多国籍企業の華北支部に勤務しており、その倹約ぶりについてこう述べた。「事務室のエアコンは暑くて我慢できなくなるまで入らないし、会社のメモは裏紙も使っている。退社時間を過ぎると、社長は雑用係のように洗面所の電気は消えているか、トイレットペーパーの減り具合はどうかと点検して回る。曰く、日本は今不況だから、自分たちのコストを最小限に留めることで最大の利益が得られる、ということらしいけど」。

最後は日本の「残業文化」についてである。日系企業で働く中国人は一般に仕事がきついと感じている。毎朝7：50分には出社し、夕方5：10分にやっと

---

[153] 李継培「日資 需要更実質性地投」[J]『新経済導刊』2004年第9期

退社できる。昼には1時間の休憩があるが、いつも忙しくてほとんど休めない。退社時間になっても仕事が終わらないことも多い。日本の保険会社に勤める小嫺も言う。「日本の会社の社員は残業が好きだということは聞いてはいたけど、ここで働くようになってよく分かった。残業は日本企業の文化になっているの。」小嫺の会社では1日の勤務時間は朝9時から夕方5時半までだが、残業時間は6時から計算する。社長は毎日7時を過ぎるまで退社しないそうだ。

④韓国系企業 [154]

韓国系企業に対する中国人の評価が低いのは、主に文化衝突によるものである。こうした衝突は中小企業で起こることが多く、先に見たようなサムスン、LGなどのブランドイメージに対する中国人の評価は悪くない。中国と韓国が地理的に近いのは優位な点であるが、近くて交通も便利であるために、韓国系企業が中国に進出する際の敷居も非常に低くなっている。中国進出を果たした欧米系企業の大部分が大手多国籍企業なのは、一般的な中小企業では遠路はるばる中国へ進出しようと簡単に考えないからである。韓国系企業は逆に、中国へ進出した95％以上が中小企業である。その大部分が労働集約型の企業であり、彼らが一番目を付けているのは中国の廉価な労働力である。したがって労働コストの管理は非常に厳しく、従業員の待遇は欧米系企業どころか日系企業にも劣ることが多く、従業員の満足度も低くなっている。また、中小企業は一般的に近代的な管理体制を取り入れておらず、国際的な企業運営に対する理解も低い上に海外進出の経験も乏しいため、資質の低い管理者は自国の企業文化を中国人に押し付けようとする。さらに韓国は身分制度が極めて厳しい国であり、社長は従業員に対して家長制を強いるのが常である。自国では社長が従業員を譴責し、会社が従業員に体罰を加えるのは普通なのだ。こうした韓国の中小企業が自国の習慣を中国に持ち込むため、労使間では衝突が起きやすくなり、それがメディアで報道されることにより民衆の反感を買いやすくなるのである。

⑤香港系企業 [155]

地域、血縁、文化継承などが手伝って、香港系企業は中国内地の市場に真っ先に進出した。1970年代末にはすでに香港系企業が中国内地に工場を建設すべく投資を行っている。先に示した資料によると、中国内地に投資する外国資本では香港資金が最も多くを占めるが、『国外資本の中国社会への浸透度についての研究報告』では香港資本は各評価項目で中程度である。これは香港資本が現在、国際競争力という名の試練に直面していることを示している。また、欧米資本

154 　王海林「韓資 邁不過文化的門檻」[J]『新経済導刊』2004年第9期
155 　戈晶晶「港資 以往優勢已不在」[J]『新経済導刊』2004年第9期

らが徐々に中国市場を理解するにつれ、これまで香港資本の有していた強みも無くなり、今後ますます大きな試練に立ち向かうことになっている。

　投資方法では、中国内地の香港系企業は遍く加工貿易を中心に行っており、投資規模では、香港系企業は比較的小さく地方色が強い。近代物流において、彼らは「仲買人」の役割を担っている。アメリカのIBMのようなスーパーブランドと比べると、香港系企業のブランドは小さいが、「仲買人」としては国外の著名なブランド、中でも紡績製品は全て香港系企業経由で中国内地に入る。香港系企業の管理は中国文化の影響を受けており、ある程度家族企業の影を残している。しかし、現在ではこれも少なくなり、プロの経営者を雇い入れるなど常に現代管理の理念を導入している。

　欧米系企業が次々と進出する長江デルタ地区に比べ、香港系企業は言語・文化的にいっそう近い珠江デルタ一帯に集中しており、現在、香港経済の重心は珠江デルタの製造業と一体となっている。80年代から90年代中頃にかけて、広東・香港は製造業の移転が主導の「前店後廠（前が店だな、後ろが工場）」スタイルで両地の労働力の分業が形成された。1997年の香港返還後、この２カ所による経済融合の足並みと協調する業種は想像を超えるスピードで広まり、製造業における「前店後廠」はサービス業界にまで拡大しつつあった。30年近くに及ぶ発展を経て、香港と珠江デルタは一体となって「大珠江デルタ」地区を形成し、世界で最も成長の早い輸出型製造業の基地となったのである。

　2001年末に中国がWTO加盟を果たし、欧米および日系資本が中国に進出する機会が飛躍的に増えたため、香港系企業の流入や資本面などの強みは奪われつつあった。折しも2003年６月29日、中国中央政府と香港特別行政区政府はCEPA（香港・中国経済貿易緊密化協定）に調印し、中国内地と香港の経済貿易での協力関係がさらに進められ、広東・香港両地区の融合関係は新たな局面を迎えた。これはCEPAが香港系企業にもたらした転機であり、一種のカンフル剤ともなった。

　珠江デルタ進出に成功し、またCEPAの庇護の下にあったものの、香港系企業は厳しい競争に直面せざるを得なかった。今では上海を先駆けとする長江デルタは経済発展が破竹の勢いであり、欧米等の大型多国籍企業が中国に投資するに当たって真っ先に白羽の矢が立つ地区となっている。経済学者によると、引き続き開放が進むにしたがって資金力も十分でより優れた技術レベルの、ブランド価値もひときわ高い多国籍企業が、中国内地企業と提携して発展する主役になっているという。国際的に見て、香港は本当の意味での多国籍企業ではない。さらに、香港系企業は中国内地大企業とも競争しなければならない。香

港系企業のほとんどが加工貿易を行っており、コストに左右される面が強いことから、可能な限りコスト削減を行い、より多くの利潤を得るための努力が求められている。中国に進出した欧米および日系企業は技術も高く、投資も大きい。さらに、これらの企業はグローバルワイドに展開しているため、香港系企業の場合に比すればコストの影響が少ない。香港と中国内地との提携は技術力の低さによる制約を受けるため、分譲住宅、不動産や旅行業のほか、技術力が求められる製造業などの業種に食い込むことは難しい。現在、中国内地市場では国際化が相当に進んでおり、彼らが提携先を決める目は厳しい。通常は、海尓（ハイアール）がサンヨーを、TLCが松下（Panasonic）を選んだように、関連業界でトップの企業を求める。このような状況にあって、香港系企業が内地市場にスムーズに入っていくには競争力が鍵となる。

⑥台湾系企業 [156]

文化、血脈、文字など、台湾系企業はどこから見ても同じ文化背景を持ち、中国大陸ではいいことずくめのはずだが、「見てくれも良くなければ、実質も伴わない」のが実情だ。外部評価も従業員による内部評価の順位も、六大外国資本企業の下から二番目だが、これは次の２点から説明できる。

まず、賃金水準である。従業員にとっては企業の賃金と福利厚生は大変に重要な評価基準であり、この現実的問題が往々にして従業員と外部の各方面からの企業評価に影響を与えることになる。実際の賃金と従業員の期待している賃金との間に数字の上ではさほど大きな開きはないにも関わらず、従業員は不満を感じている。福利待遇の面でも、台湾系企業は「ケチ」という印象がある。提供される食事はレベルが低く、休暇の日数もアメリカ、日本、ヨーロッパ系企業より少なく、その待遇は過酷とさえ映る。これは東アジアの雇用制度と大きな関係がある。概して、欧米の企業は従業員の福利厚生が整っており管理も科学的であるが、日系企業と香港系企業はそれよりやや劣っており、韓国系企業と台湾系企業は大きく遅れをとっている。したがって、韓国系企業と台湾系企業のランクが低いのも十分うなずけることなのである。

次に、台湾系企業によるPRの対処に大きな欠陥があること。一般市民、外資系企業の従業員、企業の上層管理職、政府系メディアの４種類の評価者によれば、台湾系企業の接客マナーは最低であると評価されている。これについては次のような例がある。1997年８月１日に河北保定のプログラマー王洪氏が恒昇社製SLIM－Ｉのノートブック PCを購入した。1998年６月、王洪氏は修理

156　綦天正「台資 我怎么会不融入」[J]『新経済導刊』2004年第9期

をめぐるトラブルからインターネット上に「恒昇製品を買ってすっかり騙された」という文章を掲載、同年9月、恒昇集団は王洪氏を訴え最終的に勝訴した。この裁判は中国で、インターネットが絡んだ初めての訴訟と言われるのだが、恒昇は、何の躊躇もなく自社の顧客を被告席に引きずり出した。恒昇の名を有名にしたこの訴訟は、消費者に恒昇コンピューターは薄情な会社というイメージを与えた。こうして恒昇コンピューターの名誉毀損事件は勝者のない訴訟となった。つまり恒昇は訴訟には勝ったが市場では敗北したのである。この訴訟が恒昇コンピューターの発展にどれほどの影響を与えたのかは分からないが、一連のPR処理が冷静だったとは言えず、危機を飛躍のきっかけにできる大切な時に大きなチャンスを失ってしまった。これらの顧客関係が、台湾系企業離れを促進することになったのである。

第4節　企業管理文化の違いから起こる衝突とその原因

　外国企業が中国に来て投資し、設立した企業は単独投資あるいは中国との共同投資で生産経営活動を進めるようになる。この場合、文化的背景が異なる労働者を管理する、いわゆるクロスカルチュラル人材マネージメントを行うことになる[157]。当然多くの問題が起こるわけだが、中でもカルチャーギャップによるものが多く、かつ厄介である。多国籍企業が中国に進出した後、企業管理で異文化ギャップから生じるとまどいが多いが、その最たるものは広州プジョー（Peugeot）の解体である。逆に、文化の融合により企業が難局を切り抜け、新たに生気を取り戻した広州ホンダの例もある[158]。そこで、まずこの二つの異文化管理における成功と失敗の典型例を比較分析し、以下で中国と外国の企業管理に見る文化的ギャップと衝突の原因を述べることにする。

　広州プジョーは、広州汽車製造工場、仏プジョー社、国際金融公社、中国国際信託投資公司、仏パリ国民銀行の合弁による自動車製造企業である。同社は1985年に設立され、総投資額は8.5億フラン、登記資本金は3.25億フラン、従業員の合計人数は約2,000人で、広州汽車製造工場と仏プジョー社が共同で管理を行っていた。契約では1994年まで会社の総経理はフランス側から就任し、会社の各部門の2名のマネージャーのうち、最低1名はフランス人が就任するものと定められていた。1997年8月、広州プジョーの累計損失額は10.5億元となった。乗用車の実際の年間生産台数は最高2.1万台で、国の産業政策で定

157　馮勝明「浅議我国企業跨文化人力資源管理」[J]『中外企業文化』2007年第8期
158　王学工「従広州標致到広州本田―論合資企業中的跨文化管理」[J]『商場現代化』2005年第29期

めている年産15万台の生産能力には遠く及ばず、1997年9月に中国とフランスは合意署名をし、広州自動車工業と仏プジョー自動車会社は合弁関係に終止符を打った。これによりフランスは事業撤退を決定し、会社は解体された。

なぜ広州プジョーは解体に至ったのであろうか。原因を探ってみると、双方の問題対処法に深刻な食い違いがあっただけでなく、カルチャーショックが深刻化し、文化の違いから生じた衝突を緩和し、融合を図ることができなかったという結論が最終的に浮かび上がった[159]。

中・仏の提携当初は広州プジョーの総経理、各部門のマネージャーから技術監督まで重要な管理職の主要責任者はほとんどがフランス人であった。彼らが広州プジョーで推進した管理方式は、フランス式そのままの融通が利かない強制的な特徴を有する管理方式であったため、中国の伝統的な観念や文化とは相容れなかった。具体的には次のようなギャップがあった。

まず、考え方と行動スタイルの衝突。

フランス人の管理者は中国の国情に疎く、中国の文化を理解していなかった。彼らは自分たちの考え方や行動スタイルを全て中国人従業員に強いたが、中国と西洋のやり方には大きな違いがある。フランス人は個人の成長を尊重し、意見があるときには激しく主張し、不満があるときはその場で指摘する。一方、中国人の管理者の表現方法には含蓄があり、普通は直接意見を表明することはない。こうした違いから、外国人管理者は中国人従業員の不満を買い、拒絶されることになった。

二つめは、業績評価の面での衝突。

業績評価における衝突は、主に業績の評価と従業員の激励の面に現われる。フランス人は個人の業績だけを根拠として評価するが、中国人の評価にはある程度の「人情味」が伴う。フランス人の従業員に対する評価は結果が全てであるが、中国人は結果だけでなく相手の思想、道徳的心理などの面でのパフォーマンスや仕事の過程にも配慮する。フランス人の評価方法では、仕事上の努力はしたものの制御できない要因などで理想的な結果を得られなかった中国人従業員は評価されず、中国人従業員は悔しい思いをしている。従業員の激励の面では、フランス人は物質的な奨励を多分に重視し、精神面で讃えることを軽視しているが、中国人にとっては精神的奨励は仕事の面で高く評価されたことを意味するため、大きな重みを持つ。中国人はとりわけメンツを気にしており、従業員はリーダーから口頭で褒められただけでも大きな励みに思う。中国人に

---

[159] 文風「従広州標致公司的解体看跨文化冲突与整合」[J]『科技進歩与対策』2004年第4期

とって賞賛されることは、メンツが立つことなのである。

　三つめは、管理方式の衝突。

　この衝突は主に外国側の管理体制が数字化、手順化、制度化を強調しすぎることから生じたものである。中国人は自分の感覚を重視し、何事にも情や理に適い、ある程度の柔軟性があることを求め、数字化、手順化、制度化するのはあまりにも融通が利かないと感じている。このため中国人従業員は、多国籍企業の管理が柔軟性と人間的な温かみに欠けると感じることもしばしばである。また、大部分が長い間競争のない国有企業で働きながら生活を送ってきており、そこで実行されていた規則制度はさほど厳格ではなく、任意性があった。さらに中国人従業員の資質が低く、先進的な設備機器の扱いに慣れていなかったため、作業の過程で所定の基準を完全に達成できないこともあった。フランス人はこうした中国人のやり方を許さない上に理解も示さず、中国人従業員は会社の規定をきちんと守れないのだと思い込んでしまった。一方の中国人は自分たちのやり方は道理に適っていると考えていた。双方が自分の意見を主張して譲ろうとせず、良好なコミュニケーションを図ることができなかったのである。

　四つめは、管理層と従業員のコミュニケーション上の衝突。

　ここでの衝突は、主にフランス人の上司が部下とのコミュニケーションを図ったり、部下の意見を聞いたりすることがうまくできないことによるものだ。彼らは、従業員の勤務態度上の問題を解決するために解雇という手段を用い、従業員を積極的に管理に参加させようとはせず、個人的、家庭的な問題には関心を示さなかった。一方の中国人が求めているのは平穏無事であり、中国人の管理は安心感を与えることを目標としているため、普段から解雇を問題解決の手段としていては、従業員に不安を与えてしまう。またフランス人上司は従業員の家族に対する心配りが不足しているが、従業員は平穏無事な家庭環境があって初めて会社のために力を尽くすことができるのである。こうしたフランス人の管理方式は、従業員の結束力を弱めるだけとなった。

　こうした様々な衝突が最終的に中国人従業員の強烈な反発を買い、ストライキが起こった。この一件は、最終的に中国政府とフランス領事館が調停に乗り出すことでようやく解決を見た。

　1997年3月、フランスは29億元という巨額の損益を抱え、広州プジョーの持ち株を1株1フランで広州自動車製造工場に売却した後、ただちに中国から撤退した。1998年7月に広州ホンダはプジョーが残した工場設備をもとに設立を宣言した。登録資本金11.6億元にして広州自動車グループと本田技研工業株式会社がそれぞれ50％ずつ出資し、さらに元広州プジョーの従業員をほぼ全て

保留し、広州ホンダはたった9カ月の間にプジョーの生産ラインを乗用車アコードの生産ラインに改装してしまった。1999年3月にはアコードの生産操業を開始し、その年の生産高は1万台を超えた。その後は市場の高級車志向の高まりを受け、また、競争が緩やかであったこともあり高価格を維持した。広州ホンダは順調に高利潤を実現したのである。これと同時に生産能力は3万台から6万台、12万台、24万台と雪だるま式に発展し、また投入した資金は全て広州ホンダの利潤から出るもので、広州自動車とホンダによる新規の資金投入は一銭たりともなかった[160]。

広州ホンダが成功したのは、当初から長期投資、繰り入れ式の発展戦略を堅持し、世界最新の車種を中国に同時進行で導入した点にある。組織の枠組みは広州プジョーが管理職位を一つはフランス、一つは中国と分けたのに対して、適材適所により日本側の人材はできるだけ少なくした。労働者を奮い立たせるために、彼らの収入と企業利益を密接にリンクさせ、中国側のインセンティブ給与は全て中国側の管理者に一任した。生産現場の管理では広州プジョーの管理者がオフィスに座って指揮していたのに対し、企業の指導者は生産現場の第一線に参加、労働者とともに生産技術における問題の解決に取り組んだ。自立、平等、信頼が漲る雰囲気の中で、広州ホンダは始終「協力と交流」の団体精神を提唱し続け、完全な人材育成システムにより広州ホンダの技術者と管理者らをほぼ全員日本に呼び、日本のホンダで学ぶ機会を与えた。このため従業員らも中日文化の違いをより理解することができ、日本側の先進的な管理経験を新しい合弁企業に融合させ、その管理の下で文化の異同を尊重した。こうした努力の末に「個性の尊重、人間らしさ」という新しい広州ホンダの企業文化を生み出したのである。

ここから分かるように、ある企業が自国から他国へ進出して営業活動を行う場合は、それぞれの国と地域に深く根付いている独特の社会文化、地域文化に直面せざるをえない。これら文化の土着性、淵源、背景が異なれば、大きなカルチャーショックの元となる。教育、文化的背景、価値観の異なる企業の意思決定者、従業員と他国の従業員との間には大きな文化的ギャップがあり、これがくっきりとした特徴としてえぐり出されるとカルチャーショックを受ける。カルチャーショックとは、形態の異なる文化または文化要素間で相互に対立、排斥し合う過程を言う。また多国籍企業が他国で営業を展開する際に、招請国の文化観念との違いにより発生する衝突でもあり、これには一つの企業内で従

---

160 王学工「従広州標致到広州本田―論合資企業中的跨文化管理」[J]『商場現代化』2005年第29期

業員の出身が文化的背景の違う国であることから発生する衝突も含まれる。企業が国境を超えて事業経営をする際には、各国の企業は組織構造、技術方法、意思決定方法、管理手順については基本的に同一化させているが、従業員の文化的背景の違いは管理者の管理効果に影響を与える重要な要因となっており、これが管理を難しくしている[161]。外資系企業が中国で経営する際、カルチャーショックに起因する問題をうまく解決できなければ望ましい発展は決して望めないであろう。つまり外資系企業は中国の国情と民情を十分に理解し、文化的なギャップを直視し、中国社会の実情を考慮して初めて中国経営の成功を収めることができるのだ。

以下、再び外資系企業による管理実践を個別に紹介する。中国と欧米国家、日本、韓国との間にあるカルチャーショックの現れ方とその原因を見ていく。

1　中国と西洋文化の間にあるギャップと衝突

中国と西側諸国は文化の違いが大きいため、いざこざが生じやすい。一部の欧米系企業は投資を行って工場を設立した後、すぐさま中国人をいかに管理すべきかという問題に直面するが、このカルチャーショックを解消できなければ中国での欧米系企業の業績には大きな問題が生じることになり、広州プジョーのような結末を迎える恐れがある。主なギャップと衝突の例を挙げておく。

（1）価値観と管理意識から構成される管理思想上の違い。

アメリカを代表とする西洋人は個人主義と独立を非常に重んじるが、中国の文化に影響を与えている重要な要素となっているのは全体主義である。西洋人の幹部責任者は、常に業務の内容と具体的な任務、責任の分配をはっきりさせる。自分の仕事と他人の仕事をはっきりと線引きしているということは、互いに助け合わないということではない。こうした意識の違いから、中国人従業員は外国人責任者を自己中心的で冷たいと感じるが、一方の外国人責任者は、中国人従業員には積極性と責任感が不足していると感じている。会議の際に反対意見を述べるのは、通常アメリカ人である。なぜなら、彼らは公の場で反対意見を表明することを健全な行為であると考えているからである。一方の中国人は、多くが「和をもって貴しとなす」、すなわち関係を維持し、調和を図ることがより重要であると考える。

（2）「年齢」についての意識の違い。

従業員の年齢に対する見方では、中国人は年長者を非常に大切にするため、

---

[161] 陳瓊華、張卓「跨国公司跨文化管理的興起与創新」[J]『現代商貿工業』2007年第7期

管理の面でも年長者を尊重する。また年長者は知識、経験、能力、権威などあらゆる面における代表者であると考えるため、雇用関係では年功序列が重視される。一方、西洋の文化は、これとは異なり、主に個人の能力に重きを置くことから、若い人を重視することもある。

（3）「時間」についての意識の違い。

中国人は時間についての意識が比較的低く、何かをするときにも一刻一秒を争うことなく悠々としている。時間に対する要求には柔軟性があり、今日できなかったら明日やってもかまわないという考え方をする。一方、西洋人はいち早く「時は金なり」の思想を提唱しており、時間の正確さへの要求が高く、いつ何をするにも所定の時間内に完成させなければならず、先延ばしにはできない。

（4）「自我」についての意識の違い。

従業員の処罰を公表するかどうかについて、中国と西洋の考え方は全く違う。西洋はプラスの激励を重視し、従業員の誕生日にはヒューマンリソース部門がお祝いのメールをする。また昇進、表彰などは全て公表するが、批判する場合は公の場では行わない。彼らはそれが個人のプライバシーを侵害し、誤りを犯した人の自尊心を傷つけると考えているからである。一方、中国人の管理者は表彰であれ、処罰であれ公にするほうが良いと考えているが、小さなミスは公にせず、大きなまたは重大な誤りがあった場合は公表すべきであると考える。また、ミスをした従業員にはそれを告げて改善の一助とすれば、本人や他の人たちへの警告になって進歩を促せると考えるため、中国の企業ではこうしたやり方はごく当たり前である。

（5）成果に対する意識の違い。

中国人は成果に関して、人情から来る表面的な穏やかさや睦まじさを重んじるため、全体的な精神とパフォーマンスを重視する。西洋人は効率や実務を重視し、個人の自己表現と自身の目標実現を重視する創業型である。中国人従業員は昇進志向があっても積極的に表わそうとしないが、西洋人の管理者はこれを理解することができない。

（6）上司と権威に対する態度についての意識の違い。

西洋では、大多数の企業は部下から上司に対する意見や質疑の提出について一定の権利があり、部下は自分の職責の範囲内で大きな自主権を有するが、中国の状況は多くの点で対極にある。中国人従業員は上司に面と向かって質疑を唱えることはないが、西洋人従業員は上司に直接反対意見を述べることもしばしばあり、また会社の方針への疑問を堂々とぶつける。中国人は異なる見解を

持っていても、通常は面と向かって自分の意見を述べようとせず、陰で話し合うことを好む。一方の西洋人は、直接自分の意見を表明することを好む。

（7）管理規則面での衝突。

　中国と西洋の最大の相違点は、「法治」を重んじるか、「人治」を重んじるかである。中国人は「人治」を重んじるが、それは何事にも「関係」を大事にし、物事を判断する基準は情と理に適っているかを優先し、最後に来るのが法に適っているかという点に最もよく表れている。一方の西洋の場合は、物事の判断基準はまず法に適っているかであり、制度の権威性が尊重されている。中国人は「関係」哲学を重んじており、政府当局か、宣伝メディアであるかに関わらず、組織間の相互関係、人間関係を非常に重視する。管理関係と個人的な関係も常に互いに溶け込むように影響し合っており、接待、贈答品のやり取りも広く行われる。かたや西洋人管理者の場合は公私の別をはっきりさせており、これを混同したやり方は全く理解できず受け入れられない。西洋人には法律意識が確立されているため、企業管理も「法、理、情」の順に、主として厳格な法規に従って管理される。一方、中国の管理は儒教思想の影響を受けており、物事は「情、理、法」の順に優先され、企業管理は調和の取れた相互信頼に基づく人間関係の基礎の上に築かれる。西洋の企業は法律の条文を自身の言動の根拠とすることが多いが、儒教文化の影響を受けている中国人は、習慣となっている従来の思考方法から逃れることができず、政府やメディアも「情」を基本とする人間関係を強調している。

（8）行動様式の面での衝突。

　これはよく言われる、表現方法が内包する意味の違いにより引き起こされる衝突である。表現方法には通常、言語、態度、手ぶり、表情、動作などがあるが、文化的背景の異なる人の間では、同じ仕草が表わす意味が全く異なるという場合がある。ある外国人副総経理は、常々中国人従業員が自分に友好的でないことを不満に思っていた。彼は中国人従業員がよく昼食後に集まっておしゃべりをしているのを目にしたが、彼が近付いていくとすぐにその場から立ち去ってしまうか、彼の問いかけに適当に返事をするぐらいで、親しげな態度を見せることはなかった。この副総経理はいつも冷たくされているような感じを受け、従業員たちは自分にあまりにも友好的でないのを気にしていた。これは潜在意識からくる言語理解上の違いが生んだ誤解である。西洋では、相手の親切心に対して表情を変えずに黙ったままでいるのは一般的に友好的でないことを意味する。一定の地位にある人に対してはなおさらである。これに対して中国では、一般の社員は、普通自分より地位がずっと上の上司に対しては無意識のうちに

へりくだった態度を見せ、おどおどとしてその場から逃げようとし、ぶっきらぼうな態度さえとってしまう。

（9）意思決定のスタイルの違い。

　中国人は集中的な意思決定に慣れており、意思決定の前には綿密なプランを作成し、多数の意見を聞いてから修正を加え、選択し、これに基づいて実施手順や詳細を定め、計画の検査確認の方法を確定する。一方、西洋人管理者は責任と権利を明確にした分散的な意思決定が習慣になっており、独立した決断と個人による責任で行動する。こうした思考習慣により、西洋人のマネージャーは常々会社の意思決定が遅すぎることを不満に思っており、一方の中国人管理者は人事面に過剰なほど力を注ぎ、西洋人のマネージャーには情がないと考えるのである。

（10）民族の優越感から生じる傲慢と偏見から来る衝突

　傲慢という問題はしばしば外国人の側に生じる。中国は長く立ち遅れ、虐げられた歴史を辿ってきており、今も発展途上にある。一部の外国人管理者は優越感が強く、日ごろ職場で中国人従業員を軽視することもある。こうした状況は、主に中国人管理者の管理レベルと中国人従業員の人格軽視に現われており、実際に多く見られる。ある外資系企業に新規に就任したオーストラリア人のマネージャーは工場に来てから日が浅く、まだ企業の様子がよく分からなかった。彼は会社のマネージャー会議で、ここは自分がこれまで管理してきた会社に比べて営業人員が多すぎるので人数を半分に削減するべきであると発言し、その場で中国人マネージャーに猛反対された。実際そのオーストラリア人は長年にわたる管理経験を持つプロのマネージャーだったのだが、なぜ中国でそのような軽率な発言をしたのだろうか。これは、彼の深層心理に、その会社の中国人管理者の組織能力を信用していない気持ちがあったのだと言わざるを得ない。
さらに、偏見も中国人と外国人のコミュニケーションの障害となっている。外資系企業において、中国人管理者は長年の生産経験を有する者である場合が多いが、彼らは外国人管理者を信頼していないことが多い。彼らは、外国人管理者は仕事を分かっておらず、中国の国情も理解していないと考えているため、外国側から改善意見が出されると本能的に反発してしまうのである。中国は100年近くにわたって西洋人の圧迫を受けてきたために反帝国主義意識が非常に強く、中国側の人員が外国側の人員に抱く反感と密かな抵抗は、時に中国の大衆に支持されるものである。これらの習慣的な偏見は、外国人管理者の業務展開を非常に困難にすることもある。

2　中日文化にみるギャップと衝突

日本は中国と同じく東洋文化の伝統があり、両国は文化面で少なからず共通点がある。例えば前述した「年齢」に対する意識については、日本にも同じく年功序列の伝統があり、中国に比べて決して引けを取らない。ただし日本にも、特に管理文化の面で中国との間に多くの違いがある。一つは日本の本土文化の発展自体に独自の特徴を持つこと。もう一つは、日本は中国に比べて対外開放が早く、西洋の観念が導入されてからの時間が長いため、企業管理にも西洋の管理理念と方法が浸透しているという点である。これらの違いにより、日系企業も中国において激しいカルチャーショックに直面しているが、西側諸国と比べれば衝突はずっと穏やかである。以下に具体例を挙げよう[162]。

第一に、従業員の激励と昇進の面での違い。従業員の昇進では、日系企業は上述のように年功序列が根強く、昇進に際しては従業員のキャリアを重視し、ひとたび職務上の地位が決められるとほとんど変わることはない。このため従業員には昇進の機会がほとんどなく、また部長以上の役職者はたいてい日本人となる。中国も年功序列を重んじるが、日本ほどではない。そして欧米系外資企業の昇進制度を中国人従業員が知るにつれ、才能のある者は日本の年功序列制度に満足できなくなる。中国人従業員が日系企業に数年間勤めて、一定の職務経験を積んでから転職するケースが多いのはこのためである。従業員の激励の面では、日系企業で働く中国人従業員の賃金は著しく低い。日系企業の一般的な従業員の賃金は欧米系企業の80％程度、部門責任者の賃金は欧米系企業の半分程度となっており、なかなか昇給せず昇給率も極めて低い。日系企業の奨励政策には具体的な評価基準や業務量の定量化がなく、奨励金の額も非常に少ないため、中国人従業員のやる気を失わせている。こうした事情がもたらす深刻な結果として、従業員の流失がある。統計によると、日系企業の中国従業員の離職率は24.5％で、自主的な流失率は受動的な流失率の2.7倍となっている。一方、欧米系企業の離職率はわずか18.8％、自主的な流失率は受動的な流失率の1.06倍となっている[163]。

第二に、日系企業の仕事におけるストレスからくる衝突。

日本人は義務を履行することを人生最大の責務としている。強固な意志は最も讃えられるべき美徳であり、職業上の責任は「なすべき本分」である。このため日本人のほとんどがワーカホリックの傾向にあり、通常の勤務時間外にも空いている時間や週末に残業する。企業の管理者は夜遅くまで仕事をすること

---

[162]　呉双磊、呉栄先、「日資企業的文化衝突」[J]『沿海企業与科技』2006年第1期
[163]　戴玉達「透視在華日企職業環境：工作時間多一倍、少人情味」[N] 第一財経日報 2005年6月16日

もしばしばである。当然ながら日本人にも娯楽やレジャーは必要であるが、それは、より一生懸命仕事をして人生の責任を果たすためのものに過ぎない。幸福とは単なる気晴らしに過ぎず、幸福を追い求めることを人生の目的にするのは不道徳であると考える。これは中国人の大多数にある、幸福な生活を求め、快適でのんびりした生活を好み、ほどほどの労働と休息がある仕事や勉学という観念とは相反するものである。このため日本企業で働く多くの中国人従業員は心身ともに疲労困憊し、生活の質も低下して幸せどころではなくなるのだ。

　第三に、人付き合いでの衝突。

　中国人の伝統文化は感情を重んじ、人間関係を強調する。一方、日本文化は曖昧で含蓄があることから、「社会的な人情」という面では中国のほうがポイントは高く、日本人は大変低い。日本人は自己を抑制することに長けているが、自己表現が不得手である。同時に自己犠牲に長けているが、自分を伸ばすことは不得手である。だが、このような対人関係は都市化、国際化の時代に適応できず、改善が必要である。特に文化的背景の異なる人間同士の付き合いでは、新しい交際方法に目を向けるべきである。日本の管理スタイルは人情味に欠け、冷たいことが少なくない。トヨタ自動車が実施している、安定した効率の高い、しかし人情味に乏しい製造方法は、中国人に不快感を与えることもしばしばである。なぜなら、中国人は義侠心を非常に重んじており、友達や同僚に対する態度は大変情に厚い。友達であるかどうかの境目となるのは、友達のために危険を顧みずに立ち向かい、一切を惜しむことなく、相手のことを我がことのように思うことができるかという点である。したがって、ことに当たる際は友人や家族関係を頼みとすることが多いが、これはそのほうがうまくいくからである。一方、日本の場合はまずしっかりと計画を立ててから物事を行うため、忠実にそれを進めるだけで良いのである。

3　中韓の文化的ギャップと衝突

　韓国は日本と同様、中国と共通する儒教の伝統文化による背景がある。儒教文化は個人主義を基本とする西洋の文化と違い、全体主義の基礎の上に築き上げられたものである。20世紀中期以降、中韓両国はかたや社会主義、かたや資本主義という異なる道を辿って発展したため、ある面で双方に著しい文化の違いが生じた。また、韓国は西洋の文化を取り入れたことで大きく変わったが、依然として伝統的かつ封建的な儒学思想で強調されている部分が残されている。一方の中国は社会主義変革により、これらの文化はかなり失われた。両国の文化的ギャップと衝突の主なものを次に挙げてみよう。

第一に、厳格な等級制度がもたらす衝突。

近代化された韓国は、伝統的な儒学思想で強調されるような上下関係に沿った人間関係を基本とする「家長制」文化を今日まで継承し、存続させている。一方、中国は社会主義改革を経て、性別、年齢、身分を基本とする厳格な等級制度が弱体化し、人々は平等意識を一段と強調するようになった。また、中国人はこのような厳格な等級制度を理解はしているが、個人的な発展という見地から、もはや賛同していない。この食い違いは、主に企業内部にどのような人間関係の枠組みを構築するかという面に現われている。韓国の社長は上級職の従業員と低級職の従業員の間に厳格な等級制度を設けることを強調するが、この等級制度は企業での仕事の場面だけでなく、個人の関係にも適用される。また、韓国企業の厳格な等級制度という文化的特徴は、韓国系外資企業にもはっきりと現われている。封建的な「家長制」は管理における独断独行という行為に現われており、部下に対して厳しくかつ粗暴な態度で臨んでいる。これは韓国系企業で充分すぎるほど露わになっているが、これらは長期に及ぶ韓国での融通の利かない労務管理を実践する中で習慣化されたものである。韓国人管理者は、このような権威主義的な労務管理スタイルを常に生産効率を最大にするための手段としてきた。しかし中国は、社会主義革命と改革開放を経て「人と人との関係は平等である」という観念が人々の心に浸透しており、中国人従業員は韓国系企業のやり方を自分たちに対する侮辱であり権利の侵害であると考えているのである。

第二に、従業員に対する信頼度における衝突。

韓国系企業は、韓国人を中心とする企業管理スタイルを堅持している。ある韓国系企業は中国で開業してすでに7年が経過したが、中国人従業員は誰一人として主任職についていない。このことは中国人従業員にとって、自分たちは韓国系企業の中核社員にはなれないというシグナルとなっている。また一部の韓国系企業の社長が、韓国系企業が中国人従業員を信用していないことを認めたことも、中国人従業員の忠誠心を削いでいる。多くの中国人にとって、韓国系企業は単に暮らしを立てるための場所に過ぎないのである。また、中国人従業員と韓国人管理者の賃金水準には大きな開きがあり、中国人従業員の不満の種となっている。中国人従業員は自分の将来と韓国系企業を結び付けて考えており、自分たちに対する信用がない以上は長い年月を企業のために尽くそうとは思わない。彼らは自分の利益を考え、より高い賃金が得られる良い仕事のチャンスがあれば、ためらうことなく転職を考える。そのため、韓国系企業に対する帰属意識が不足しているのはごく自然なことである。

第三に、有効なコミュニケーションの不足から来る衝突。
　韓国人社長と中国人従業員の間にある誤解とマイナスの態度は、両者間に有効なコミュニケーションが不足していることと関わりがあり、これには通訳上の問題や日常の生活習慣、正式なコミュニケーション手段などの問題が含まれる。
　言語によるコミュニケーション障害はほとんどの外資系企業に存在するし、これには香港も含まれている。香港人の多くは標準語である「普通話」を聞いて理解はできるが、話すことはできない。この点、国語（台湾華語）の普及率が高い台湾企業のほうがやや有利である。台湾系企業の場合、大陸でトラブルに遭遇したときでも台湾人と大陸の従業員は同じ言葉を話すため、比較的容易に解決できる。一方、韓国系企業の社長と中国人従業員は話す言葉が違うため、互いのコミュニケーションと理解には何らかの問題が生じる。韓国系企業の社長と中国人従業員間のコミュニケーションには中国の朝鮮族の通訳を頼るのがほとんどで、韓国系企業と中国人従業員がオフの場面で交流する機会は非常に少ない。これは、一つには韓国人管理者が通常は工場区域外にあるマンションに住んでおり、仕事以外の日常生活で中国人従業員と触れ合う機会がほとんどないということがある。もう一つは日常のスポーツ、ハイキング、会食、娯楽活動などの場で、韓国人管理者は自分たちだけのグループを作り、中国人従業員を仲間に入れないということがある。このため、韓国人管理者と中国人従業員の間には、目に見えない壁が立ちはだかっているのだ。

第5節　中国における外資系企業の企業文化構築

　外資系企業が中国で企業文化を構築するに当たっては、文化の違いを認めるだけでなく、いかに異文化に適応し、両者の文化の融合を図るかが肝要である。したがって、中国での投資経営活動が成功するか否かは製品、市場、技術等の要素だけでなく、文化の違いについての分析も極めて重要となる。先に中国と西洋の文化、東洋の異なる地域に見られる文化の違いを紹介したが、これを基にカルチャーショックを解消するための解決策を示してみよう。
　第一に、中国の文化に対して客観的かつ肯定的な態度で臨むこと。
　人は常に自国の文化に大きな誇りを持っており、中国人もまた例外ではない。各国の文化には違いこそあれ、上下はない。多くの人が、ことさら意識することなく自国の文化こそが正統で、外国人の言動は風変わりで珍しいもののように思うが、これは間違いである。外国に駐在している管理職者には奇異とも思

える言語、価値観、宗教、信仰、風俗習慣などは、その国の人々にとってはしごく当然のものだということを肝に銘じておかなければならない。この傾向は中国において特に顕著である。中国人は自分たちの悠久の歴史と素晴らしい文化を誇りにしているため、それに対する偏見や先入観はいかなるものであっても百害あって一利なしである。逆に外国人が中国の文化を高く評価する態度を見せれば、中国での事業展開はずっとうまくいくであろう。これを中国風に言うと「あなたが私のメンツを立ててくれれば、私もあなたのメンツを立てましょう」ということで、この逆では結果も逆になる。同じ道理で、外国に駐在する管理職者を選ぶ際には、異なる文化を尊重し、平等な態度で人付き合いができる人を選ぶべきで、自信過剰で独善的な人種差別をする人は適任ではない。

第二に、中国文化に対する理解を深め、十分な事前準備をしておくこと。

中国への投資を決定する前には、手抜かりのない準備を行わなければならない。事前の準備が確実であるほど、成功の可能性が高くなることが事実からも証明されている。これを中国語で「磨刀不誤砍柴工（刀を良く研げば柴刈り作業が遅れない）」という。良く切れるように刀を充分に研ぐには時間がかかるが、切れ味が良ければ柴刈り作業の効率は上がり、刀を研いでいたせいで作業が進まなかったということはない、という意味である。中国文化について何の知識もなければ、中国に進出してからカルチャーショックを受け、文化的に衝突することは避け難く、企業にダメージを与えることも想像に難くない。したがって、中国文化に対する理解を深めることは必須である。本書の初めに述べた中国人特有の観念と行為は中国文化を反映したものであり、これらの例を実際に示したものである。中国人はメンツを重んじ、「食卓社交」を好む。中国人は本心を露わにせず、表と裏が異なるという特徴がある。中国人は小さなグループを作ることを好む。また、年功序列の伝統があり、信用に対しては独自の理解がある。中国人の時間に対する観念、中国人の「情、理、法」による判断基準、中国人の胸のうちを明かさない内向的なやり方、中国人の人情、コネ作り、中国人特有の商売の理念と方法、中国人の資産運用、消費、金銭意識など、これら全てを深く理解する必要がある。系統的な文化研修は簡単な概況の紹介に比べていっそう効果的である。また、できれば管理職者には中国での視察や学習の機会を与えることが望ましく、これは中国文化を実際に体験するためにも有効である。このほか、文化の違いから生じる様々な問題が分かる「異文化大使」を探して意見を求めるのも一つの方法である。「異文化大使」には、二重の文化的背景を持つ者を選ぶとよいだろう。

第三に、ウィン・ウィンの理念を持ち、双方がともに利益を得られる策を講

じること。
　互恵とは儒教思想の基本原則の一つであり、経済活動においては提携者双方の相互利益がとりわけ重要であることが強調される。自らの利益を求めて中国側の利益を損なう外国投資家のやり方は、中国で得られる長期的な利益に影響が及んでしまうため、賢明ではない。双方の提携が利益を得られる投資プロジェクトがいっそう歓迎され、成功の可能性も一段と高まる。
　第四に、外資系企業の現地化。
　多国籍企業の間に、異国における投資で成功を収めるためには現地化が重要だという認識が一段と高まりつつある。現地化戦略は、現地の従業員を極力雇用して会社への忠誠心を高めるだけでない。最も重要なのは、その任に堪えうる現地採用のマネージャーを雇用することである。外国駐在マネージャーの問題は費用がかさむことだけではなく、文化的背景の違いからしばしばトラブルを引き起こし、中国での事業の展開に支障を来たすことである。したがって、外資系企業が中国での投資で成功を収め、優れた企業文化を確立するためには、現地化戦略を進めることが極めて重要なステップとなる。

■ 著者プロフィール
劉 軍梅　LIU JUNMEI
上海復旦大学副教授。経済学院副学院長。ロシアサンクトペテルブルク国立総合大学経済学博士。現在教育部重点研究基地に指定されている世界経済研究所副所長を兼務。研究分野は世界経済、財政と金融、移行経済学。

■ 訳者プロフィール
平澤 佳代　ひらさわ かよ
横浜市生まれ。杏林大学大学院国際協力研究科博士後期課程退学。台湾朝陽科技大学応用英語学科専任講師。政府および民間企業の様々な通訳・翻訳に携わる。論文に「「V＋つづける」に見る語結合と意味」(『言語と交流』Vol.7 言語と交流研究会)や「終了を表す複合動詞に関する調査」(『文学と言葉とともに』凡人社に収録) など。

中国人と中国経済

劉軍梅　著／平澤佳代　訳／任雲　監訳

2015年3月31日　　初版第1刷発行

発行者　　原　雅久
発行所　　株式会社 朝日出版社
　　　　　〒101-0065　東京都千代田区西神田3-3-5
　　　　　TEL (03) 3263-3321 (代表)　FAX (03) 5226-9599
印刷所　　協友印刷株式会社

乱丁・落丁本はお取り替えいたします。　Printed in Japan
ISBN978-4-255-00829-5 C0036